GAODENG JIAOYUXUE YUANLI

教育学研究生系列教材

高等教育学原理

主　编◎胡仁东　刘　林

副主编◎张　欣　赵峻岩　刘文晓

北京师范大学出版集团
BEIJING NORMAL UNIVERSITY PUBLISHING GROUP
北京师范大学出版社

图书在版编目(CIP)数据

高等教育学原理 / 胡仁东,刘林主编. --北京 ：
北京师范大学出版社,2025. 3(2025.9 重印).
(教育学研究生系列教材). --ISBN 978-7-303-30431-8

Ⅰ. G640

中国国家版本馆 CIP 数据核字第 2024FG2075 号

出版发行:北京师范大学出版社 https://www.bnupg.com
　　　　　北京市西城区新街口外大街 12-3 号
　　　　　邮政编码:100088
印　　刷:北京天泽润科贸有限公司
经　　销:全国新华书店
开　　本:787 mm×1092 mm　1/16
印　　张:17.75
字　　数:341 千字
版　　次:2025 年 3 月第 1 版
印　　次:2025 年 9 月第 2 次印刷
定　　价:48.00 元

策划编辑:张筱彤　王建虹　　　　责任编辑:钟　慧
美术编辑:李向昕　　　　　　　　装帧设计:李向昕
责任校对:王　佳　　　　　　　　责任印制:马　洁

序

"高等教育是什么"关涉高等教育活动展开的逻辑表达。从历史、现实与未来，认知、理念与实践，宏观、中观与微观等不同维度澄清高等教育的本质与内涵、价值与功能、规则与运行，同时观照中国特色社会主义高等教育的客观存在与发展境遇，是高等教育学及相关学科专业研究生构建学科知识体系的重点。本教材力图梳理高等教育学发展脉络及各种代表性观点，并揭示其内在逻辑关联；陈述高等教育价值与功能迭代式发展的规律；梳理并分析高等教育学相关研究，并联系我国高等教育实践，分析其合规律性、合目的性与合现实性状况，展示我国高等教育的实践逻辑。本教材着力于培养研究生的逻辑分析与表达能力、批判思维与能力，提升其学术研究水平与能力。

本教材主要包括高等教育历史、高等教育学学科、高等教育哲学、高等教育功能、高等教育组织、高等教育制度、高等教育管理、高等教育评价八个部分的内容。

第一章高等教育历史。本章从权力、学术、样式和传承几个维度描述了早期大学的画像；接着分析了大学的兴衰历程和西方高等教育发展轨迹，讨论了高等教育发展的几个转折点；对高等教育发展的总体特征、影响因素、我国经验和未来走势进行了总结。

第二章高等教育学学科。本章在学科理论方面，分别介绍了高等教育、高等教育理论和高等教育学；在学科辩争方面，从危机与出路、理论与实践、学科与领域几个维度梳理了相关研究与观点；在学科建设方面，重点讨论了学科的理论体系、支撑体系和自主体系。

第三章高等教育哲学。本章从"追求本体理想""视为综合理论""承认不同流派""基于不同来源"四个维度追溯了高等教育哲学的源头，梳理了高等教育哲学的著名学者布鲁贝克的认识论哲学与政治论哲学，回顾了致力于构建中国特色高等教育哲学的矛盾论、危机论、文化论、实用论和生命论五种主要哲学观。

第四章高等教育功能。本章对高等教育功能的不同观点予以呈现，并讨论了高等教育的职能与功能的异同及高等教育功能的特征，解读了高等教育功能的扩展性认识，从问题、定位和选择方面指出了高等教育功能的发展趋势。

第五章高等教育组织。本章从特征分析、演进机制和生态视角三个维度分析了高等教育组织的特点、规律和实践，从英国、德国、美国和中国的高等教育组织变革中探寻高等教育组织演进的不同点和共同点，从逻辑基础和转型路径两方面分析了高等教育组织的发展趋势。

第六章高等教育制度。本章梳理了教育制度的内涵，以及对高等教育制度的不同理解及其制度设计与研究视角；讨论了高等教育制度创新的逻辑起点、尺度把握、呈现样态与路径探索；从阶段分析到问题检视，整理了我国高等教育制度变迁的特征。

第七章高等教育管理。本章对高等教育管理涉及的几个基本范畴进行了梳理，为进一步认识高等教育管理奠定了基础；从宏观高等教育管理、微观高等教育管理、我国高等教育管理三个方面呈现了对高等教育管理的理解；从方法、比较和学术的视角讨论了高等教育的实践。

第八章高等教育评价。本章从教育评价的概念入手，讨论了高等教育评价的成果、观点与问题；分析了高等教育评价的制度设计，包括制度变迁、制度反思和制度实施；最后介绍了高等教育评价范式及高等教育评价的类型。

本教材由江苏师范大学高等教育研究中心团队的胡仁东、刘林、张欣、赵峻岩、刘文晓共同完成。胡仁东负责教材框架的起草、教材的初稿整理和统稿。各章分工如下：赵峻岩负责第一章，胡仁东负责第二章、第五章、第六章，刘林负责第三章、第四章，张欣负责第七章、第八章，刘文晓负责各章节的审校。研究生徐菲、王宇琦、陈炜、陈诺等对部分章节进行了审校。

本教材在编写过程中参考了大量相关研究成果，对成果的作者表示感谢。高等教育学涉及面广，本团队在探索中勉力而为，再加上水平和能力有限，难免存在错漏，恳请同行们批评指正。

目　录

第一章　高等教育历史

>>> 章前导语

高等教育活动在人类社会发展历史长河中源远流长。尽管今天意义上的高等教育形式，即建立在普通教育基础上的专业教育，只是近代的产物，但是高等教育这一活动现象走过了人类漫长的历史道路。从历史的角度考察高等教育发展，哈罗德·珀金的观点比较独特。他说，一个人如果不理解过去不同时代和地点存在过的不同的大学概念，他就不能真正理解现代大学。[1] 历史表明，过去的一些偶然事件的决定与选择比有意识地做出的计划和决策带来的影响更大。过去的希望、抱负和价值观与现代大学概念紧紧结合在一起。甚至过去的缺陷与不满体现在现代高等教育的结构中：英国的新大学、多科技术学院，德国的工业大学，丹麦的民众高等学校，美国的文理学院以及有些国家的研究所和研究院的产生就是证明。它们都是过去社会对传统大学表示不满的产物。

经验告诉人们，研究高等教育的历史学家手中没有水晶球可作预言，没有魔镜可供占卜，但他在这一领域能为他人提供有益的东西：如果你想要知道你要去哪儿，它就帮助你了解你去过哪儿。[2] 乔治·桑塔亚纳有过类似的认识：遗忘过去的人注定重蹈覆辙[3]。埃德温·斯洛森对高等教育的物质与实体环境进行考察后写道：在讨论宾夕法尼亚大学的时候，我们不可能忽略历史。你甚至根本就不可能回避它。所有的墙上都覆盖着历史。所有的建筑像是同一个家族的博物馆。不论是油画、浮雕、铭文、窗子，还是遗址、手迹，以及其他类似有纪念价值的物品，无不深深吸

---

① 薛天祥：《高等教育学》，17页，桂林，广西师范大学出版社，2001。

② 克拉克：《高等教育新论：多学科的研究》2版，王承绪、徐辉、郑继伟等译，49页，杭州，浙江教育出版社，2001。

③ 塞林：《美国高等教育史（第二版）》，孙益、林伟、刘东青译，序言2页，北京，北京大学出版社，2014。

引走在校园里任何一处的游览者。①

第一节　早期大学画像

一、权力之眼

最早的大学没有图书馆、实验室、博物馆、捐助基金，也没有理事会、行事一览表、学生社团、体育运动、校外活动等，它是人的组合体。中世纪巴黎大学和博洛尼亚大学是现代大学被砍砸、打磨出来的那块岩石，是现代大学被挖掘、梳理出来的那条壕沟。② 作为人的组合体的大学，埋下了权力纷争的种子。

哈罗德·珀金认为，真正的历史学研究不是简单地按时间顺序搜集和整理历史资料，而是一个解决问题的过程，即向现实世界提出各种问题，并寻找答案。他有一个经典观点：大学最自由时却最缺乏资源，它拥有最多资源时则最不自由。③ 围绕"大学的自由和控制之间的矛盾"这个主题，他从历史角度讲述了高等教育发展的四个阶段：第一阶段，中世纪的大学在推动和破坏社会秩序中发挥了双重作用；第二阶段，近代欧洲初期大学的兴衰；第三阶段，19 世纪的德国大学无意间变成了新知识的发源地，对英、美、日的影响非有意为之；第四阶段，20 世纪中叶，高等教育作为后工业社会的核心机构，达到了顶峰。后工业社会依靠建立在科学基础上的工业和受过高等教育的精英，在精英高等教育和大众高等教育之间存在内在矛盾。哈罗德·珀金认为，大学诞生在一个政治、精神和知识上都分裂的特殊文明中。这表明，大学从一开始就处于一种"无政府"状态，在这种状态下大学是自由的。然而，随着大学规模扩大，社会越来越依赖政府全面控制大学，于是自由与控制之间的冲突便产生了。可见，权力博弈一直存在于高等教育中。

诞生于中世纪欧洲的大学，是一个独特的既分裂又分权的社会的产物。每个文明社会都需要研究深奥学问的机构来满足其探索知识的需求，并为这些知识的

---

① Edwin Slosson，*Great American Universities*，New York，The MacMillan Company，1910，p. 347.
② 哈斯金斯：《大学的兴起》，王建妮译，2 页，上海，上海世纪出版集团，2007。
③ 克拉克：《高等教育新论：多学科的研究》2 版，王承绪、徐辉、郑继伟等译，26 页，杭州，浙江教育出版社，2001。

拥有者和探求者提供各种必要条件。然而，大多数文明，或至少主要社会，都是由统一的世俗或宗教统治阶级集中领导的，他们控制了文官和科技专家的培养权力。在这个时期，政治权力和知识权力之间开始形成共谋。然而，也有例外，比如古希腊。古希腊由许多小城邦组成，宗教信仰多样化，不需要专职的行政管理人员或强大的僧侣集团。这里发展出一种为自由贵族公民开办的非正规哲学学校，教师可以四处游学，到任何可以自由探讨学问的地方去，如柏拉图的阿卡德米学园和亚里士多德的哲学学校，这些后来对中世纪的大学产生了巨大影响。因为缺乏政治和宗教的控制，自由的思考得到了鼓励，这些学校对后来的学者团体有巨大的吸引力。

巴黎的政治中心地位、优越的地理位置和众多学术名师的汇聚，使巴黎主教堂学校成功转型为大学。在这一转型过程中，有两个特许状起到了重要作用。一个是皇家特许状。巴黎主教堂学校变成巴黎大学后，巴黎圣母院主教座堂的负责人是唯一有权在主教区颁发执教许可证的人，因此他控制了巴黎大学的学位授予权（尽管当时的学位证书其实就是教师资格证书）。在市民和学生发生冲突并导致一些学生被杀后，国王腓力普·奥古斯都签署了一项正式的特许状，惩罚了圣母院院长，并确认了学生及其仆从不受世俗法庭审判的权利。另一个是教皇特许状，即1231年的"科学之父"敕令。1229年，巴黎大学的一群学生在当地一家酒店喝酒，与老板发生争执并殴打了老板和伙计，随后遭到圣母院院长及其随从的毒打。巴黎大学因此停课两年。这道敕令虽然再次认可了教堂主事的执教许可证授予权，但要求他慎重行事；更重要的是，确认了巴黎大学的豁免权，学校有权制定规章制度，规定讲座和辩论课的开展方式与时间、学生的服饰穿戴、房租和学生管理等（当时对学生的定义是每周必须上两次课的人）。由此可见，大学在教会和世俗政权中都获得了好处，这对大学独立品格的形成起了重要作用。

二、学术之志

从历史的角度，最古老的大学的发轫之始并不十分清楚，大学缓慢地、悄无声息地产生，没有明确的记录。大学诞生的时期是一个知识复兴的时期，历史学家认为是12世纪。如果中世纪教育的内容仅仅局限于自由七艺（文法、修辞、逻辑、算术、天文、几何、音乐），那么大学就不会出现。在1100—1200年间，主要由西班牙的阿拉伯学者引进西欧的古代法学和医学方面的知识（萨莱诺的医科大学与博洛尼亚大学丰富了中世纪的知识内容），才创造了学者的职业。① 这股新的知识潮流冲破了主教学校和修道院学校的枷锁，让众多心甘情愿求学和传授的青年汇集到法国的巴黎和意大利的博洛尼亚，组成学术团体——教师和学生的社团。至此，大学才有了它自身的内涵。

大学作为一种学术制度（institutions），在西方文明的发展中起到了至关重要的作用。它为西方知识的创造与传承提供了制度化的基础。研究西方大学的起源，可以发现有两个重要的学术事件对大学的兴起产生了重大影响。一个是修道会制度的出现。最早的制度化学术团体是修道会，如 13 世纪的法兰西斯会和多米尼克会。这些基督教修道会为中世纪欧洲大学的兴起提供了制度基础。研究西方大学历史的著作中有这样的说法：没有修道士便没有大学（No monks，no university）。② 巴黎大学就是由教会创办的典型例子。巴黎大学的前身是三所由教会兴办的学校，其中之一是著名的巴黎圣母院学校。后来，这三所学校联合起来，形成了巴黎大学。另一个是罗马法的复兴。从 11 世纪开始，罗马法在意大利复兴，成为推动意大利早期商品经济发展的重要制度保障。这一运动直接刺激了法律研究的兴起，意大利早期的大学，如博洛尼亚大学，就是因为关注法律研究而兴起的。

中世纪的大学主要是职业学校，专门培养专业人才。它们通过满足教会、政府和社会各界对各类人才的需求而不断发展。无论是教会还是国家，都依赖大学提供的服务和人才来维持运作和发展。最初，大学是从教会学校和城市学校自发演变而来的，尽管这些学校的师生多为牧师，但其目的是世俗化的，旨在满足人口不断增长和城市化的需求。这些学校中有许多是专攻神学、法律、修辞和文理的专业学校，专门培养牧师、律师以及神职或世俗的行政官员。早期中世纪的学校类似于古希腊的哲学学校，存在时间短暂，校址不固定，但在中世纪欧洲的社团环境中，它们迅速形成了行会组织形式，这赋予了中世纪大学持久性、力量和一定的自主权。当时的行会主要有学生行会和教师行会两种形式。基于这两种行会的大学，有人称之为学生大学和教师大学。以博洛尼亚大学为模式的意大利大学属于学生行会，学生是这些大学的主导者，教师讲课后由学生行会付费，并且教师必须遵守规定。教会的教师行会则是巴黎大学的模式，这类行会由教师控制学生，其主体包括学徒（本科生）、学徒期满后的工匠（学士）和师傅。后来，学生大学逐渐衰落。哈罗德·珀金认为，学生大学的衰落是由于市政当局的压力和付薪教授制度的确立。

---

① 哈斯金斯：《大学的兴起》，王建妮译，4～5 页，上海，上海世纪出版集团，2007。
② Kenneth Minogue，*The Concept of a University*，London，Weidenfeld and Nicolson，1973，p. 31.

三、样式之形

早期大学的经历，形成了它们的独特存在样式。

第一，大学享有特权。如果大学能从皇帝、教皇、国王、主教或至少是市镇获得特许状，特别是教皇或皇帝授予的授予学位的权力（a studium generale）和在任何地方教学的权利（ius ubique docendi），就能获得国际认可的地位。大学最重要的特权是独立发表意见的权利和自由迁徙的权利。例如，牛津大学和剑桥大学分别是在 1167 年前和 1209 年，一群学者从巴黎和牛津迁徙出来后创办的。自由迁徙权对市镇、主教、国王或教皇这些统治者来说是一种强有力的威胁手段。

第二，大学的国际化。到 15 世纪，大学已经发展到 58 所，成为真正的国际性机构。师生们来自世界各地，教授和学习七艺课程，其中大多数教师用中世纪欧洲的通用语言——拉丁语教授三门研究生水平的学科。近代大学的另一个特点是校际和跨国学科联系极为密切。[①] 彼得·阿贝拉尔是一个才华横溢、思想激进的年轻人，他不断质疑权威，再加上一些不敬，无论走到哪里都能吸引大批学生。他经常前往巴黎，对巴黎大学的形成产生了重要影响。

第三，大学的多学科性。在同一所大学中，神学、法学和医学这三个研究生水平的专业并列开设。学生在文学部学习完七艺课程后，再继续学习研究生水平的专业课程。本科生或学徒学习文法、逻辑和修辞，即三艺，这些课程主要为以后的学习或工作打下基础。学士或工匠学习算术、几何、天文和音乐四科，这些是自然科学的基础。文学部提供的七艺课程为学生们在读写、辩论、思维、计算、测量和自然科学基础知识方面提供了有用的训练，使他们能够胜任教会和世俗政府中的各种职业。以辩论为主的教学方法使每个学生都能言善辩，这种辩论能力使他们在布道、法庭听证和政府讨论中脱颖而出。

第四，西欧的学生大学。大学一词与知识的领域或知识的普遍性并无联系，当时的它仅仅表示一个团体的全体成员。当初，博洛尼亚大学的学生为了使自己免受市民侵犯而成立了行会（团体）。随着新的租房者和消费者的涌入，房租和必需品价格狂涨。学生个体对这种牟利行为无能为力，他们就联合起来，用离开这个城市来进行威胁。当时大学作为一个团体，其学生可以自由流动，市民只好向学生妥协。

---

① 克拉克：《高等教育新论：多学科的研究》2 版，王承绪、徐辉、郑继伟等译，30 页，杭州，浙江教育出版社，2001。

这样，学生就压低了房租和书价等。在与市民进行斗争并获胜后，学生又把斗争的目标对准了教授，威胁的手段是集体抵制。由于教师完全靠学生的学费生活，学生在这次斗争中也获得了胜利。这样，教师在上课时间、授课方式、学费等方面都须接受学生的管理。①

拉什达尔认为，如同城市公社组织一样，大学是建立在公约的道德、法律关系基础之上的学生公社。流行于意大利各共和国的公民观念，虽然只是表达了公民权的思想，但这一观念在古代雅典和中世纪的博洛尼亚是一种不可多得的世袭财产。对于那些长期被放逐在外且具有较高地位的年轻人而言，他们不能接受公民权被剥夺的现实。学生大学为他们赢得了公民权。当然，一个大学组织对它所在的城市的商业发展、人文交流具有极其重要的意义。尽管如此，城市接受学生大学的过程并非一帆风顺的，这是学生与相关利益者进行博弈的结果。②

博洛尼亚大学是一所典型的学生大学。意大利的学生在大学事务方面有较大的发言权。1922 年 5 月，帕多瓦大学建校 700 周年纪念日当天，学生们实际上整夜控制了城镇。他们组织了独特的游行和庆典活动，喧闹和骚动异常强烈，这场隆重庄严的盛会几乎因此中断，而且学生采取行动，打碎了这座城市中最雄伟壮丽的一座大厦的玻璃。③

学生大学让教师无权决定谁有资格从事教师职业，同时也无法保证教学质量，于是教师组织了自己的行会。教师行会制定并严格实行入会标准。当一个应试者考试成绩优秀被录取，他来到行会，领取公约和代表他身份的学者帽及证书，这时他就成了硕士。获得许可证且被接收到教师行会的人一律称硕士。在一些情况下，他们可以称博士或教授，但这些名称并无真正意义。在少数学校，文科教师称硕士，法学、医学、神学教师称博士。从这时起，大学开始了它的学位制。④ 同时，学位制为教师大学的成立奠定了基础。

第五，北欧的教师大学。12 世纪，教育的快速发展使得教师极其渴望获得学位证书。由于对圣母院主教和校长把持教师资格授予权，并以此控制教师和干涉教学强烈不满，教师(特别是青年教师)联合成立了教师行会或大学。教师与校长斗争

① 刘海峰、史静寰：《高等教育史》，272 页，北京，高等教育出版社，2010。
② Hastings Rashdall, *The Universities of Europe in the Middle Ages*, New York, Cambridge University Press, 1985, p.164.
③ 哈斯金斯：《大学的兴起》，梅义征译，7 页，上海，上海三联书店，2007。
④ 佛罗斯特：《西方教育的历史和哲学基础》，吴元训、张俊洪、宋富钢等译，167 页，北京，华夏出版社，1987。

的结果是教皇承认教师的权利。1215 年，教皇为巴黎大学颁布了章程，允许教师（尤其文科教师）组成行会、颁布规则和吸纳成员。该章程的颁布标志着巴黎大学由获得习惯认可到获得法律上的正式确认。获得教皇荫庇的神学教师行会则获得了制定必修课程提纲、授课大纲等权力，奠定了神学在四大学院中高人一等的地位。①

1229 年，巴黎大学学生与市民发生冲突，几名学生被打死，引起学潮，大学宣布罢课，不少学生跑到牛津、剑桥等地。为了平息市民与学生间的矛盾，1231 年，教皇颁布新章程，巴黎大学获得了结盟权和罢课权，具有授予学士、硕士和博士学位的专一权。这使得司法官的司法权进一步受到了限制，巴黎大学最终从主教的控制中解脱出来。同时，国王圣路易确认了巴黎大学的法人资格，使巴黎大学完全摆脱了被监护的地位。至此，巴黎大学作为一个独立团体正式成立。1249 年，巴黎四个同乡会选出了共同的校长。1252 年，巴黎大学已有了大学印章，上面印有"巴黎师生行会"，这是巴黎大学获得独立和权力的象征。1261 年，代替"巴黎师生行会"，"巴黎大学"之名开始正式使用。②

四、传承之源

中世纪大学自产生之始，就具有内生性特征，它主要表现在其产生的力量不来自外部组织，而来自其自发性：第一，聚集在一起的人有他们自身需要；第二，它的发展非预先设计，而是从少数师生团体逐步成为城市生活的重要组成部分，在不经意间悄然成形。③

涂尔干曾指出："从某种意义上来说，艺术、科学乃至整体上的精神生活，都属于奢侈的消遣，先得在共同体中有多余的能量，超出了维持生存的当务之急。为了能够献身于纯粹、客观的思想工作，就必须储存有丰富的能量可供调用，超出应对日常生存种种困难之所需。一旦确实有这样的储存，由于并没有什么强迫它用到外部去，它自然就会转向内在生活，转向思想，转向反思。"④中世纪大学的兴起是中世纪复兴的结果。社会安定下来之后，很多人的精力都集中在学术上，一群精明

① 刘海峰、史静寰：《高等教育史》，275 页，北京，高等教育出版社，2010。
② 李兴业：《巴黎大学》，21 页，长沙，湖南教育出版社，1988。
③ 上官剑、李海萍：《"外生性"与"内生性"：中西方大学起源之比较》，载《高等教育研究》，2007(6)。
④ 涂尔干：《教育思想的演进》，李康译，92 页，上海，上海人民出版社，2003。

的、热心的知识分子出现在西欧，进行研究和教学。国家和教会的发展需要大量职员，这就需要训练出人才。为此，对以往各种经验进行教学和学习的活动开始了。中世纪大学由此而兴起。[①]

独立、自由、民主、质疑和批判精神是西方大学沿袭了近千年的精髓，它们相互包容、相互影响和相互促进。[②] 有学者认为，近代大学的基本特征包括学术自由、注重研究的风气、自然科学纳入大学课程，以及政府对大学的资助和控制等。[③] 综上，大学留给我们的遗产可以概括为以下几个方面。

第一，独立性。大学可以拒绝来自部分城市、地方社团、国王或帝王、主教以及其他权威的意图。权威者们竞相为大学提供赞助，希望大学为其提供服务。大学获得了在这些权威者们之间选择为谁服务的机会。在长期竞争中，大学保持这种独立，它获得了特权和豁免权，完全掌握着自己的命运。[④] 例如，巴黎大学于1200年成立之时，得到了第一个皇家特许状。这源于一场市民和学生之间的冲突，国王菲力普·奥古斯都随后签署了一项正式的特许状。[⑤]

第二，自主性。大学根据赞助者和职能分成小组。拉丁语"universitas"之意在中世纪是社团(组合)。无论何时，为了一个特殊的目的，人们组织起来，组成这种社团。在中世纪，很多社团是工人、商人等的行会，它们的设立是为了保护、保持标准，决定职业，保护市场和社团中的人。[⑥] 中世纪大学在教什么、如何录取学生、教师应当履行哪些职责和享有哪些权利等方面，都有自己的选择权和决定权。[⑦]

第三，保守性。大学划分成不同的院系，以及有各种考试和学位制度、膳宿制度，以及学术世界的各种规定，这些都源于这类机构自成立起留下的印迹。机构的外在形式一旦形成，就会借助于某种惯性的力量，或由于成功地适应了新的情势而长久延续下来。教育的组织似乎比教会本身更为排斥变迁，更为保守和传统，这是

---

① 佛罗斯特：《西方教育的历史和哲学基础》，吴元训、张俊洪、宋富钢等译，158～159页，北京，华夏出版社，1987。

② 刘道玉：《从大学的起源看西方教育的精髓》，载《中国地质大学学报(社会科学版)》，2009(1)。

③ 贺国庆：《近代欧洲大学起源探微》，载《河北大学学报(哲学社会科学版)》，1999(4)。

④ 佛罗斯特：《西方教育的历史和哲学基础》，吴元训、张俊洪、宋富钢等译，159页，北京，华夏出版社，1987。

⑤ 哈斯金斯：《大学的兴起》，梅义征译，10页，上海，上海三联书店，2007。

⑥ 佛罗斯特：《西方教育的历史和哲学基础》，吴元训、张俊洪、宋富钢等译，160页，北京，华夏出版社，1987。

⑦ 李华：《论欧洲中世纪大学的兴起及影响》，载《现代教育论丛》，2008(7)。

因为教育组织的功能是将某种源远流长的文化传递给新的一代。但与此同时，在某些特定的时期里，教育组织也会因实际发生的革命而产生更为激烈的变迁，这些革命有时候会被证明是一种过度的革命。①

第四，国际性。中世纪大学的教师和学生来自欧洲各地，带来了不同地域文化和知识的交流，促进了国际学术交流。许多学生学业结束后游历各地大学讲学，又把学到的知识传播到各地。② 自大学产生以来，大学的制度性学术生活在跨国的基础上繁荣起来，由此形成的大学的学术国际性传统对于克服狭隘的民族性具有深远的影响。其实，欧洲各大学几乎都保留有这种古老的国际性的痕迹。③

第五，学术性。中世纪大学是西欧的一个机构，在城里有教学和学习中心，分布在基督教世界，在每个罗马行政区的礼拜堂中占统治地位。④ 到了16世纪，牛津大学已成为人文主义真正的中心，从这里毕业的大批学生继续在意大利的新学术中心接受教育，新学术中心吸引那些对古典文化充满热情并且有才能的学者。其图书馆大量收集拉丁文和希腊文的手稿，学生们勤奋地学习，并修改其中的错误。同时，英国的很多中等学校，包括被称为公学的私立学校都感受到了新学术的热潮。行会开始从教会手中接管一些学校并设立自己的学校。和经院的、中世纪的学者相比，这些学校更愿让人文主义者来开展教学。⑤

第二节　曲折过往

早期大学为高等教育的发展奠定了基础，大学在发展过程中经历了诸多曲折。

一、大学的兴衰

第一，合法性危机。1560～1640年，在宗教改革中，英国大学的学院成为保守中心。随着经院哲学的式微，大学的教学越来越多地转到学院导师（tutor）的手

---

① 涂尔干：《教育思想的演进》，李康译，3页，上海，上海人民出版社，2006。
② 李华：《论欧洲中世纪大学的兴起及影响》，载《现代教育论丛》，2008(7)。
③ 涂尔干：《教育思想的演进》，李康译，97页，上海，上海人民出版社，2006。
④ 佛罗斯特：《西方教育的历史和哲学基础》，吴元训、张俊洪、宋富钢等译，159页，北京，华夏出版社，1987。
⑤ 佛罗斯特：《西方教育的历史和哲学基础》，吴元训、张俊洪、宋富钢等译，205～206页，北京，华夏出版社，1987。

中，本科生的地位发生了变化。在中世纪大学，本科生或是住在宗教修会院里的成员，或是某一学院的居民，他们将来都是牧师，他们大多数人原本都是穷人。当时则成了社会的上层精英。在管理上，学院领导具有大学管理的独立权力，他们提名副校长的候选人，参加评议会的选举，以前同乡会会长的权力被剥夺了。[①] 在宗教改革期间，英格兰的大学面临着功能和使命的挑战。伦敦的法律学院由律师公会授课，专注于习惯法；而牛津大学和剑桥大学的医学课程则显得陈旧，只有极少数医生团体研究这些理论，大多数医疗工作则由外科医生和药剂师之类的实践者来承担。大学的教学内容只剩下七艺和神学，主要培养规模较小的为国家所控制的教会牧师，他们大多被限制在世俗政府中任职。[②] 这些变化，给大学带来合法性危机。

第二，组织衰落。从历史来看，宗教改革对教育发展起了积极作用，特别是对教育的民族化、普及化，尤其是对基础教育的作用明显，德意志初等教育领先于世界各国就与宗教改革有关。宗教改革及随后的农民战争极大地冲击了教育发展，导致学术和教育的衰落，使大学发展陷入低潮。[③] 宗教改革之初，修道院财产被没收，导致教会学院的终结和学生人数在 1550 年前后的暂时下降。[④] 牛津大学和剑桥大学从它们在 12 至 13 世纪的诞生开始，就陷入了"既想争取独立，又要依附于宗教和王室"的矛盾之中。宗教为大学带来财政收入，同时决定了它们的教学内容。王室给予了大学许多特权和保护，但也限制了它们的改革力度。大学对宗教和王室的依附决定了它们的兴衰。17 至 18 世纪，英国的大学衰退表现为入学人数减少、大学管理保守、科研投入不足，同时私立学园大量涌现。[⑤] 英国大学受到的第一个冲击是资产阶级革命所引发的内战。内战中，牛津大学和剑桥大学都站在国王一边。1642 年，查理一世逃到牛津，住在基督城。此后四年，牛津成为国王军队的指挥部，实际上也是国王政府的所在地。[⑥]

第三，功能变化。中世纪大学的功能基本上就是教学。但中世纪大学最突出的地方就在于把知识生活制度化，教学成为知识生活的核心，这体现了中世纪大学很

---

① 刘海峰、史静寰：《高等教育史》，382～383 页，北京，高等教育出版社，2010。

② 克拉克：《高等教育新论：多学科的研究》2 版，王承绪、徐辉、郑继伟等译，33 页，杭州，浙江教育出版社，2001。

③ 刘海峰、史静寰：《高等教育史》，358 页，北京，高等教育出版社，2010。

④ 刘海峰、史静寰：《高等教育史》，380 页，北京，高等教育出版社，2010。

⑤ 克拉克：《高等教育新论：多学科的研究》2 版，王承绪、徐辉、郑继伟等译，34 页，杭州，浙江教育出版社，2001。

⑥ 刘海峰、史静寰：《高等教育史》，383 页，北京，高等教育出版社，2010。

高的组织水平和形式化的创建能力。受外部环境的影响，特别是随着大学的世俗化、民族国家化和政治化，大学的功能较中世纪产生了不小的变化。总的来看，文艺复兴和宗教改革时期的大学主要有提供人生中一个阶段的教育、开展通识教育、为某一专门职业培养人才或促进科学知识的发展、培养社会精英、规训学生生活方式五种社会功能。[①] 19 世纪后期和 20 世纪初英国的工业化、专门职业的发展和民主需求的变化，导致伦敦大学等新大学的兴起，地方城市大学开始发展，并促进了牛津大学和剑桥大学这些传统大学的改革。由此，英国高等教育发生了结构性变化，高等教育机构的功能开始分化。[②]

　　第四，大学复兴。1100—1200 年，新知识大量流入西欧，部分是通过意大利流入西欧的，但主要是通过西班牙的阿拉伯学者流入西欧的。除了三角和圆的基本定理外，欧洲又获得了平面和立体几何的书，用新知识代替了令人难以忍受的罗马数字的运算规则。在法律和医学方面，人们已经掌握了古代的丰富知识。这些新知识从教堂和修道院学校中喷薄而出，吸引着想"乐而学和乐而教"的青年，聚集在巴黎和博洛尼亚。[③] 自 19 世纪初开始，大学逐渐引起了英国王室、贵族和新兴资产阶级等群体的兴趣，申请入学的人数逐渐增加。这一变化可能由以下三个方面引起：一是人口增长。19 世纪初，英格兰和威尔士的人口数量是 17 世纪中叶的几倍。二是议会的干预。19 世纪 50 年代，英国议会对牛津大学和剑桥大学进行改革，促使这两所大学向不信仰国教者和新兴资产阶级开放。三是新兴大学的涌现。19 世纪中叶，英格兰自中世纪以来首次出现了新兴大学和学院。

二、高等教育发展轨迹

　　高等教育是人类文明发展到一定历史阶段的产物，它因社会发展的需要而产生，又随着社会的发展而发展。在人类社会发展的历史长河中，它是一个不断嬗变的、动态发展的社会实践活动。像其他任何社会活动一样，高等教育这一社会活动存在自身运动的规律性，正是这种规律性促使它不断地演进和发展。[④]

---

　　① Walter Rüegg, *A History of the University in Europe*, New York, Cambridge University Press, 1996, p. 67.

　　② Detlef Müller, Fritz Ringer, Brian Simon, *The Rise of the Modern Educational System: Structural Change and Social Reproduction 1870-1921*, New York, Cambridge University Press, 1987, pp. 163-178.

　　③ 刘海峰、史静寰：《高等教育史》，261 页，北京，高等教育出版社，2010。

　　④ 周光迅，方建中，吴小英：《哲学视野中的高等教育》，57 页，青岛，中国海洋大学出版社，2006。

　　西方高等教育的兴起是从古希腊时期开始的。雅典的奴隶制民主制发展到高峰，经济和文化空前繁荣，人们的政治生活和文化生活需要知识，于是就产生了带有高等教育性质的机构，进而产生了许多闻名于世的教育家，如苏格拉底、柏拉图、亚里士多德等。他们创立了一些具有高等教育性质的学校，如柏拉图创办的阿加德米学园和亚里士多德设立的吕克昂学校。他们还发展了自己独特的教学方法，如苏格拉底的"产婆术"教学法和智者们教授辩论术的方式。这些方法和学校成为后来欧洲封建社会乃至资本主义社会初期大学办学的榜样。古希腊教育家们还确立了稳定的教学内容，对后世教育思想产生了深远的影响。其中，他们提出了七艺，包括文法、修辞和辩证法（简称为三艺），以及算术、几何学、天文学和音乐（简称为四艺）。这些教育内容成了中世纪欧洲大学教育的核心科目。柏拉图的教育学说宏伟博大，几乎论及了教育领域的所有问题，创造并奠定了西欧教育学的理论基础。后来的亚里士多德则继承并发展了这一理论基础，从而使古希腊教育理论发展到一个更高的水平。他们关于教育与自然、政治、社会以及与人的关系的学说支配着整个世界高等教育思想史的进程。这个时期的高等教育是以非正式、弥散性的方式进行的，距离正规的高等教育形态还有很大的差距，只是开始由原始形态向正式形态演进的一种高等教育形态。①

　　古代阿拉伯帝国时期的高等教育对欧洲的大学产生了深远影响，涉及制度、课程设置、教师地位以及学生的游学等多个方面。据托太哈在《回教教育史》中所述，赫克迈大学被认为是中古和近代的第一所大学。在博洛尼亚、巴黎、布拉格、牛津和剑桥等地尚未建立大学之时，赫克迈大学已经在学术领域扬起了学术的火炬。它在西方古希腊高等教育形态向中世纪高等教育转变的过程中扮演了重要角色，为高等教育的发展做出了重要贡献。

　　欧洲中世纪大学的诞生标志着制度化的高等教育的形成。欧洲中世纪的大学有三种：第一种是在专业教育基础上建立的大学，如以医学见长的萨勒诺大学；第二种是在修道院学校或大教堂学校的基础上建立起来的大学，如以神学显著的巴黎大学；第三种是在当时社会需求的推动下产生的大学，如以法学盛名的博洛尼亚大学。在学校管理和组织形式方面，中世纪大学具有相对独立性，实行行会组织的管理方式。这种组织管理方式可以使大学面对封建领主和教会保持一定的独立性并抵

---

　　① 周光迅、方建中、吴小英：《哲学视野中的高等教育》，57～58 页，青岛，中国海洋大学出版社，2006。

御地方市民的干扰，可以从教皇、国王或皇帝那里获得特许状，享受包括自立法庭、免除税收、免服兵役、辍教罢学、迁移校址等广泛的大学自主权。中世纪大学的职能基本上是培养专业人才。高等教育在形态方面已经成形，并在职能上开始发生"质变"。[①]

在欧洲文艺复兴时期，中等教育制度的兴起为高等教育奠定了广泛的社会基础。高等教育开始与中等教育制度有机地衔接。例如，学生进入大学前在英国的公学和一些文法学校接受常规教育，法国的国立中学致力于为学生进入大学做准备，而德国的文科中学则成为通往高等教育的桥梁。文艺复兴时期，社会对人类社会、自然界及人类自身知识的需求不断增长，知识开始呈现出多样化和分化的趋势。为了培养具备世俗学问、人文精神和社会责任感的人才，人文主义者将新兴的科学知识和人文学科融入传统的七艺中。随着工业革命的到来，知识分化进程加速，自然科学终于在大学教育中占有重要地位。从孕育到成形，高等教育经历了漫长的历程。今天的大学围绕各种专业、学科和课程组织教育形式和内容，反映了其历史上的发展和演变。

在 18 世纪末之前，欧洲的大学主要可以分为两种类型。一种类型是以法国和意大利大学为代表的大部分欧洲大学，其主要目的是提供专业训练，如医生、律师和神职人员的培养。随着时间推移，一些大学还开始培养技术人员，特别是在拿破仑时期。另一种类型是英国的牛津大学和剑桥大学模式，其宗旨是培养绅士。在这些大学中，探索知识和发现真理并不是教师和学生的主要任务。相反，这些学府实行的是所谓"博雅教育"，其重点是通过传授人文科学和基础科学知识来培养学生的素养和文化修养。随着新的商业阶层在英国兴起，牛津大学和剑桥大学开始承担起对商业阶层子女进行绅士教育的角色。这种教育不是为了传授实用技能或职业训练，而且是为了培养学生的礼仪、风度和道德品质。哈佛大学教授萨缪尔·艾略特·莫里森认为，牛津大学和剑桥大学服务于新兴阶级，即那些在羊毛贸易和海外商业中致富的家族所建立的阶级。这些家族希望他们的子女能够在豪华建筑和和谐环境中学习，为追求充满活力的生活做好准备。18 世纪末之前的欧洲大学在理念和功能上存在明显的区别，这反映了当时社会阶层结构和教育目标的差异。

在 19 世纪之前，高等教育的主要功能基本上是培养社会所需的官员、牧师、

---

① 周光迅、方建中、吴小英：《哲学视野中的高等教育》，60～61 页，青岛，中国海洋大学出版社，2006。

法官和医生等人才。这一时期发生的科学技术方面的伟大变革,如工业革命引发的发现和发明,大多与传统的大学教育关系不大。社会的巨大变革主要发生在大学围墙之外。尽管英法两国的大学教育长期以来在全球高等教育中占据中心地位,但传统的观念认为大学只是知识传授的场所,科学研究的发展很少在大学内部发生,这一观念根深蒂固。在英格兰,科研的中心是皇家研究院,在法国则是科学院。虽然大学也有一定的科研活动,但传统大学科学研究存在两个基本的历史缺陷:一是没有将科研活动视为正式的教育任务或使命的一部分,没有有意识地将科研与教学结合在一起;二是注重纯理论科学研究,忽视应用科学和技术研究。1806 年,德国在反法同盟与拿破仑的战争中遭受重大失败,失去大片国土。这次失败促使德国社会进行全面反思,认识到振兴国家必须依靠教育。这一时期德国开始了大学改革,其中最著名的是洪堡在哲学家费希特的建议下于 1810 年创办的柏林大学。洪堡以新人文主义思想为基础,强调人的全面发展是教育的真正目的,而大学实现这一目的的唯一途径是通过科研进行教学,培养学生探索真理的能力,在科学探索中促进他们的个人发展。洪堡认为柏林大学的任务不仅是传授科学知识,而且要发展科学研究,即大学同时是一个科研机构。他要求教师不仅要具备教学技能,还要在学术研究方面有所造诣。柏林大学贯彻了"通过研究进行教学""教学与科研统一"以及"独立与自由统一"的新型教育理念,实施了一系列教学方式和教育思想的变革。到 1850 年,几乎德国的所有大学都鼓励学生参与实验室和图书馆的科研活动,追求科学和真理的发现。受柏林大学改革的影响,美国留德学者和高等教育家吉尔曼于 1876 年创办了美国第一所研究型大学——约翰斯·霍普金斯大学。约翰斯·霍普金斯大学的成立标志着美国高等教育的转型,开始强调研究的重要性,为后来美国现代大学体系的建立奠定了基础。

19 世纪,美国的"西进运动"和工业革命的迅速发展,迫切需要新型大学来培养大量富有实干精神和开拓能力的新型人才。1862 年,美国国会通过的《莫雷尔法案》开创了大学为社会服务的先河,催生了赠地学院的建立。这些学院不同于传统的大学教育形式,将教学和科研活动延伸到社会生活中。赠地学院设立了供学生观察实验和实习的示范农场,鼓励学生将学到的知识应用于生产实践。同时,这些学院也承担向公众传播农业知识的责任,开设了短期课程、补习班和函授等形式的成人高等教育活动。这一创举使教育与农业生产、工业发展紧密结合,打破了传统大学的象牙塔形象,让大学教育回归到社会生活中。威斯康星大学成为这一教育改革的典范。该大学提出"大学必须为地方发展服务"的理念,建立了一套适应本地工农业生产发展需要的课程，将教学、科研与社会服务紧密结合。威斯康星大学的宗旨是通过实现教学、科研与服务三位一体的高等教育模式，解决学校与社会之间的关系问题，明确服务社会与培养人才、发展科学同样是大学的重要职能。这种教育理念被称为威斯康星思想。[①] 威斯康星大学以其卓越的成就赢得了广泛赞誉，成为各州大学的模范。威斯康星思想创造性地提出了大学的第三职能——为社会提供直接服务，使大学与社会生产、生活实际紧密联系在一起，同时强化了高等农业教育的社会服务职能。在此背景下，威斯康星思想推动了大学教育模式的变革，使得大学不仅仅是知识的传授者和科研的场所，更成为社会服务的中心。通过这种三位一体的模式，大学教育在推动社会进步、满足实际需求方面发挥了积极和全面的作用。

三、高等教育发展的转折点

一是苏格兰的突破。在 18 世纪，苏格兰大学实现了一个重要的突破，开创了将教学与研究结合起来的新型大学模式，成为近代大学的先驱。苏格兰大学在这一时期在开设新学科方面走在了前列，可以说是近代自然科学和社会科学的诞生地之一。这一进步得益于新教授制度的推行。新教授制度取代了传统的全科导师制，采用少数教授负责单门学科的方式，极大地促进了知识的发展。各个学科领域的单独讲座设立，如数学、医学、天文、自然哲学(自然科学)、道德哲学(社会科学)、法律和人文学科(古典科目)，都对学科的发展起到了推动作用。在数学领域，牛顿的学生科林·麦克劳林 19 岁即成为数学教授，是一个代表性人物。在医学界，约瑟夫·布莱克的工作对瓦特蒸汽机的发展产生了重要影响。哲学领域的弗兰西斯·哈钦逊、大卫·休谟和杜高尔德·斯图尔特，历史学领域的威廉·罗伯逊，道德哲学领域的亚当·斯密，以及斯密的学生法律学者约翰·米勒等，都把他们的学科发展到了新的高度，使苏格兰成为欧洲思想启蒙的先锋。苏格兰的医学教育和在生物学、化学领域的发展广受赞誉。特别是在哲学历史学派方面，苏格兰学者提出了人类发展从狩猎采集部族到定居农业社会并使用金属工具的理论，这成为近代社会科学的实际开端。苏格兰的教授制度强调系科知识的发展，对其他地方的新兴大学，特别是英格兰和美国，产生了深远的影响。通过这种制度改革，苏格兰大学在 18 世纪奠定了近代大学的基础，并为后来的教育改革和学科发展提供了重要的借鉴。

---

① 周光迅、方建中、吴小英：《哲学视野中的高等教育》，64 页，青岛，中国海洋大学出版社，2006。

二是德国的改变。19 世纪中叶，德国大学经历了一场深刻的变革，其影响远超苏格兰大学的创新。这一变革的动力主要来自法国大革命和 1806 年拿破仑击败普鲁士的事件。这些外部冲击促使德意志民族反思并重新审视民族复兴之路，最终把希望寄托于大学教育。哲学家和教育家如费希特和洪堡等明确宣布，振兴大学教育是复兴民族事业的唯一途径。[①] 在拿破仑镇压哈勒大学之后，普鲁士国王腓特烈·威廉三世提出，国家必须用精神力量来补偿物质上的损失。他任命威廉·冯·洪堡为内务部长，负责改革普鲁士的教育制度并创办柏林大学。洪堡的教育理念是将大学视为社会的道德灵魂，大学应该确保学生获得最纯粹和最高形式的知识。洪堡强调大学教育的目的是培养学生的思维能力和道德素养，而不是单纯传授具体的知识和技能。他认为，大学教育应该是一种学习方法、一种心理态度和一种思维技巧的培养过程。通过这种教育，学生的记忆力、理解力和判断力都能得到提高，道德感情也能得以升华，学生从而具备从事专业工作的能力。这种教育理念强调的是自由意愿和追求学术本身的理由，而不是为了糊口谋生的技能。这种对纯粹学术的追求在德国大学得到了严格贯彻。例如：德国的医学教授在当时不被允许看病人；工程学等技术科目在 19 世纪末以前未被纳入大学课程，只能在专科学校教授。正是这种对纯粹学术和自由教育的重视，使德国大学在 19 世纪中叶成为世界范围内研究理想传播的中心，对全球高等教育产生了深远的影响。

19 世纪的德国高等教育取得了巨大的成功，这不仅体现在学科发展和新大学、技术学院、师范学院的创建上，而且反映在学生人数的迅速增加上（从 1850 年的约 13 000 人增加到 1914 年的 64 657 人）。这一成就背后有多方面的因素。德国在 19 世纪建立了许多新型的大学和技术学院，拓展了高等教育的学科领域，涵盖了传统的文科和神学并增加了科技、医学、工程等专业学科，为工业革命和现代化提供了大量的专业人才。最初，德国大学的学生主要来自上层政府官员、牧师和专业人员的家庭，他们为政府机关、教会和专业领域培养人才。然而，随着时间的推移，越来越多来自商人阶级、中层政府官员、其他白领职员和学校教师家庭的学生进入大学学习。这种多样化的学生来源不仅扩大了高等教育的影响力范围，也促进了社会各阶层的流动和发展。德国高等教育的成功离不开国家的支持，尤其是在推动教育自由方面。德国大学倡导教学自由和学习自由，鼓励教授在科研和教学中追求创新和独立性，这种环境不仅激发了学术研究的活力，也吸引了世界各地的学者前来学

---

① 胡建华、陈列、周川等：《高等教育学新论》，54 页，南京，江苏教育出版社，2006。

习和交流。此外，德国大学既注重理论教育，也强调应用科学和技术的研究。随着工业化的发展，越来越多的学生攻读科技、医学和其他职业学科，大学逐渐成为培养各类专业技术人才的重要基地，使得德国的高等教育体系更加贴近社会需求，为经济和社会的发展提供了有力的支持。总的来说，19世纪德国高等教育的成功在于其多样化的发展路径、广泛的社会基础、国家的强力支持以及教学与科研的紧密结合，这些因素共同作用，使德国大学成为全球高等教育的典范，并在全球范围内产生了深远的影响。

在19世纪，英格兰新建立的大学和学院与德国的大学有一些相似之处，特别是都采用了教授制。然而，两者之间也存在明显的差异。首先，英国的教授没有德国教授那样的独立性，也没有自己的研究所，他们也不是国家任命和支付薪水的文职官员。其次，在英国的大学体系中，教授是同事中的领导者，而讲师则是普通教师。相比之下，德国大学的编外讲师是没有薪水的助手。最后，英国大学的学生通常固定在一个地方学习，而德国的学生可以自由地在不同大学之间来往。

三是美国的创新。美国有意识地模仿了德国的模式，但效果与德国相去甚远。哈罗德·珀金认为，19世纪美国的自由市场高等教育体制与德国国家控制和资助的大学体制截然不同。此外，留学德国的美国学生回国后，对德国大学的理解存在偏差：德国大学不受功利性要求影响的纯学术理想，被美国人解读为纯科学的观念；德国大学重视的"沉思"被美国人理解为假定调查，即具有特殊科学意义的研究。可以说，德国大学的思想层面的内容被美国人转化为科学层面的内容。美国大学的创新之处在于其顶尖大学形成了双层体制：一层是学院或本科生阶段，另一层是大学或研究生阶段。这个体制在系统的组织和规模上，尤其是在研究生阶段，已经超越了现代欧洲大学。

四是日本的模仿。日本的新兴大学有意识地模仿德国模式，设立了法律、医学、自然科学和哲学等学部并采用讲座制。每场讲座都由一位教授主讲，讲师、助教和研究生协助其工作。讲座成为日本大学学术组织的基本单位（至少在早期是如此），既重视科学研究，也重视道德教育和品格培养。然而，对日本人来说，他们无法在实际活动中完全贯彻纯学术或纯科学的概念，因此他们更加注重实际科目和应用科学。日本大学比德国大学更关心培养公务员、工程师和开业医生，而不是专职研究的科学家，学生们从事的研究更符合企业和国家的直接需求。

从英国、美国、日本对德国大学的模仿来看，它们共同的特点是高度选择性。在各国发展其大学的过程中，本土性原则始终存在其中，由此珀金得出大学发展具有极大的灵活性和适应能力的结论。①

五是后工业社会的高等教育。后工业社会对大学提出了两种矛盾的需求：一方面，社会需要经过高级训练的科技专家和政府官员；另一方面，大学面临群众性高等教育的需求。这部分需求的产生部分是因为不断扩大的政府部门带来的人才需求无法完全依赖传统特权阶级的子弟来满足，部分是因为新兴的社会精英广泛分布于社会中，但主要是因为以知识和科学为基础的工业与服务业需要大学比以前更广泛地传播技能。后工业社会需要大学，正如大学需要后工业社会一样。以知识为基础的社会既依赖于知识的不断进步，也依赖于知识分子的再生产，就像工业社会依赖于资本的不断投资和技术管理人员及工人的再生产一样。这不仅仅意味着进行纯研究和高等教育精英的再生产。以知识为基础的社会在整个社会范围内都需要受过教育的人，不仅因为各种工作需要知识，而且因为知识本身就是目标和手段，值得被掌握。

在后工业社会，大学成为核心机构，不仅仅是因为它们培养知识界精英，还因为它们为整个社会提供知识。这些独特且灵活的机构在社会中发挥着决定性作用，就像阿米泰奇所说的，它们就像社区服务站一样。剑桥大学的詹姆斯·斯图亚特曾梦想建立一所流动大学，让教授们轮流在各大城市授课。19世纪70年代，剑桥大学的推广运动源于斯图亚特的科普演讲。1903年，牛津大学贝利奥尔学院的院长史密斯帮助自学成才的阿尔伯特·曼斯布里奇创办了工人教育协会。1907年，另一位牛津大学教师托尼在罗奇代尔开办了首批工人教育协会大学讲习班。20世纪20年代，美国的哥伦比亚大学、哈佛大学、芝加哥大学、威斯康星大学和霍普金斯大学等著名学府以类似的方式推广自学课程，吸引了大量兼职和函授学生，有时这些学生的数量甚至超过了全日制学生。这种教育模式后来被许多国家效仿。第二次世界大战后，部分时间制教育、继续教育和终身教育得到了显著发展，英国开放大学取得了巨大成功，成为美国、澳大利亚和日本等国仿效的对象。

第三节　发展审思

20世纪50年代至70年代初期，世界高等教育经历过一次大变革。其根源在

---

① 克拉克：《高等教育新论：多学科的研究》2版，王承绪、徐辉、郑继伟等译，44页，杭州，浙江教育出版社，2001。

于：一是第二次世界大战后世界的政治形势发生了巨大变化。一批社会主义国家建立起来，许多殖民地和半殖民地国家宣告独立并建立起独立的民族民主国家，资本主义国家政治的民主化带来教育的民主化，要求享受平等的教育权利的民生诉求强烈。二是自 20 世纪 50 年代中期开始，西方资本主义国家的经济逐渐恢复，战后建立的社会主义国家的经济发展得到空前重视，20 世纪 60 年代，西奥多·舒尔茨提出的人力资本理论为各国加大高等教育的投入提供了依据。三是科学技术进步的加速和知识总量的急剧增加。保罗·朗格朗提出的终身教育思想被广泛认可，这对高等教育的发展和变革提出了新的挑战。[①]

一、总体特征

第一，高等教育满足社会需求的能力增强。一是在层次上，两年制专科教育被纳入高等教育范畴，形成了专科教育、本科教育和研究生教育的高等教育层次结构。在形式上，除正规的大学教育和学院教育之外，还出现了诸如开放大学、函授大学、成人大学、业余大学、远距离大学、广播电视大学等新型高等教育形式。除大学教育外，又形成了中等后教育（post-second education）和第三级教育的概念。二是在实用性上，短期高等教育是高等教育大众化进程中兴起的新的高等教育类型，20 世纪中后期在主要发达国家得到大规模发展，已成为各国高等教育体系的重要组成部分，并且发挥出巨大的实践价值。它促成了发达国家高等教育向大众化和普及化阶段的顺利过渡，极大改变了现代高等教育的整体格局，培养了大批合格的中、高层次实用技术人才，为各国经济社会发展提供了重要的人力支撑。发达国家短期高等教育的发展历程对我国高等职业教育有极为现实的借鉴意义，我国应从战略高度确立高等职业教育在高等教育体系中的地位，正确处理高等职业教育和普通高等教育之间的关系，做好高等职业教育与产业经济和社会发展的对接及融合，使之在我国高等教育现代化进程中发挥应有的作用。[②] 三是在体系上，社区学院在美国的高等教育体系中扮演着重要角色，为促进高等教育的普及化和蓬勃发展做出了巨大贡献。美国是最早实现高等教育大众化的国家之一，而社区学院的建立正是这一进程的关键。它们与学院和大学一起构成了美国完整的三级高等教育结构，为

---

① 周光迅、方建中、吴小英：《哲学视野中的高等教育》，65～66 页，青岛，中国海洋大学出版社，2006。

② 朱文富、姜雪：《发达国家的短期高等教育：历史变迁、实践价值及其借鉴》，载《中国高教研究》，2018(11)。

副学士、学士、硕士和博士四级学位制度的形成奠定了基础。社区学院在发展过程中确立了清晰的定位，并形成了多样化的功能模式，以满足不同层次学生的教育需求。四是在选择上，随着世界技术进步和现代化的推动，各行各业对于新知识和技能的需求不断增强。因此，继续教育、终身学习以及其他灵活的学习方式被越来越多的人接受和实施，被视为促进经济增长的重要工具。传统高等教育的服务对象是接受完中等教育、专门从事学习、年龄为18～22岁的青年。随着高等教育大众化和多样化，入学者的年龄和学历不再被严格要求，不管是青年、中年还是老年，不管是专业学习或业务进修还是兴趣爱好，每个人都能在高等教育系统内选择到自己完成学习的形式和机构，实现个人的愿望。

第二，高等教育职能越来越丰富。一是高等教育成为社会经济发展的直接动力。高等教育的三大职能不断深化，相互间的联系不断加强。世界各国的大学尤其是研究型大学根据人类知识的生产规律和现代生产的特性，统筹安排教学、科研和服务活动，使产、学、研相结合，充分发挥高等教育在现代社会经济活动中的轴心作用。二是高等教育的政治作用凸显。从国家到地方的各级政府内部，高等院校或大学教师都积极参与议政、决策、咨询以及政策实施活动，为国家的发展献计献策，高等学校成为现代社会民主生活中的一支重要力量。三是高等教育成为人类精神食粮的重要来源。闲暇职能是高等教育产生之初的一种初始职能，随着现代人类自我需要的提高和现代社会进步所提供的条件，这种职能复现，而且越发明显。它使高等教育在一定范围内与明确的社会生产需求和个人谋生需求相脱离，如老年大学在提高老年人生活质量方面起到不可替代的作用。[①]

第三，高等教育发展呈多样化样态。世界高等教育正处于从封闭到开放、从单一到多样化的发展趋势中。特别是在全球化经济发展、福利制度减弱和知识商业化的时代背景下，高等教育的多样化已成为显著特征。在重建现代高等教育的过程中，多样化与地区特色化、职业化并称为三大核心主题。不同历史时期、不同国家和地区在高等教育系统的发展模式和形态上存在显著差异，这反映了多样化程度、范围、水平和速度的不同，而非简单的单一化与多样化对立。多样化的发展策略对高等教育系统有重要影响：首先，多样化是各种多元利益主体集体选择和公共决策的结果，彼此之间可能存在冲突。其次，为了确保自身合法性和持续发展，高等教育必须进行多目标决策，这包括在发展方向、速度、规模以及侧重点上要相对满足

---

① 周光迅、方建中、吴小英：《哲学视野中的高等教育》，66～67页，青岛，中国海洋大学出版社，2006。

多元化的社会价值期待。最后，高等教育的变革路径只能是自觉推进或被迫接受其组织结构特别是功能系统的多样化调整。

第四，高等教育对人的关注越发强烈。随着信息社会的到来和经济社会对劳动者要求的提升，教育不再仅仅是培养技术工人的简单任务，而需要培养具备可持续发展能力、适应快速变化的世界的高素质人才。这种人才培养是面向所有劳动者的。在高等教育大众化的过程中，像美国社区学院这样的机构显得尤为重要。社区学院成为推动高等教育普及化的主要途径，也是高等教育规模扩展中最有活力的部分。大众化教育意味着摒弃传统的精英教育观念，后者认为高等教育是精英的特权，专门为培养精英而设。然而，随着科技的飞速发展，高等教育不仅需要更新内容，而且需要根本性的变革，以培养满足时代需求、能跟上科技进步步伐的人才。大众化和普及化使得高等教育更贴近每个人的实际需求，能更好地展现个体的特质和潜力。这既有助于应对经济社会发展的挑战，也促进了整个人类社会的进步。面对日益激烈的国际竞争和日益紧密的合作，普及大众教育的战略和规划无疑会对未来的竞争力产生深远影响。

第五，坚守高等教育核心理念成为共识。尽管高等教育发生了许多变革，但大学自治、教授治校和学术自由这三大理念一直深刻影响着大学制度的发展，并成为现代大学建设的理论基础。这三个理念从不同层次反映了大学在发展过程中必须处理的三大核心问题：大学与外部力量的关系、大学内部治理结构以及学术发展的本质要求。大学自治、教授治校和学术自由虽然各自独立存在，三者之间却有密切的交互作用，共同构筑起大学和学术发展的三道屏障，保障它们的健康发展。学术自由被认为是大学的灵魂，而大学自治则是确保学术自由的必要条件。教授治校的管理模式有助于提高大学的管理效率，同时保障教授在学术事务中的权利，如组织结构、人员选拔、课程设置和教学方法等方面的自主权和决策权。这些理念共同作用，推动大学朝着更好的方向发展，是大学履行其使命的必要条件。它们保证了大学能够在自由、开放的环境中进行学术研究和教育，同时在管理和治理上保持有效性和透明度。

二、影响因素

高等教育是人类社会的一种教育活动形式，它的发生和发展自始至终受到其他各种活动因素的制约，并在交互活动中演进。高等教育在其演进过程中受到诸多因素的影响。

(一)地理环境的影响

人类社会活动的自然基础，尤其是地理条件，是高等教育发生发展的重要外部因素。马克思、恩格斯在谈到人类历史活动时认为，人与自然条件——地质条件、地理条件、气候条件等之间的关系，是人类历史发生和发展的第一个前提，任何历史记载都应当从这些自然基础，以及它们在历史进程中由于人们的活动而发生的变更出发。[①] 深入考察高等教育发生发展史，可以发现一个有趣的现象：高等教育的发生点和分布点深受地域因素的制约。人类学研究发现，人类文明史往往发端于远古江河流域。四大文明古国无一例外，古巴比伦地处两河流域，古印度地处印度河流域，古埃及地处尼罗河流域，我国地处黄河流域。因此，当时的教育活动发达于这些文明地带，不足为奇。[②]

中世纪大学是城市这一特殊的历史地理形式孕育而成的，第一批自然产生的大学，无不受到城市文明的沐浴。例如，11世纪后，意大利境内独立的工商城市最为发达，南部城市萨莱诺濒临大海，又毗邻港口大城市那不勒斯，这种优良的地理条件成为其他因素的滋长地。各种因素的合力作用最后促使该地诞生了欧洲中世纪最早的大学。北部城市波隆那地处南北商道要冲，地理位置十分优越，各种商客过往频繁，商业纠纷时有发生，自然需要一套法律制度加以保障，因而中世纪最早的法律大学诞生在这里，在情理之中。英国牛津和剑桥是伦敦附近的两个商业城镇，法国的蒙特利尔地处地中海北岸，是重要的港口贸易城市，故在这些地方出现大学不足为奇。相形之下，当时北欧国家的大学出现得较晚。[③]

然而，在有人类活动的地方，任何自然都是人化了的自然。地理条件对高等教育的产生和发展而言，只是其他条件的自然载体。在高等教育演进中，地理条件与其说是自然地理，毋宁说是人文地理。在这一自然载体中滋长、繁荣的经济、政治、宗教、文化和科技因素才是大学发展史上的重要的制约因素。[④]

(二)经济水平的影响

按照唯物史观，社会活动和社会关系以社会生产力发展和经济水平为基础。恩

---

① 《马克思恩格斯选集》第1卷，24页，北京，人民出版社，1972。
② 胡建华、陈列、周川等：《高等教育学新论》，82～83页，南京，江苏教育出版社，2006。
③ 胡建华、陈列、周川等：《高等教育学新论》，83页，南京，江苏教育出版社，2006。
④ 胡建华、陈列、周川等：《高等教育学新论》，84页，南京，江苏教育出版社，2006。

格斯说过，生产以及随生产而来的产品交换是一切社会制度的基础，一切社会变迁和政治变革的终极原因应当在生产方式和交换方式的变更中去寻找。① 社会生产力发展和经济水平是人类任何社会活动，包括高等教育活动的最基本的原动力和决定性因素。一切学校教育的发生，无不是经济因素直接的或间接的影响所产生的结果。中世纪大学的产生，受到经济发展不同程度的影响。11 世纪，南欧诸国商品经济的复苏、工商贸易的发达、城市的兴起，为大学的发生创造了极其有利的经济地理条件，像萨莱诺、波隆那、蒙特利尔、那不勒斯等城市，不是港口城市就是位于商道要冲。大学自产生起，在组织形式和管理体制上均受到了行会组织的重大影响。②

高等教育形态从低级阶段向高级阶段的发展，从深层分析，同样受经济因素的驱使。自然经济和简单商品经济时代的生产劳动完全是一种简单劳动，无须高深学问介入便可自行运转，从事生产活动的劳动者只要通过父传子从的劳动经验教育，就足以应付体力因素起决定作用的生产活动。非从事生产活动者享有的学校教育，总体上是非生产性的闲暇活动，高等教育远离生产劳动过程。脱离生产劳动的需要的高等教育活动，其分化程度和发达水平是可想而知的。只有到了工业革命以后，资产阶级为了发展它的工业生产，需要有探索自然物体的物理特性和自然力的活动方式的科学。③ 可见，生产力发展的新需要刺激了人类知识的分化和自然科学的兴起，也刺激了对高等教育的新需求，这就为高等教育向纵深发展提供了可能和必要。近现代大学规模扩大、专业分化、层次多样、职能广阔，无不是生产力发展的需要直接或间接的影响所产生的结果。

唯物史观在承认经济基本因素作用的同时，不忽视其他积极反映社会经济运动的因素在社会发展中的作用。恩格斯说，如果有人在这里加以歪曲，说经济因素是唯一决定性因素，那么他就是把这个命题变成毫无内容的、抽象的、荒诞无稽的空话。④ 他一直认为，社会发展的整个伟大进程是在多种因素相互作用的形式中进行的⑤。

① 《马克思恩格斯选集》第 1 卷，424～425 页，北京，人民出版社，1972。
② 胡建华、陈列、周川等：《高等教育学新论》，84 页，南京，江苏教育出版社，2006。
③ 钟启泉：《现代课程论：新版》2 版，10 页，上海：上海教育出版社，2006。
④ 《马克思恩格斯选集》第 4 卷，2 版，696 页，北京，人民出版社，1995。
⑤ 《马克思恩格斯选集》第 4 卷，2 版，705 页，北京，人民出版社，1995。

(三)政治的影响

国家的性质、政治力量以及各种政治思想和学说,在高等教育的发展进程、速度、方向和方式上都起着至关重要的决定性作用。从历史上看,高等教育发展较早且较为发达的地区,通常除了经济繁荣、贸易发达和总体生产力高外,还具备强大的国家实力、政治稳定和民主开放的环境。相反,政治环境不稳定的地区,高等教育往往发展不健全。中世纪欧洲大学的发展过程中,政治因素起到了关键作用。最早的大学基本上出现在南欧诸国,这是因为南欧的商品经济发达,促进了政治生活的活跃,同时奠定了充足的经济基础,为大学的兴起提供了条件。南欧独立城市国家的政治多样性、党派竞争和学术多元并存,为大学在这一地区的兴盛营造了良好的政治环境。相对而言,北欧诸国在这一时期仍然受制于强大的庄园经济和封建统治,这些不利的经济和政治因素阻碍了北欧国家大学的发展。近现代,在英国、法国和美国三种市场经济体制的影响下,拥有类似历史文化传统的国家各自形成了高等教育体系中截然不同的模式。这种差异主要为它们的社会、政治和经济体制所决定。

此外,宗教影响在高等教育发展史上占有重要地位,它充当着高等教育发展进程中的加速剂或阻碍力。在西方封建社会初期,伊斯兰教与西欧基督教相比较为开明,较重视手工业、商业发展,对异教和异种文化比较宽容,还注意吸收各文明时代和国家的发达文化,因而在当时的阿拉伯国家,高等教育要比沉浸在基督教统治中的欧洲国家更发达。但自 11 世纪末始,阿拉伯人的宗教政策有所改变,伊斯兰教的正统教派加强了对文化教育的控制,从此一度繁荣的学术文化和高等教育逐渐走向衰落。宗教因素在阿拉伯终于成为阻碍高等教育演进的消极力量。在欧洲中世纪,宗教因素在大学的发生和发展中是一个主导性力量。中世纪第一批大学的诞生,不同程度地受到当时占有文化知识的教士们的影响。但从整体上看,中世纪的宗教力量在大学发展中发挥着消极作用。宗教力量之所以积极办大学,是因为意识到了世俗大学对教会势力的有力挑战。后来,宗教力量想方设法控制了欧洲大学,把大学与城市生活、工商业需要隔离起来,变成经院式的活动,使大学教育本身渗透了神学的性质,成为高等教育发展史中极为消极的阻碍力量。[①]

(四)文化的影响

文化作为社会的一个子系统,对高等教育有外部制约作用。同时,文化以知识

---

① 胡建华、陈列、周川等:《高等教育学新论》,87 页,南京,江苏教育出版社,2006。

为核心形态，以各种资源为载体，深刻影响着教育的核心和内容。从时间上看，文化传统的影响贯穿于高等教育的整个发展和变革过程；从空间上看，文化传统的影响渗透到高等教育的各个方面。任何文化传统都是复合的，既有积极因素又有消极因素，对社会进步的作用具有双重性，这也就是我们所说的"精华"和"糟粕"。文化传统对高等教育发展的影响同样具有这种双重性。

从发展史看，文化因素是推动高等教育发展的一个重要因素，因为它承载了人类知识和文明的积累。高等教育蓬勃发展的时代和地区，通常都是文化充盈、文化交流频繁的时代和地区。例如，中世纪大学在发达的商品生产与交换环境中，由于地理位置的优势，成为东西方文化交流的重要枢纽，同时十字军东征加速了东方文化向西方的传播，这些因素共同滋养了西欧大学的发展。然而，文化传统中也存在消极的一面，这些消极因素会阻碍高等教育的发展。不论是东方还是西方的传统文化，普遍存在对体力劳动、手工业商业以及技艺劳作的贬低的态度。这种文化传统在近代进一步发展，成为工商业经济和自然科学发展的消极因素，从而在很大程度上影响了高等教育的改革和发展。

从影响范围看，文化因素对高等教育的影响非常广泛，它不仅在教育的核心价值观和培养目标上产生影响，而且渗透到教育体制、课程教材、道德教育以及教学方法和组织形式等各个方面。这些影响来自多个途径和方式，既包括社会意识、社会道德和舆论的影响，也包括个人深层心理结构的影响。尽管文化因素不像生产力、社会政治制度和经济制度那样具有决定性作用，但其影响力不可低估。在个人的深层心理结构与社会发展的客观规律一致时，文化因素形成的集体力量将有助于推动高等教育的改革和发展。然而，如果个人的文化心理结构与社会发展的规律相抵触，就可能阻碍或延缓高等教育的改革和发展进程。

从教学内容看，美国和英国在课程设置和教学重点上展现出明显的差异。以美国为例，其教育体系显著强调实用性和职业性。特别是在 20 世纪初高等教育迅猛发展及社区学院的发展过程中，实用性和职业性的倾向更加明显。相对而言，美国的教育体系对古典人文课程的重视程度较低。英国则一直以来非常重视古典人文课程，尤其在一些历史悠久的大学中，古典人文课程占据了相当大的比例。尽管在新技术革命的影响下，英国的课程进行了一定程度的改革，但与其他西方国家相比，古典人文课程的比例仍然较高。具体到教学内容，特别是人文学科和社会科学，它们的设置和重点都直接受到文化传统的影响。这反映了不同国家和地区教育体系中文化因素的深远影响，从而塑造了各自独特的教育特色和发展路径。

(五)科学技术的影响

在整个封建自然经济时代,科技发展水平极低,科技因素对高等教育发展的影响微乎其微。在资本主义初期,社会生产力表现为机器的作用,与现代生产相比,机器的复杂程度低,对操作者的智力要求也低,科学技术发现和发明还没有被资本生产者大量运用于追求利润的活动。因而,该时期科学技术在发展经济并促进高等教育上的作用是微不足道的。随着工业革命向纵深发展和生产过程向高级、复杂发展,科学技术在商品生产过程中的作用越来越大。生产过程与科学技术的结合,不但为高等教育的深入发展带来巨大影响(如培养目标、专业分化等),而且需要高等教育为其服务。科学技术成为推动高等教育发展的巨大力量。[①]

高等教育在技术变革中的作用凸显,技术变革与高等教育的关系从单向冲击逐步走向双向互构。高新技术正以前所未有的速度、力度、广度挑战高等教育,高等教育机构直面挑战,重塑自身,需要在"去中心化"技术特性中保持高等教育治理目标,在"泛在化"数据扭转中实现高等教育的广泛参与及风险规避,在"游戏化"虚拟服务中守住高等教育育人价值,在高等教育日渐"智能化"过程中防备思想被机器圈养。在新兴技术冲击下,高等教育应变被动应对为主动出击,既可通过组织变革来寻求突围策略,也可通过重构技术的价值导向、生产逻辑、应用边界来引导技术变革的路径。面向未来,可通过高等教育与技术变革主体的多方协同,发挥教育和技术各自的价值性或工具性优势,应对人类社会面临的共同难题,实现教育与技术的相互融合与双向互构,共同创造教育与技术美好的未来形态。[②]

综上所述,在高等教育发展过程中,诸多因素的作用通常以几种方式体现:第一,有些因素可能在特定历史阶段或特定情况下显得特别突出,甚至暂时掩盖了其他因素的作用力。第二,多种因素可能共同作用,相互交织而产生影响。有时几种因素可能相互抵消,产生此消彼长的效果。第三,多种因素的整体作用可能出现,尽管它们的作用力不一定均衡分布。在选择适当的作用方式时,具体的历史条件和手段起决定性作用。至于这些因素在高等教育演进过程中的地位问题,按照历史唯物主义观点,经济运动是所有社会活动发展的基本环境条件。在这一环境中,各种因素相互作用,经济因素被视为最基本的决定因素,其他因素则在经济基础上

---

① 胡建华、陈列、周川等:《高等教育学新论》,88页,南京,江苏教育出版社,2006。

② 张男星、王新凤:《技术变革与高等教育的互构路径及其反思》,载《高等工程教育研究》,2023(4)。

通过政治、宗教、文化和科技等因素的中介而发生间接作用。然而，肯定经济因素的决定性作用，并不意味着其他因素仅处于被动和从属的地位。实际上，经济因素对高等教育的影响通常是通过政治、宗教、文化和科技因素的复杂互动而间接产生的。

恩格斯曾经有过一段发人深思的精彩论述，经济发展对各领域的最终的支配作用，在他看来是无疑的，但是这种支配作用是发生在各领域本身所限定的那些条件的范围内的。例如，在哲学中，它是发生在作用所限定的条件的范围内的，这种作用就是各种经济影响（这些经济影响多半又只是在它的政治等外衣下起作用）对先驱者所提供的现有哲学资料产生的作用。经济在这里并不重新创造出任何东西，但是它决定着现有思想资料的改变和进一步发展的方式，而且这一作用多半是间接发生的，而对哲学产生最大的直接影响的则是政治的、法律的和道德的反映。[①] 恩格斯关于经济和政治等因素作用方式的方法论意义，同样适用于理解高等教育活动的发展规律。对高等教育发展而言，经济运动始终是决定性力量，但其又是通过政治、宗教、文化、科技等中介因素的折射而反映出来的，高等教育就是在多重社会因素的交互作用中发生并发展起来的。

三、我国经验

自近现代我国高等教育肇始以来，我国大学经历了多次大规模迁徙，特别是从1931年"九一八"事变开始，我国的大学在动荡中依然坚持不懈，传承文明的火种。这些迁徙对继承和发展中华文化起到了重要作用。中华人民共和国成立后，为了配合国家经济战略的调整，我国的大学经历了多次重要迁移，如西部迁移，对优化高等教育的区域布局，推动高等教育现代化进程，做出了历史性贡献。西方长期处于危机和变革之中，无法为我国高等教育的发展提供适合的方案。我国高等教育发展的智慧根植于深厚的文化底蕴和悠久的教育传统，同时又得益于广阔的实践基础和丰富的探索经验。中国智慧在高等教育改革和发展中，集成了多种思想、模式、道路、战略和实际措施，形成了系统的理性成果。自中华人民共和国成立以来，我国高等教育积累了以下五个主要经验。

一是坚持党的领导和以师生为本的统一，这体现了教育工作者内心深处的核心理念和价值观。中国共产党始终将人民放在心中最高位置，而在教育领域，坚持

---

① 《马克思恩格斯选集》第 4 卷，485～486 页，北京，人民出版社，1972。

"党对教育事业的全面领导"和"以人民为中心"的理念尤为重要。在学校中，师生是教育的主体，党的领导则有利于各方面工作的协调，确保整体运行顺畅。

二是服务国家和尊重个性的统一，这反映了教育的双重目标。教育的首要任务是使个体社会化和自我完善，既要适应社会需要，也要遵循内在规律。在服务社会方面，教育要紧跟党的教育方针，为国家培养人才，落实立德树人的核心任务；在遵循规律方面，要培养学生的社会责任感、创新精神和实践能力，关注每个学生的成长，尊重个体差异，因材施教，确保每个学生都能科学成才。

三是不忘初心和改革创新的统一，这展示了教育工作者在精神世界上的连续性和与时俱进的态度。初心代表着使命，而创新则是不断前行的动力源泉。教育的目标是蕴含着价值观的，如培养新时代的人才、提供人民满意的教育、实现教育公平等。教育工作者需要在理想追求和实际行动中找到平衡，不断创造未来，不忘教育的初心，牢记教育使命。

四是长期规划和近期行动的统一，这展示了教育发展在时间上的持续性和积极性。长期规划代表着理想和蓝图，而近期行动则是实现目标的具体步骤。这种"规划—建设"模式是教育发展的核心。应设定五年和年度目标，并在实现目标的过程中不断攻坚克难，推动教育向更加美好的未来迈进。

五是扎根中国和融入世界的统一，这涉及教育的内外关系，重点是在我国土壤上深耕，同时吸收国际经验和掌握科学规律。教育过程是有目的、有计划的文化交流过程，每种教育模式都有其文化适应性。因此，要确保教育扎根我国大地，同时保持开放并与国际接轨，让学校成为学习和创新的中心，把握发展趋势和客观规律，实现高水平的开放，以解决发展中的挑战。

四、未来走势

(一)基于内外部关系规律的适应性发展

高等教育外部关系规律理论是教育基本规律理论的重要组成部分。其核心观点在于，高等教育的发展必须与社会发展的需求相一致。理解高等教育与社会发展需求之间的适应关系，是科学理解高等教育外部关系规律的关键。这一论断是通过对高等教育发展历史的总结而得出的。高等教育外部关系规律理论的科学性和生命力在高等教育发展历史中得到了验证，体现了历史与逻辑的统一。这一理论是一种方法论，强调的是整体框架和原则，而非具体的应用方法。因此，不能简单地将其归类为某种标签，而应全面认识其历史背景、人文精神、开放性和包容性。只有通过充分理解和尊重高等教育外部关系规律理论的多维特性，我们才能真正领会这一理论所能带来的深远影响和启示。

高等教育的适应论强调高等教育的发展必须与社会发展需求相一致。这一观念将国家工业化、经济体制改革以及建设"世界一流大学"等列为高等教育的主要适应目标，典型表述即关于高等教育"两个规律"的理论。然而，从理性分工的角度来看，高等教育是一种知识再生产活动，其核心应当是符合认知活动的合理化和认知理性发展的要求。高等教育适应论的问题在于：一方面，它混淆了认知理性与各种实践理性的关系，试图用工具理性、政治理性以及传统的实践理性等替代认知理性在教学和科研中的核心地位，导致高等教育难以正常发展；另一方面，它在偏向某种实践理性时，不惜压制其他实践理性的发展，造成高等教育目标和手段之间的矛盾与冲突。因此，一些学者提出，回归认知理性、建设完善的学术市场是我国高等教育摆脱适应论思想束缚、稳步建设"世界一流大学"和现代大学制度的客观需要和未来发展趋势。[1]

我国已进入高质量发展阶段，构建新发展格局是战略选择，教育体系建设在教育高质量发展中具有牵引作用。这一时期，高等教育的地位在上升，基础性、先导性、全局性不断深化，决定性、民生性逐渐凸显。受新时代特征、世界大变局、科技革命、教育普及化等因素影响，教育内涵开始发生深刻变化。高等学校应在国家需求中寻找发展方位，融入"双循环"，参与结构体系调整，开展教育模式探索。教育评价要适应并引领时代变革，为高校按新发展理念实现高质量发展护航。[2] 高等教育适应经济社会发展需要已经成为规律，但它不应在适应中迷失自己。

（二）基于内涵式发展的未来追求

高等教育内涵式发展在我国的发展历史中经历了两个不同阶段：第一阶段是以扩大高等教育规模为主要目标的时期，第二阶段则是以提升高等教育质量为核心的发展时期。高等教育内涵式发展的本质可以理解为，高等教育系统在内外部发展规律和逻辑的指导下，通过内外部动力和资源的共同作用，以提高教育质量为中心，以优化结构为支撑，以促进公平为追求，以创新制度为保障，全面践行人才培养、

---

[1]　展立新、陈学飞：《理性的视角：走出高等教育"适应论"的历史误区》，载《北京大学教育评论》，2013(1)。

[2]　马陆亭：《"十四五"时期高等教育发展的历史方位》，载《江苏高教》，2021(5)。

科学研究、社会服务以及文化传承和创新等基本使命。这样的发展模式旨在实现高等教育质量、结构、公平和制度等各要素的统一、协调和可持续发展。判断高等教育发展方式是内涵式还是外延式的关键在于是否有利于高等教育的人才培养、科学研究、社会服务以及文化传承创新等核心职能的发挥和实现。①

在我国高等教育政策文件中，内涵式发展经历了三个发展阶段：初步提出和探索发展期、失语期和逐步确立为我国高等教育发展核心理念的成熟期。内涵式发展在高等教育政策文件中的主要意义在于，以稳定高校规模、准确定位为基础，以特色发展为依托，科学、理性地实现高等教育的基本职能；重点在于体制机制改革与创新，以凸显社会文化特色为时代使命。这些核心理念指明了我国高等教育发展的基本方向并为其提供了切实的政策指导。②

【思考练习】

1. 如何理解大学的兴起的基本特征？
2. 如何理解高等教育发展的历史进程？
3. 如何理解大学发展的历史经验？

【推荐阅读】

1. 克拉克. 高等教育新论：多学科的研究[M]. 2版. 王承绪，徐辉，郑继伟，等译. 杭州：浙江教育出版社，2001.

2. 塞林. 美国高等教育史（第二版）[M]. 孙益，林伟，刘冬青，译. 北京：北京大学出版社，2014.

3. 哈斯金斯. 大学的兴起[M]. 王建妮，译. 上海：上海世纪出版集团，2007.

4. 涂尔干. 教育思想的演进[M]. 李康，译. 上海：上海人民出版社，2003.

5. 哈斯金斯. 大学的兴起[M]. 梅义征，译. 上海：上海三联书店，2007.

6. 贺国庆，王保星，朱文富，等. 外国高等教育史[M]. 北京：人民教育出版社，2003.

7. 周光迅，方建中，吴小英. 哲学视野中的高等教育[M]. 青岛：中国海洋大

---

① 张德祥、林杰：《"高等教育内涵式发展"本质的历史变迁与当代意蕴》，载《国家教育行政学院学报》，2014(11)。

② 崔瑞霞、谢喆平、石中英：《高等教育内涵式发展：概念来源、历史变迁与主要内涵》，载《清华大学教育研究》，2019(6)。

学出版社，2006.

8. 陈伟. 高等教育多样化发展的哲学反思和历史溯源[J]. 清华大学教育研究，2003(5).

9. 朱文富，姜雪. 发达国家的短期高等教育：历史变迁、实践价值及其借鉴[J]. 中国高教研究，2018(11).

10. 李玉兰. 高等教育大众化是历史发展的必然选择[N]. 光明日报，2016-07-24(8).

11. 吴兰平，李志峰. 高等教育理念：历史与现实的三个维度[J]. 江苏高教，2014(2).

12. 苟斐斐，陈诗敏，徐冉. 大学迁徙：中国高等教育历史中不可忽视的话题——"首届大学迁徙历史与文化研讨会"综述[J]. 教育史研究，2022(1).

13. 陈伟. 高等教育发展的中国智慧：历史生成与本体界定[J]. 高教探索，2022(1).

14. 马陆亭. 高等教育的历史经验[J]. 北京教育(高教)，2022(2).

15. 展立新，陈学飞. 理性的视角：走出高等教育"适应论"的历史误区[J]. 北京大学教育评论，2013(1).

16. 刘志文，邹晓平. 论高等教育外部关系规律理论的科学性——与《理性的视角：走出高等教育"适应论"的历史误区》商榷[J]. 教育研究，2013(11).

17. 马陆亭. "十四五"时期高等教育发展的历史方位[J]. 江苏高教，2021(5).

18. 张德祥，林杰. "高等教育内涵式发展"本质的历史变迁与当代意蕴[J]. 国家教育行政学院学报，2014(11).

19. 崔瑞霞，谢喆平，石中英. 高等教育内涵式发展：概念来源、历史变迁与主要内涵[J]. 清华大学教育研究，2019(6).

20. 教育部直属高校工作司. 引领创新 追求卓越：高水平大学建设理念与方略[M]. 厦门：厦门大学出版社，2007.

21. 胡建华，陈列，周川等. 高等教育学新论[M]. 南京：江苏教育出版社，2006.

第二章 高等教育学学科

>>> **章前导语**

　　华勒斯坦在《开放社会科学》中表达了他对学科的理解：任何一门学科都必须以学术要求与社会实践的某种特殊的、不断变化的融合为基础。这些要求与实践相互支撑，进而得到该学科或门类的制度化再生产的不断增强。①

　　学科的核心是知识。在普遍性上，学科是知识积累、知识分化以及知识体系化后人为分类的结果。学科是由同类知识基于它们之间紧密的逻辑关系而形成的知识体系。随着知识的不断发展，学科类别越来越多，所有学科构成了人类认识世界的知识谱系。在特殊性上，高等教育研究从零散的前学科阶段迈入学科化阶段，遵循一般学科范式规律。其中，知识政策、学科建制发挥了积极的作用。高等教育学的学者与实践者在学科建设方面的主动作为助推着高等教育学学科的成熟。②

　　学科与高等教育有紧密的联系且具有重要的价值和意义。学科在大学中一般以"龙头"为隐喻，可见其在大学组织中具有重要的地位。想象的主观互联赋予人类创建大学、组建学科并创造价值的可能。强化高等教育学学科的交叉性，意味着打破学科边界，保持高等教育组织与其他系统的关联。③

---

① 华勒斯坦：《开放社会科学：重建社会科学报告书》，53页，北京，生活·读书·新知三联书店，1997。

② 别敦荣：《在学科与领域间走向成熟——高等教育学的不惑嬗变》，载《教育研究》，2023(5)。

③ 鲍俊逸、程晋宽：《重构高等教育的学科想象——从"不结果的树"到"开满花的树"》，载《现代大学教育》，2022(3)。

第一节　学科理论

从世界高等教育看，高等教育既有普遍性又有特殊性。普遍性表明，高等教育的人才培养、科学研究不受国家、地域的影响，有其内在的一致性；特殊性则反映出高等教育在不同的国家、地域、时空中展现出不同的个性。[①]

一、高等教育

以认识论哲学为基础的大学作为人类的精神堡垒，发挥着提高人的精神境界、丰富人的思想的重大功能。大学具有从学理和思想上关注、思考、讨论、反思和批判社会理论问题的权利和学术责任。大学的力量、价值和荣誉使之成为公认的学术思想、人文精神和科学精神的中心。高等教育的目的之一是保存和传递深奥的知识。分析、批判现存的知识，追求探索高深学问，把一代又一代新人带入人类优秀文化精神境界，并让他们终生在这种精神中生活和工作。大学摆脱外界的束缚，放弃暂时的利益，成为人们进行知识探索的自律场所，同时成为区分善恶、甄别真理和谬误的伟大仲裁者，用良知批判社会的精神阵地及"社会良心"的代言人，成为人们进行理智分析，独立思考，为民主社会树立知识标准、思想标准以及批判标准的圣地。[②]

随着社会的发展，人类的知识不断地累加，职业的分化越来越细。社会、科技和分工的发展迫切需要更熟练、更精通本专业知识的专门人才。但知识的增长和学科的分化引发了知识的相对化、专门化和抽象化，由此带来以下后果：第一，整体知识被割裂，难以面对复杂的社会问题；第二，分工的细化和学科的分化造成不同知识领域中的人的隔离；第三，由于人的有限理性，知识越多，人们就越难了解整体现象和事实的真相；第四，由于知识的工具化倾向越来越明显，我们偏离了获取知识的真正目的，这在一定程度上限制了人的思想和行动，导致知识的异化，造成价值理性式微而工具理性凸显。[③] 知识的分化和综合给高等教育带来了困惑，但同

---

①　眭依凡：《关于中国高等教育学自主知识体系建构的思考》，载《高校教育管理》，2023(4)。
②　徐小洲等：《高等教育论：跨学科的观点》，141 页，北京，人民教育出版社，2003。
③　徐小洲等：《高等教育论：跨学科的观点》，144 页，北京，人民教育出版社，2003。

时创造了新的发展机遇。

1962年，联合国教科文组织高教会议认为，高等教育是指大学、文学院、理工学院和师范学院等机构所提供的各种类型的教育，其基本入学条件为完成中等教育，一般入学年龄为18岁，学完课程后授予学位、文凭或证书，作为完成高等学业的证明。① 杜作润等认为，这个描述性定义有不严密之处：第一，它用到了"中等教育"这一词语，有循环论证与定义之嫌，因为中等教育是在与初等教育和高等教育相比较中被区分出来的；第二，它实际上将专业技术院校的教育排除在高等教育之外，基本固守了早先英国人的狭隘观念；第三，成人高等教育的入学年龄不应有限制；第四，有些高等教育形式并不发证书或文凭，并且将有愈来愈多的事实证明，证书和文凭可能是高等教育进一步成功和发展的阻碍因素；第五，世界上已有许多高等教育并不在大学或作为学校机构的各种学院之中，高等教育的实施场所和机构已突破传统的界墙。②

1993年11月，联合国教科文组织在第27届大会上提出，高等教育包括由大学或国家核准为高等教育机构的其他高等学校实施的中学后层次的各种类型的学习、培训或研究型培训。③ 1998年10月，世界高等教育会议形成的《面向二十一世纪高等教育宣言：观念与行动（草案）》将高等教育的范围界定为各种类型的学习、培训或面向中学后研究的培训。这些培训活动由具有一定实力的各国当局批准的高等学校或其他教育机构来实施。

美国、日本的部分学者把中学之后的教育统称为高等教育。1963年之前，英国的高等教育仅指传统的大学，成立较晚的技术学院和理工学院都不在高等教育之列。可以看出，这里的高等教育内含"精英教育""贵族教育""少部分人教育"之意。有关培养生产、生活实用型人才的具有较强职业性质的教育并不"高等"。我国以前招收高中毕业生的中等专业学校只是中等教育阶段以后的专业教育，未列入高等教育的范畴。我国古代的辟雍、泮宫、太学、国子学、算学、律学、医学等具有高等教育属性，但还不是现代意义上的高等教育。我国现代高等教育一般以1898年（光绪二十四年）设立的京师大学堂为标志。由此看来，人们对于高等教育的认识和理

---

① 杨德广：《高等教育学概论》，26页，上海，上海交通大学出版社，1991。
② 杜作润、廖文武：《高等教育学》，27页，上海，复旦大学出版社，2003。
③ 国家教育发展研究中心：《2000年中国教育绿皮书》，144页，北京，教育科学出版社，2000。

解在不断变化。①

关于高等教育的界定，人们一般从办学层次、专业教育形式、特殊的社会现象等不同角度来进行。现在我们常说的高等教育主要意指起源于欧洲中世纪大学、经过近 9 个世纪的发展而建立起来的高等教育体系。②

《实用教育大词典》将高等教育定义为：高等教育是建立在中等教育基础上的各种专业教育。程度上一般分专修科、本科和研究生班。教学组织的形式有全日制的和业余的，面授的和非面授的，学校形式的和非学校形式的等。高等教育一般担负着培养各种专门人才和开展科学研究的双重任务。实施高等教育的机构通常是大学、学院和专科学校。③《辞海》则把高等教育界定为中等教育阶段以上的专业教育。④《中华人民共和国高等教育法》对高等教育的解释是：指在完成高级中等教育基础上实施的教育。

学界对高等教育的描述大体有以下依据：一是以年龄为依据。如有论者认为高等教育是建立在普通教育基础上的专业教育，以培养专门人才为目标，全日制本科生的年龄一般在 20 岁左右，其身心发展已趋成熟。⑤ 还有论者认为高等教育是在受完中等教育的基础上，在国家认可的高等教育机关接受一年以上的专业训练的教育，一般入学年龄在 18 岁以上。⑥ 二是以培养规格为依据。高等教育是学校教育体制中的高级阶段的教育，受教育者须有完整中等教育经历或中等文化程度。高等教育应包括高深知识、高级技能等教育内容，理论学习与实践应用相结合的教育方式，理性价值与工具价值相统一的教育理念。高等教育应为社会培养各类高级专门人才。⑦ 三是以特殊矛盾为依据。高等教育包含三层含义。接受高等教育的前提是已经完成中等教育的学习，高等教育是按专业类别培养专门人才的专业教育，高等教育是学术性与职业性有机结合的教育。该三层含义充分彰显了高等教育在本质上的特殊性，即高等教育的特殊矛盾是高级专门人才的培养要求与完成完全中等教育的人的实际状况之间的矛盾。⑧

---

① 戚万学：《高等教育学》，2 页，济南，山东大学出版社，2008。
② 戚万学：《高等教育学》，2 页，济南，山东大学出版社，2008。
③ 王焕勋：《实用教育大词典》，110 页，北京，北京师范大学出版社，1995。
④ 辞海编辑委员会：《辞海》，5796 页，上海，上海辞书出版社，1999。
⑤ 潘懋元：《新编高等教育学》，5～6 页，北京，北京师范大学出版社，1996。
⑥ 杨德广：《高等教育学概论》，28 页，上海，上海交通大学出版社，1991。
⑦ 熊明安：《中国高等教育史》，1 页，重庆，重庆出版社，1983。
⑧ 薛天祥：《高等教育学》，55～66 页，桂林，广西师范大学出版社，2001。

二、高等教育理论

关于高等教育理论的理解与认识大致有以下几种视角。

一是解放理念的视角。高等教育理论的建构应具有宏观、中观和微观的宽广视域，但须从中观层面切入。巴尼特认为，从人类解放的视角看，有关高等教育的教育理论必须认真回答何以解放理念的问题。为此，他给出了自己建立高等教育的教育理论的总体框架，该框架主要包括：第一，高等教育的价值基础、核心目标和关键之处；第二，高等教育常识性语言中的授课、个别指导、攻读学位、学术自由、科学研究等基本假设的考量；第三，高等教育概念的独特之处体现在哪些方面，"高等"到底指什么；第四，如何理解高等教育背景下的知识和真理，能否假定用于构成"客观知识"的东西，如果不能，把知识传递给学生的意义何在等认识论问题；第五，作为社会机构的高等教育部门日益成为现代国家机构，其学术自主和学术自由的意义何在等社会学问题；第六，如何合理理解并推进我们所界定的高等教育进程。依照此总体框架，巴尼特从高等教育的历史、现实与未来和高等教育的宏观、中观与微观维度，以"文化""理性""研究"与"学术自由"等范畴审视高等教育过往历程、当下境况，提出了"超越教与学""批判性事业""交叉学科重构""回归自由高等教育"等未来发展路向，构建起解放理念的高等教育独特教育理论。[①]

二是内外部关系规律的视角。潘懋元认为，按照系统科学的观点，社会是一个大系统，经济、政治、文化、教育等均为其中的子系统。教育作为子系统，与整个社会大系统及其他子系统之间存在内在必然联系。教育外部关系规律是指教育活动过程与整个社会及其他子系统的活动过程之间存在相互作用的必然联系，也就是说，教育必须与经济社会各方面的发展相适应：一方面，教育必然受到一定社会的经济、政治、文化等的制约；另一方面，教育必然对一定社会的经济、政治、文化的发展起作用，进而推动社会进步。教育外部关系反映了教育与整个社会大系统及其他子系统之间的双向作用机理。根据教育外部关系规律，我国社会主义教育必然受到社会主义初级阶段的经济、政治、文化等的制约，并对国民经济的发展、物质文明与精神文明建设起作用。教育在"受制约"的过程中对教育外部"起作用"，"受制约"与"起作用"之间是前提与目的的关系。[②]

① 王建华：《论"高等教育理论"的建构》，载《清华大学教育研究》，2022(1)。
② 潘懋元、王伟廉：《高等教育学》2版，37页，福州，福建教育出版社，2007。

三是求真与求用的视角。不同学科的理论有抽象与具体、宏观与微观的差异，由于面向领域的不同，它们的基本范畴、理论体系、方法工具、价值功能等存在差别。一般说来，宏观理论可能构建起整体系统的概念体系，并由一个或多个中心原理和若干分原理共同构成原理体系，具有理论功能的多元性。相比较而言，微观理论概念较少，并且可能只有一个中心或基本原理，理论功能较为单一，它直接指向广阔的具体问题或现象，数量多且较为常见。从系统科学的视角看，理性具有内在性和外在性两条原则。内在性原则是从事物的内部关系中寻求其存在的根据，外在性原则是从事物的外部关系中寻求其存在的根据，二者共同构成判定事物之属性不可或缺的基本依据。对于高等教育学理论创建与完善而言，求真与求用的齐头并进和相互观照是其观念基础、总则纲领和行动指南。①

三、高等教育学

林金辉指出："中国的高等教育研究可以从清末算起，至今已逾百年。当时，梁启超、张之洞、盛宣怀等都从不同角度提出一些关于高等教育的看法和主张。"② 西方对高等教育的研究早一些。1852 年，英国的纽曼发表了《大学的理想》一书，1936 年，美国的罗伯特·赫钦斯发表了《美国的高等教育》等。高等教育学的问题，归根到底，是"什么是高等教育"和"怎样进行高等教育"这两个基本问题的具体展开。③ 如果不关注最新的成果、经验和问题，就很难真正进入作为一个研究领域的高等教育学，就很难对高等教育有真正深入的认识，很难获得有价值的高等教育知识和高等教育思想。④ 对"什么是高等教育"的回答，仁者见仁，智者见智。为高等教育学这个概念下一个较为公允的定义，实际上要为高等教育研究确立一个研究对象、划定一个研究边界。⑤ 有学者认为，高等教育学从一诞生就蕴含了整合品性，它是回应知识不断分化和培养全面发展人才内在需要的结果，这些赋予了高等教育学以跨学科的特质，并以打破学科壁垒、实现学科共存共荣为目的。⑥ 高等教育学的相关定义主要有以下三方面。

---

① 李枭鹰：《高等教育学理论的本质、判定和建设路向》，载《现代教育管理》，2022(11)。
② 林金辉：《高等教育学学科建设的基本轨迹及其走向》，载《教育研究》，2003(2)。
③ 杜作润、廖文武：《高等教育学》，30 页，上海，复旦大学出版社，2003。
④ 杜作润、廖文武：《高等教育学》，31 页，上海，复旦大学出版社，2003。
⑤ 戚万学：《高等教育学》，2 页，济南，山东大学出版社，2008。
⑥ 王洪才、赵祥辉：《论高等教育学的整合品性》，载《高等教育研究》，2018(8)。

一是分支论。高等教育学已经发展成为教育学一级学科门类下的二级学科学位授权点，可以授予硕士、博士学位。它的主要分支有高等教育原理、高等教育经济学、高等教育社会学、高等教育心理学、高等教育管理学、比较高等教育学、高等教育史以及高等学校分科教学法等。高等教育学的分支论在学界比较盛行。比如：高等教育学是教育学的一门分支学科，它所研究的是高等教育方面的特殊问题，揭示的是高等教育活动的特殊规律。同时，高等教育学对于次一层次的分支学科，如高等教育经济学、高等学校管理学、大学生心理学、大学各科教学法、高等教育发展史、比较高等教育学等来说，又是一门综合学科。它所研究的是高等教育这一领域中一般的、共同的规律。① 高等教育学是教育科学的一个分支学科，它在一般教育理论的基础上，专门研究高等教育所特有的矛盾，揭示高等教育发展的客观规律。②

二是规律论。基于一般学科的认定，认为高等教育学主要研究高等教育活动的普遍规律。比如：高等教育学是研究高等教育规律的一门科学，是研究高级专门人才培养的科学。③ 高等教育学以高等教育的特殊矛盾与基本规律为研究对象，旨在从哲学的高度，从整体的角度，通过分析、综合、抽象、思辨，揭示高等教育与社会发展之间的基本关系，探寻高等教育运行变化的基本轨迹。④ 高等教育学作为研究高等教育现象的一门学科，具有自身的特殊规定性。高等教育现象相对于一般教育现象而言，具有特殊性、专业性。高等教育学是研究特殊教育活动——高等教育的一门综合学科，它研究的是高等教育现象及其一般规律。⑤ 高等教育学的研究对象是高等教育的特殊矛盾与发展规律。⑥

三是内容论。在不同时期，人们针对高等教育研究的对象，提出了高等教育研究的内容。20世纪90年代初，有学者认为，高等教育研究的内容包括高等教育思想研究、高等教育发展战略研究、高等教育结构研究、高等教育改革规律研究、高等教育教学原理方法研究、德育研究、青年学生成才理论研究、教师理论研究和国外高等教育研究。⑦ 21世纪初，有学者认为，高等教育学的研究内容主要有：高等

---

① 潘懋元：《高等教育学（上）》，6页，北京，人民教育出版社，1984。
② 郑启明、薛天祥：《高等教育学》，5页，上海，华东师范大学出版社，1985。
③ 田建国：《高等教育学》，4页，济南，山东教育出版社，1990。
④ 胡建华、陈列、周川等：《高等教育学新论》，10页，南京，江苏教育出版社，1995。
⑤ 戚万学：《高等教育学》，2页，济南，山东大学出版社，2008。
⑥ 杜作润、廖文武：《高等教育学》，31页，上海，复旦大学出版社，2003。
⑦ 田建国：《高等教育学》，5～8页，济南，山东教育出版社，1990。

教育学的基本概念、学科性质与研究方法、历史发展、地位与作用、目的与功能、改革与发展的价值取向，高等教育制度，高等教育的结构与管理体制，高等教育的教育管理与科研管理、教育评价，高等学校的专业与人才培养目标，大学教师的任务与培养，高等教育的教育和教学过程的规律以及德育、智育、体育的内容与方法等。① 早在 20 世纪 80 年代，潘懋元基于宏观和微观层面教育发展规律的不同，提出了教育的内外部关系规律。邬大光认为，高等教育学的研究内容应从系统和组织两个方面开展研究。从世界高等教育研究状况来看，美国更关注微观教学的研究，而欧洲则偏重宏观政策的研究，这种宏观和微观高等教育研究的分化现象，反映出两个地区高等教育实践和高等教育学学科建制的不同。宏观层面的高等教育研究主要从整体性、系统性角度，关注一个国家或地区高等教育的结构、制度、规模、质量、政策等方面与社会发展之间的关系；而微观层面的高等教育研究则重点关注高等学校内部的教育教学、课程体系、学科建设、科学研究、高校治理等问题，考察这些活动的特点及规律，为合规律、合目的、有效地开展人才培养、知识生产、社会服务等活动提供理论支撑和行动指南。由此，我国高等教育学学科发展给我们带来的启示是：要改变只重视宏观层面的高等教育研究的传统，强化微观层面的高等教育研究。只有从宏观和微观两个层面共同推进高等教育研究，高等教育学理论体系才会更加系统、更加丰富、更加完善，进而服务于高等教育高质量发展的需要。②

四、逻辑体系

一般说来，学科理论体系有三个特征：一是探寻规律，发现客体的内在联系及其运动特征；二是揭示本质，用以说明事物本质的抽象体系；三是功能展示，具有广泛的实践应用范围。按此标准，我国大部分专著所论述的学科理论体系不符合科学理论体系的特征，而只属于经验体系的范围。从本质上说，经验体系是感知层面的概括，理论体系则是理性反思的结果。理论具有深刻性、抽象性特点，它以自然世界、社会世界的必然性为依据，指导人们获得自由。但理论认识又以经验认识为基础，一个学科的理论体系只有建立在经验体系的基础上才可靠。③ 高等教育学理论体系的构建，应当从其逻辑起点出发，借助逻辑手段，按照高等教育学学科的内

① 戚万学：《高等教育学》，8 页，济南，山东大学出版社，2008。
② 赵婷婷：《高等教育学科理论体系建构路径——基于对其他社会科学学科的考察》，载《高等教育研究》，2021(8)。
③ 薛天祥：《高等教育学》，10 页，桂林，广西师范大学出版社，2001。

在规律，层层推导，逐步展开，从抽象上升为具体，形成科学理性的逻辑系统。

（一）逻辑起点

如何正确确定某个学科的逻辑起点呢？科学的逻辑起点须满足以下三个基本条件：一是关注现象，须面对研究对象最基本、最普遍的现象；二是观照历史，须与历史起点相一致，找准历史方位；三是关心焦点，须蕴涵整个体系发展过程中一切矛盾的"胚芽"。① 高等教育学的知识体系的构建，一方面有利于合规律地培养人，使传授的知识内容、知识结构符合人的发展的需要，另一方面有利于合目的地服务社会，充分观照社会发展的需要。在微观上，高等教育学内容应涵盖育人与办学的各个方面，如教育本质、师生关系等核心概念，课程设置、教学安排等育人过程，理论、方法、模式、规律等学理框架，发展规划、制度设计、运行机制、条件保障等学校内部治理体系的建构；在宏观上，高等教育学应重视与外部的关系及高等教育活动对社会的贡献，如对教育体制、教育公平的审视，教育与政治、经济、文化、科技等方面的关系，教育布局、教育体系、投入、贡献等对教育发展的影响因素等。②

考察高等学校活动中呈现的纷繁复杂现象，根本任务是立德树人，专注于学校教与学的活动是重点和关键。教与学的活动在本质上是围绕高深专门知识展开的，这是高等学校独特的现象。无论是专科生、本科生还是研究生，不管是课堂内以教师为主的知识传授还是课堂外以学生为主的实践操作，不论是线下面对面的互动还是线上的隔空对话，高深专门知识的教与学活动始终伴随其中。基于这一活动在高等学校中的普遍性、广泛性、基础性、矛盾性，我们可以确定高深专门知识的教与学活动是高等教育学理论体系的逻辑起点，并由此出发，一步步推演、构建高等教育学理论体系。③

高深专门知识的教与学活动这个逻辑起点构成了认识论哲学的内核和本质，与历史上认识论哲学基础的发展有本质的联系。高等教育的认识论哲学基础认为，只有认识世界、理解世界，才能在世界上明智地进行一切活动。对知识的追索和对真理的追求是大学教育的目的，教育的目的就是探索"纯理论"知识。纽曼的"知识本身即目的"和洪堡的"大学的核心是发现知识、追求真理"等观点无不紧密而自然地

---

① 徐小洲等：《高等教育论：跨学科的观点》，138 页，北京，人民教育出版社，2003。
② 马陆亭：《高等教育学的知识逻辑》，载《北京教育（高教）》，2023(7)。
③ 徐小洲等：《高等教育论：跨学科的观点》，138～139 页，北京，人民教育出版社，2003。

围绕着高深专门知识的教与学活动这个轴心，汇集到高深专门知识的教与学活动这一逻辑起点上。①

高深专门知识的教与学活动，是以学生为中心的普遍的现实存在的现象，通过抽象提炼，它作为高等教育学理论体系中最抽象的概念，应是理念体系中的逻辑起点。② 从历史进程与发展看，高深专门知识的教与学活动是高等教育的共同活动，它蕴含着高等教育学尚未展开的全部概念的丰富性。伯顿·克拉克认为：只要高等教育机构仍然是正规的组织，它就是控制高深知识和方法的社会机构；在教授和教师的许多活动中，我们可以找到的共同内容就是知识操作，只是发现、保存、提炼、传授和应用知识的工作组合形式有所不同而已。对于高等教育系统，不管定义是广义的还是狭义的，知识就是材料，研究和教学是主要的技术。③ 可见，实践是高深专门知识的教与学活动成为高等教育学理论体系逻辑起点的基础。

（二）中介桥梁

一是专业。专业是高等教育学理论体系中的一个基本概念，已经成为常用教育术语。作为高深专门知识的教与学活动的承载体，专业是高等教育学理论体系的逻辑起点所依附的特定的实体。④ 薛天祥认为，根据学科分类和社会职业分工需要，专业是分门别类进行高深专门知识教与学活动的基本单位。从专业的构成要素来看，它包括培养目标、课程体系及专业中的人。专业的定义应当与学科、职业区分开来：就学科而言，其旨趣在于学术分类，即根据科学的性质，按门类划分出专门、系统化的知识体系。学科的功能以目录性方式规定着人们探索的范围，并具有范型的作用。⑤ 人们对同类问题进行专门的科学研究，实现知识的更迭，通过学科活动不断对知识进行系统化和再系统化。在学科不断分化后，各种专业相继诞生。⑥ 就职业而言，其主要特征是：基于分工的职业是劳动者从事的工作，具有相对稳定性、专门性，并能为劳动者带来经济收入。专业作为中介概念，为推演高等教育学理论体系的中心概念架起了桥梁并奠定了基础。

二是高等教育概念。高等教育是高等教育学学科的基本范畴，它是高等教育学

---

① 徐小洲等：《高等教育论：跨学科的观点》，139 页，北京，人民教育出版社，2003。

② 薛天祥：《高等教育学》，14 页，桂林，广西师范大学出版社，2001。

③ 克拉克：《高等教育系统——学术组织的跨国研究》，王承绪等译，11~12 页，杭州，杭州大学出版社，1994。

④ 薛天祥：《高等教育学》，25 页，桂林，广西师范大学出版社，2001。

⑤ 薛天祥：《高等教育学》，29 页，桂林，广西师范大学出版社，2001。

⑥ 薛天祥：《高等教育学》，30 页，桂林，广西师范大学出版社，2001。

理论体系的中心概念，成为构建高等教育学体系的重要支撑节点。首先，高等教育这个范畴内含一整套高等教育理念。其次，对高等教育本质的认识和概念的界定是人们对高等教育进行元认知的前提，也是构建高等教育逻辑体系的根本基础。最后，从高深专门知识的教与学活动这个逻辑起点出发，通过依次增加种差的办法，在严密的逻辑演绎后，推导出高等教育概念。专业教育这一概念对于认识理解和阐释高等教育具有重要意义。但专业教育并不全是高等教育，高等教育中的专业教育仅指完全中等教育后的专业教育，它是根据学科分类和社会职业分工需要分门别类地进行高深专门知识的教与学的活动。① 完全中等教育后是使专业教育这一概念上升到高等教育概念的重要的、现实的中介范畴。高等教育是专业教育和完全中等教育后这两个范畴的逻辑展开。

高等教育的主要内涵包括：首先，前提条件。高等教育是建立在完全中等教育基础之上的，受教育者是那些接受了完全中等教育并毕业的学生。这种教育是接续中等教育的高等教育。其次，基于职业分工的高级专门教育。无论是单科大学、多科大学还是综合大学，高等教育都是以知识的分门别类为基础实施专业教育的。最后，制度保障。举办者根据高等教育的特殊性设计制度体系，在国家认可的高等教育机构中开展，学习时间至少 2 年。就我国而言，专科教育一般为 2～3 年，本科教育一般为 4～5 年。②

高等教育的基本特征主要有：首先，从教育的阶梯看，完全中等教育之后开展的专业教育称为高等教育。其次，从教育对象的年龄看，一般是 20 岁左右的青年，该年龄段学生的身心发展趋于成熟。最后，从功能看，开展科学研究成为高等教育区别于其他学段教育的特点，除了知识传授外，高等教育机构还要不断探索真理、创造知识。随着社会的发展和变化，高等教育的内涵将发生变化，其基本特征也必然发生变化。从这个意义上说，高等教育概念具有动态性，当然，它也具有静态性，即高等教育中最普遍、最根本的部分不会发生变化。具备以上三个特征的各类高等教育，其概念是描述性定义和规定性定义的有机结合。③

三是高等教育基本规律。在讨论了高等教育学理论体系的中心概念——高等教育之后，接下来的逻辑思维就是：高等教育是如何运行的？高等教育规律就是要回答高等教育是如何运行的。这就需要认清高等教育的本质。从矛盾论视角看，高等

---

① 薛天祥：《高等教育学》，57 页，桂林，广西师范大学出版社，2001。
② 薛天祥：《高等教育学》，27 页，桂林，广西师范大学出版社，2001。
③ 薛天祥：《薛天祥高等教育文集》，189 页，北京，高等教育出版社，2003。

教育的本质是由高等教育的特殊矛盾构成的，贯穿高等教育活动过程始终并起决定作用的根本矛盾正是这类矛盾。高等教育的特殊矛盾具体表现为培养高级专门人才的要求与接受完全中等教育后的人的实际状况之间的矛盾。

高等教育以培养高级专门人才为根本任务，其培养对象必须接受高深专门知识体系学习，经过严格的技术、能力训练，将理论与实践紧密结合。相对于其他学段的教育，高等教育对学生的社会化要求较高。高等教育的知识的专门性、技术的复杂性、能力的综合性表明受教育者需要在高等教育的教与学活动中付出艰辛的劳动，并且具有强大的承受能力、学习能力和专注力。无论是思想道德、知识内容还是身心发展，高等教育活动过程可以使完全中等教育后的学生实现更高程度的社会化。可以认为，高等教育活动的特殊性在于缩小乃至最后消除高规格的培养要求与初入高等教育的学习者基础薄弱的现实之间的矛盾，这个矛盾随着学生接受高等教育过程期满且达到毕业标准而消解。就整个高等教育活动本身而言，要求与现实的矛盾将长期存在，并贯穿于这个活动过程的始终，决定和支配整个高等教育过程中的其他矛盾。想解决高等教育的特殊矛盾，我们就必须从矛盾双方入手：一是解决培养什么人的问题。作为社会大系统的子系统，高等教育需要遵循其外部规律关系，与社会的发展相适应，培养的人须服务于社会的政治、经济、文化、科技等各领域、各方面。二是解决如何培养人的问题。高等教育必须以完全中等教育后的学生的身心发展特点为基础，遵循高等教育内部规律，培养德智体美劳全面发展的人。①

基于对高等教育本质的探析，高等教育基本规律具体表现为：高等教育必须适应和促进社会的全面发展，必须适应受教育者身心发展的特征并促进他们德智体美劳全面发展。② 从高等教育与人、社会之间关系的分析中，我们可以认识并理解高等教育本质，把握高等教育规律，进而更好地开展高等教育活动。

四是高等教育原则。高等教育原则建立在高等教育发展的客观规律基础之上，并且来源于对高等教育实践经验的总结、归纳及对经验进行的一定程度上的思维抽象。科学的高等教育原则既要反映高等教育发展的客观规律，又要对高等教育实践具有指导作用。高等教育原则是科学地指导高等教育活动的行动指南、方针或行动准则。高等教育原则的功能在于：一方面，有利于人们深化对高等教育规律的认识

---

① 薛天祥：《薛天祥高等教育文集》，192～193 页，北京，高等教育出版社，2003。
② 薛天祥：《高等教育学》，91 页，桂林，广西师范大学出版社，2001。

与理解，并做到按照规律办学；另一方面，能够保证高等教育的发展方向，使办学方向、目标具有科学性与现实性。高等教育原则的意义在于：补充对高等教育规律认识的不足与偏颇之处，对高等教育实践起到引导、准确定位等作用，对高等教育活动起到纠偏、补缺的作用。高等教育的原则体系包括方向性原则、适应性原则、协调性原则、民主性原则、国际性与民族性相结合的原则。[①]高等教育原则的多样性反映了高等教育活动的丰富性、差异性、实践性，为高等教育以理论指导实践奠定了基石。

(三)逻辑终点

高等教育目的作为一个具体的概念，以先行概念为前提，在主观与客观、理论与实践方面起连接作用。高等教育目的是人们在开展活动之前对高等教育活动将要产生的结果的预见和构想。具体而言，它以所要培养的人才的基本规格和质量要求为标准，把接受过完全中等教育的人培养成一定社会所需要的高级专门人才。高等教育目的是把高等教育对象培养成什么样的人才的设想，它把教育结果与教育对象紧密关联，这本身就是主观与客观相结合的产物。高等教育目的既是高等教育活动的出发点，也是其归宿，其作用表现为导向、调控、评价与激励。高等教育目的主要由教育方针、高等学校目标、专业培养目标和课程目标等构成。高等教育目的的内容由德智体美劳"五育"构成，"五育"虽相对独立，但又是相互联系的整体。高等教育目的的实现途径反映在"五育"的过程之中。[②]

要深入理解高等教育目的，就需把握高等教育目的与高等教育价值，高等教育目的与高等教育理念、理想，高等教育目的与高等教育目标之间的关系。高等教育价值是指高等教育对人和社会的意义和作用，它包括高等教育的内在价值和外在价值。高等教育目的强调的是主体想要达到的境地或想要得到的结果的观念形态，而高等教育价值兼顾了高等教育的内在属性与外在功能，高等教育目的的制定是建立在一定的高等教育价值基础上的。高等教育理念反映了人们对高等教育本质和规律的认识程度，具有鲜明的理性色彩和民族性格。高等教育理想以理念为基础并指向未来，是对高等教育目的的形象化、情感化、个性化的表现方式。在高等教育目的与高等教育目标的关系上，高等教育目的更抽象，需要通过长期努力和坚持才能达到。高等教育目标更具体，通过一定的路径就能实现。高等教育目的的实现程度反

① 薛天祥：《高等教育学》，116～129页，桂林，广西师范大学出版社，2001。
② 薛天祥：《薛天祥高等教育文集》，61～62页，北京，高等教育出版社，2003。

映在高等教育目标的实现上。①

　　高等教育学理论体系从逻辑起点开始，经过中介概念、中心概念和过渡概念再到逻辑终点，形成完整的逻辑链条，并且后继概念较先行概念而言更丰富也更具体，遵循了科学理论从抽象上升到具体的基本方法。一般说来，抽象概念的内涵和规定较少，而具体概念的内涵较多。高等教育学理论体系的逻辑起点是最简单、最抽象的概念。随着理论体系的逻辑推演，中介概念、中心概念和过渡概念越来越丰富，而逻辑终点包含的规定性最为丰富，也是实践活动的起点。理论体系既具有完整性，也具有开放性，高等教育学理论体系的构建应当遵循一般理论体系的规律。②

　　正如爱因斯坦所说：若用一个比喻，我们可以说建立一种新理论不是像毁掉一个旧的仓库，在那里建立起一个摩天大楼一样。它倒是像爬山一样，愈是往上爬愈能得到新的更宽广的视野。③ 高等教育学理论体系的建立就像征服一座不太容易攀登的山一样，要拥有新的、宽广的视野，就需要有较高理论素养的、能从总体上把握高等教育学学科的学者们的长期努力。在应用科学思维方法建立这个体系时，必须坚持唯物辩证法和唯物史观。同时，要不断吸收科学发展的最新成果，随着时代的发展而不断发展，要注意吸收现代系统理论和生态理论，丰富和发展我们的科学思维。高等教育范畴是构建高等教育学理论体系的要素，而对一个系统要素的认识，现代系统论展现出其独特的魅力。它摆脱了对客体的具体要素本身的分析路径，而从客体要素在理论体系中的地位入手，突出不同要素在整体中的功能与价值。④ 找准方法和选准材料是构建高等教育学理论体系的关键。

　　高等教育的各个范畴应该是动态发展的，而不是定义之后就一成不变的。它们具有历史性，在一定程度上是对当时历史实践的概括。对高等教育本质的认识是随着高等教育本身的不断发展而逐步深入的。高等教育范畴的动态性说明它是开放的，而不是封闭的。比如，终身教育思想、高等教育大众化思想的广泛传播，使得现代高等教育与传统的高等教育相比有很大的不同。"吐故纳新"是不断完善高等教育学理论体系的重要前提。

---

①　薛天祥：《高等教育学》，135～136 页，桂林，广西师范大学出版社，2001。
②　薛天祥：《薛天祥高等教育文集》，61 页，北京，高等教育出版社，2003。
③　郑确辉：《对我国高等教育学理论研究的探讨》，载《云南教育》，2002(6)。
④　陈桂生：《教育原理》2 版，5 页，上海，华东师范大学出版社，2000。

第二节 学科辩争

高等教育学以及高等教育研究存在学科论与领域论的明显对立、系统论与组织论的微妙张力、解释论与实证论的相互角力,这些矛盾现象背后隐藏着高等教育学学科建制和研究范式的不同主张。张甲子梳理三种对立的表征后发现,其对立原因在于高等教育研究本体的复杂性、立场的自卑性与方法的欠缺性,正是这些复杂交错的原因造成了高等教育研究中的二元对立。二元对立的化解和超越,可以从理论取向、实践取向和价值取向入手,进一步规范研究方法,夯实理论基础,深入教育实践,关注教育本体,坚持辩证立场,树立教育自信,从而建设具有我国话语体系与话语特色的高等教育学。[①]

学科建制与国家学科制度有关,而知识形态与学术共同体紧密联系,高等教育学学科也是如此。[②] 我国高等教育学的奠基人潘懋元认为,高等教育学是教育科学体系中的一门新兴学科。这一观点奠定了我国高等教育学学科论的基础,为高等教育学学科建设提供了支撑。美国高等教育知名学者阿特巴赫认为,高等教育研究是一个跨学科研究领域。该观点在西方国家受到重视,为开展高等教育研究提供了另一种思路。两种观点反映了在高等教育学学科认识上的不同,也折射出中西学术研究范式和文化的差异。[③] 学科是基于共同研究对象,采用同样的研究范式而形成的相对独立的知识体系[④];而研究领域这一说法则强调采用多学科的方法,对某个范围、层面、主题的知识进行不同形式的探究[⑤]。

一、危机与出路

有学者提出我国高等教育学的学科危机论,产生危机的原因在于:一方面是深受西方话语浸染,未能立足本土培养出科学的研究思维;另一方面则是理论建构随

---

① 张甲子:《超越二元对立:高等教育研究的方法辩证》,载《学术探索》,2022(5)。
② 张应强:《当前我国高等教育学的危机与应对》,载《高等教育研究》,2017(1)。
③ 张甲子:《超越二元对立:高等教育研究的方法辩证》,载《学术探索》,2022(5)。
④ 丁雅娴:《学科分类研究与应用》,38页,北京,中国标准出版社,1994。
⑤ 辛均庚、方泽强:《学科·领域:高等教育研究的不同选择及应对之道》,载《黑龙江高教研究》,2012(11)。

意，缺乏教育现实、历史文化环境的进一步延伸与拓展。我国高等教育学的学科危机的解除，需要重新审视我们的高等教育学研究的学术责任与社会责任，厘清历史传统与教育现实、西方话语与本土建构、宏大叙事与经验研究之间的关系。[1] 另有学者认为，与其他成熟的人文社会科学学科相比，我国高等教育学面临着理论品质不高和实践指导不强的双重困境，高等教育学依旧是一株"无果之树"。[2] 上述两种危机观表明，我国高等教育研究的理论品质、实践品性、学术品位还有待提升。

　　高等教育学经过学科建设，依然存在研究对象"多师少生"、研究主体"多己少他"、研究方法"多论少据"、研究应用"多学少术"四个方面的局限。为了增强高等教育学的科学性与可行性，应该从以学生为中心、构建多学科学术共同体、丰富研究方法及聚焦教学管理实际问题几个方面来实现突破，真正发挥理论对高等教育实践的指导作用。[3]

　　在高等教育学创建之初，潘懋元即倡导心理学的基础性，其思想体现在高等教育的两个基本特征论、内外部关系规律论等重要原创理论当中，亦曾在教材编写、理论研究和人才培养实践中贯彻其心理学的基础观。然而高等教育学历经多年发展，其心理学的基础性的路径逐渐被忽视，导致高等教育学研究偏向宏观化、趋于经验化，偏离了"人学"本体。高等教育学若要回归"人学"本体，保持理论性、人本化、专业化的应然面貌，回归以心理学为基础的发展路径不失为一种科学的选择。基于此，应借鉴普通教育学的成功经验，接受现代心理学的理论滋养，重回"人学"本体、重拾"内因"决定论、重返"微观"起点，以大学生的身心规律为起跑线，构建以"对象论—主体论—教学论—大学论—系统论—元研究"为推进路线的高等教育学新体系。[4]

　　一方面，我们要理性认识最高原理在高等教育实践领域的适用性问题；另一方面，还须警惕"碎片化"的经验事实研究对学科理论品性和学术追求品质的影响。高等教育学具有自身的特殊性，需要借鉴其他人文社会科学、自然科学领域的理论、知识与方法，但我们只能把其他学科研究范式作为高等教育研究的一种学术资源，而不能将其全盘照搬到高等教育学理论构建之中。有学者认为，避免该问题的路径

　　① 王兴宇：《反思与建构：高等教育学中层理论探索》，载《复旦教育论坛》，2022(6)。
　　② 蔺亚琼、陈雨沁：《高等教育学何以实现理论品质和实践旨趣的双重提升——基于理论积累路径与实践介入方式的考察》，载《高等教育研究》，2022(3)。
　　③ 郑宏、胡小平：《高等教育学学科建设之局限与突围》，载《集美大学学报（教育科学版）》，2022(1)。
　　④ 雷金火、伍红军：《回归以心理学为基础来构建高等教育学》，载《江苏高教》，2022(10)。

之一是构建中层理论,中层理论由提升关联意识、强化实证研究、重视专题研究、规范理论建构等方面构成。高等教育学理论体系是由高等教育学的一般理论、理念与高等教育现象展开的具体研究综合形成的理论体系。该体系强调高等教育的理论与实践的紧密结合,这样既可以避免高等教育学理论体系的"空心化"图式,又可以克服经验研究、微观研究带来的"碎片化"景象。[①]

二、理论与实践

多年来,高等教育学努力观照实践,而高等教育实践则在寻求理论支撑。高等教育理论工作者从科学理性的角度为高等教育实践提供建设性的改革方案,指出实践方向;高等教育实践者在现实境遇中探索成功路径,为高等教育学提供鲜活案例。他们共同推进我国高等教育学的建设与发展。总体上看,社会需求是我国高等教育学发展的主导逻辑。[②]

学术声望与物质资源是任何学科或领域都不可或缺的资源,知识的生产与创造既受制于也受惠于这两种资源。为了提升学术声望和获得物质资源,在学术界出现了认知竞争与资源竞争两种逻辑。认知竞争逻辑主要包括:第一,现代学术界将知识竞争制度化了,知识嵌入制度之中并在学术界起主导作用;第二,研究者要不断拓展人类知识的边界,创造出新知识,深化、拓展人们的已有认识;第三,知识突破与认知推进既被纳入现代知识生产系统的意识形态,也成为知识生产评价的最高准则,由知识创新产生的社会影响而赢得的学术声望形成了研究者社会分层机制。总之,在知识生产系统中,学术声望由知识创造程度决定,要想实现任何知识领域的形成和地位提升,都不得不在知识创造上有所突破。

资源竞争与积累的效用逻辑成为知识系统的主导逻辑。知识领域的发展离不开研究人员、学术期刊、学术组织、学科专业、研究经费等人力资源与物质资源的支撑。这背后的关键问题是:谁提供资源?谁分配资源?资源的提供者和分配者有怎样的效用诉求?他们提供资源的规则是什么?所提供的资源能为知识领域的发展带来怎样的影响?从历史与现实的发展来看,高等教育知识领域的资源提供者主要包括高等教育系统外的政府、行业领域、社会组织等,以及系统内的高等教育机构的

---

① 王兴宇:《反思与建构:高等教育学中层理论探索》,载《复旦教育论坛》,2022(6)。

② 陈兴德、张斌:《高等教育学:"交叉学科"门下的一级学科——中国高等教育学学科身份重塑的一种可能路径》,载《中国高等教育评论》,2022(2)。

行政部门、学生和学术同行等。要争取学术界之外的物质资源，高等教育知识领域内部需要加强治理，发挥不同主体的积极性、创造性，提高人才培养质量，产生原创性研究成果，满足社会发展对知识的重大需求。基于供求关系的效用逻辑成为资源需求与知识领域之间互动的基础。

基础研究的目标是在既有知识体系中增加新内容，帮助人们从不同方面对自然世界或人类社会予以理解，其核心目标是"为知识而知识"。因此，基础研究领域关注创新性，注重普遍性、抽象性和解释有效性，以学界同行交流为主，在认知层面建立评价标准。应用研究主要面向实践中的问题，研究者抓住问题的实质，通过制度设计的优化、管理流程的再造、产品缺陷的攻克，从方法、技术、路径等方面提出解决问题的方案。应用研究重视问题的特殊性、情境性，力图找到各种约束条件下的"最优解"。应用研究的评价侧重于研究能否相对有效地、经济地、稳定地解决问题，并产生实际效用。

基础研究负责提供认识世界的理论；应用研究以理论知识为基础，对具体的实践难题开展研究并提供可靠的解决办法，搭建起理论与实践之间的联系通道。人们认可"理论应用于实践""理论指导实践"，就是认可应用论的理念。对于高等教育领域，该理念在实践中充分体现在大学关于科学研究、人才培养与社会服务的相关制度之中，对人们理解基础研究与应用研究的各自责任、理论与实践之间不可分离的关系具有决定性影响。首先，"应用"蕴含理论与实践、基础研究与应用研究之间的一种等级秩序，基础研究在其中占据核心位置。其次，在价值判断上，基础研究体现了"无用即有用"的理性价值，不以实用为目的的基础研究往往具有很强的应用价值。在应用论的信奉者看来，历史经验不断证实着科学理论"无心插柳柳成荫"的巨大效用。最后，应用研究不断校正"为知识而知识"的基础研究。在求真的理论研究与求用的应用研究之间，杜威选择相信理论到头来是最实际之物，因为扩大注意力范围，使其不囿于直接目的和欲望，终会创造出范围更广、影响力更大的目的，并让更广、更多的条件与方式为我们所用，让我们超越原本的实际目的。无论是推崇基础研究，还是看重应用研究，两者的共同目的都是服务人类认识世界、理解世界与改造世界的需要。

在杜威看来，理论科学与应用科学之间的分离，会导致科学对社会责任的逃避。不重视应用，科学只能存在于专业人员之间的传递、沟通与交流之中，这将带来危险、偏激和不公正的社会分配。只有保持理论与应用之间的彼此关联，科学才是完整的、实用的知识。否则，科学是不完整的、盲目的、扭曲的。离开理论的运用，人们在对公共事务进行公开讨论、理解与认识以及社会决策时会做出非理性的选择。无论是理论研究还是应用研究，它们之间应形成一种既有一定程度的隔绝又有适度联结的辩证状态。

针对我国高等教育学之不足，有学者提出我国高等教育学的发展应从三个方面努力：第一，提升高等教育学的理论品质。促进学科交叉，强化高等教育学与相关学科的融通。发挥高等教育学的理论优势，基于知识创造分工的视角，高等教育学有其理论研究的空间，具有专门化优势。拓展学术视野，创造有利于基础研究的制度环境与科研文化，增强学术想象力。第二，注重高等教育学的实践旨趣。高等教育学领域的基础研究理论性不强是基本现状，我们须树立启蒙与反思的应用效用观，强化高等教育理论之用。我们要积极探索面向现实实践的专业教育，破除高等教育的研究界与实践界之间的制度之墙。第三，扛起高等教育学的双重责任。高等教育研究者承担着知识创造与实践运用的双重责任，面对高等教育的大变革，理论研究与实践研究均面临考验，研究者有责任对高等教育领域的关键问题进行系统的探索与严谨的追问，强化对真问题的研究，持续不断地积累知识并推进认知，不断追寻良善的教育实践，保持强烈的责任感、使命感、时代感，把科学理性与实践改造融入高等教育学的学科建设之中。[①]

三、学科与领域

2011 年，《北京大学教育评论》杂志组织一批学者围绕高等教育学是学科还是领域的议题展开集中讨论，学者们大致持如下几种立场。第一，领域论。袁本涛认为，高等教育学虽然不是学科，但作为具有开放性、包容性和可渗透性的一个制度化或建制化的研究领域，具有其自身的学术地位。他认为高等教育学的学科化方向应是观念层面的范式建构。与其不同的是，龚放提倡高等教育研究不仅要解决问题、丰富理论，而且要面向实践者特别是高校领导者开放，无须纠结于它是学科还是领域。第二，学科论。郭雷振认为，高等教育学不仅重视理论探究，而且更加关注其知识的实用性、功利性与专业实践性，也就是说它的应用软科学属性更为突出。高等教育学要成为一门成熟学科，制度化保障必不可少。第三，超越论。张应强认为，应以现代学科的建构来应对研究领域论的挑战，他的

---

① 蔺亚琼、陈雨沁：《高等教育学何以实现理论品质和实践旨趣的双重提升——基于理论积累路径与实践介入方式的考察》，载《高等教育研究》，2022(3)。

超越论之基本立场仍旧为学科论，只是走出了传统高等教育学学科论视野。刘小强则认为，高等教育学具有研究领域的特征，因为领域的学科化已成为现代学科演变的基本态势。他的看法是，高等教育学既是一个专门的研究领域，也是一门专门的学问，学科取向的建设路线仍然需要坚持，应超然于学科与领域之外。①

高等教育学领域论的主要依据在于：一是从国际视角看，以美国为代表的西方发达国家将高等教育研究作为一个领域而不作为一门学科来看待。二是高等教育学研究方法、概念体系均不成熟。研究视角的分散和割裂，使高等教育成为其他学科应用和检验自身理论的实验场。因此，高等教育学作为领域更符合其现状。高等教育学学科论的主要理由是：其一，我国高等教育学的学科属性是由外部建制规定的，并且学科建制的优点在于加深对高等教育特殊规律的认识，推进高等教育研究的理论化和系统化，对于我国高等教育事业发展具有指导性。其二，高等教育学有自己明确的研究对象（即高等教育现象和问题）和自己的基本规律（如内外部关系规律等），尽管还没有独特的研究方法和成熟的理论体系，但具备了作为学科的基本要素。②

高等教育学的学科与领域之争，在很大程度上是由不同国家的历史文化背景和教育体制的不同造成的，学者们无须为此争议并耗费大量精力，过多的笔墨官司对高等教育发展并无裨益。从学科体系来看，高等教育学是教育学的二级学科，是一门植根于人文学科的社会科学，是一门有应用倾向的基础学科，也是自然学科发展的助力学科。通过与管理学、经济学、数学等学科的对比分析，可以发现高等教育学具备交叉性、动态性和服务性等特点。我国高等教育学的学科建设之路，应该体现学科交叉的综合性、因时因地制宜的灵活性，同时彰显"忘我"的服务精神。

高等教育学何去何从？目前学界有两种主张：第一，建成一级学科。高等教育学应超越经典学科的内在逻辑自洽偏好，通过再学科化来提升为一级学科。首先，高等教育学的知识体系具有综合性、交叉性与横断性特征，区别于一般教育学，大学与社会的关系的融入和渗透，使高等教育学超越了学校教育的视界，具有突出的外部特征。从历史角度看，高等教育学与教育学分属两个不同学科，按一级学科建

---

① 阎光才：《高等教育研究的理论品质与实践旨趣——2021 年"青年学者论坛"观点集萃与述评》，载《高等教育研究》，2022(9)。

② 赵文学：《论高等教育学的学科属性与学科特点——基于学科体系与学科类比的视角》，载《高教探索》，2022(4)。

制设置是高等教育学发展的"上策"。其次,高等教育学自创建后便在经典学科论范式与研究领域论范式的冲突中发展,这种冲突为学科升级创造了条件。最后,随着我国学科政策调整和"双一流"建设全面推进,高等教育学面临着前所未有的学科建制危机和学科知识危机。这就需要我们转变思路,放弃以经典学科标准去评价与规划高等教育学的发展,运用现代学科范式重构高等教育学,致力于在交叉学科领域谋求一级学科建制,将高等教育学建设成具有交叉性质和应用特质的一级学科。①

第二,走多学科之路。高等教育学的跨学科说得到认可,无论是再制度化论还是再学科化论都具有跨学科之意蕴。从知识论角度,赵婷婷认为,应在跨学科框架下构建高等教育学学科的知识基础,进而促进高等教育学走向多学科范式。从方法论角度,汤晓蒙与刘晖认为,现代学科的发展为高等教育学实现由单学科、多学科研究向跨学科研究的范式转型提供了支撑,将不同学科的理论与方法融入高等教育学,有助于促进高等教育学学科群的形成。② 我国高等教育学的科学化进程,以遵循国家的学科制度与学科政策为前提,只有建立在这种合法性基础上的高等教育学才具有进一步谋求合理性的可能。③ 从范式论角度,自高等教育学创设以来,高等教育学学科范式并不是它的唯一范式,问题范式与之并行,并不矛盾。④ 王建华认为,学科与领域是共时、共生的关系,并非绝对对立的,它们只是对同一事物的不同描述,所以高等教育学既是一门学科,也是一个研究领域。⑤ 董立平认为,我国的高等教育研究应遵循领域与学科双轨发展路径,高等教育研究、学科与领域间的关系表现为"一体两翼"的关系。⑥ 侯定凯认为,因高等教育研究开放性与跨学科性的特点,高等教育学作为领域更合适。⑦

从外部看,高等教育研究已经形成了较为丰富的科学知识体系。高等教育作为领域得到发展最早出现在美国大学,高等教育的复杂性和重要性使其成为有关学科研究的重要主题。多种因素促成了高等教育学研究的学科化,学科建设加快了高等

---

① 唐萌:《基于现代学科范式的高等教育学再学科化研究》,博士学位论文,华中科技大学,2022。

② 阎光才:《高等教育研究的理论品质与实践旨趣——2021年"青年学者论坛"观点集萃与述评》,载《高等教育研究》,2022(9)。

③ 付八军、龚放:《学科标准的审思与学科政策的突围——化解高等教育学学科危机的两个向度》,载《高等教育研究》,2021(3)。

④ 李均:《中国高等教育研究史》,10页,广州,广东高等教育出版社,2005。

⑤ 王建华:《领域、学科之争与高等教育概念体系的建构》,载《现代大学教育》,2006(2)。

⑥ 董立平:《学科与领域:高等教育研究科学化的两翼》,载《高等教育研究》,2011(12)。

⑦ 侯定凯:《国际高等教育研究主题的流变》,载《复旦教育论坛》,2009(4)。

教育学的生长和发展。在我国高等教育学的发展历程中，潘懋元领导的学科建设工作对我国高等教育学学科的发展产生了重要的示范和促进作用。在长期的研究与实践中，观照应用性与非应用性、科学性与人文性成为高等教育学学科的主要特性。高等教育学学科的发展主要取决于高等教育发展需要以及其自身的创新发展。高等教育学学科的地位和价值不在于它附属于何种学科。①

从内部看，学科交叉融合成为学科发展的一种必然趋势。对高等教育学的发展而言，学科交叉融合的价值在于：夯实发展基础，拓宽发展空间，推动知识迭代更新和理论创新，为解决复杂的高等教育问题提供方案。基于学科交叉融合推进高等教育学的进一步发展，尚面临传统院系单位制的束缚、师资团队知识背景单一化的局限、箱格化的知识和传统的学科化研究思维、过度专业化的教育理解和实践价值的轻视等困境。突破上述困境的基本路径在于：改革传统的学科组织机构以突破学科壁垒，建设跨学科学术团队以突破单位制的限制，促进多学科交叉融合研究以解决复杂的高等教育问题，构建跨学科教育实践机制以培养复合型人才来满足社会需要，主动服务社会需求以筑牢高等教育学学科发展的实践根基。②

从技术看，知识呈现弥散性特征：一是多元的知识存在方式，主要指虚拟空间对具体物质载体的突破，传统的一门课、一本书的格局被突破；二是基于思维发散的知识生产样态，人工智能时代是以复杂性思维认识世界的时代，在知识消费者看来，共通性打破了知识传授的时空限制，能够实现知识的多角度、多范围、多层次普及。知识的共通性为提升组织之间的沟通与协作水平、形成组织合力提供保证。数字智能时代，应重视数字化对知识影响的学理分析，在知识的弥散性中发现规律。未来高等教育学学科建设，应该以知识的弥散性扩大高等教育学的数字化空间，即扩大高等教育学的建设空间、评价空间，助力数字化高等教育学的探索。以知识表征的虚拟化，推动高等教育学教材的数字化，即提升数字化意识、巩固数字化物质基础、探索数字化教学模式。以知识的共通性提升高等教育学组织的凝聚力，即保持开放的视野与格局，强化沟通意识与共栖意识。③

① 别敦荣：《在学科与领域间走向成熟——高等教育学的不惑嬗变》，载《教育研究》，2023(5)。
② 包水梅：《基于交叉融合的高等教育学学科发展理路》，载《国家教育行政学院学报》，2021(9)。
③ 侯怀银、王茜：《高等教育学知识数字化转型的路径探析》，载《北京教育(高教)》，2023(7)。

四、发展与创新

(一)规律论

高等教育学理论是对高等教育活动的理性认识。在性质上,高等教育学理论的概念性、原理性、逻辑性和系统性内在地规定着高等教育学理论。在功能上,不同的高等教育学理论的诊断性、解释性、改造性、预测性、反思性、质疑性和批判性外在地检验着高等教育学理论。这种性质与功能的互补,决定了高等教育学理论建设求真与求用的双重价值取向。在一般的理论、原理、规律的释义之下,高等教育学的理论体系、原理体系、规律体系在表象上似有差别,而在实质上大体一致。需要说明的是,高等教育规律体系是高等教育学理论体系的根基。高等教育规律体系体现为一系列本质的或本质之间的高等教育关系,我们需要在关系中寻找:通过研究高等教育总体关系来揭示高等教育总体规律,通过研究高等教育一般关系来揭示高等教育一般规律,通过研究高等教育特殊关系来揭示高等教育特殊规律,以高等教育学原理支撑高等教育学理论体系。就现状而言,我们对高等教育一般规律的研究较为充分,但对高等教育总体规律缺乏深入研究,对高等教育特殊规律的研究缺乏全面性。高等教育总体规律与高等教育特殊规律研究的不足,影响了高等教育学理论体系的完整性、系统性。[①]

高等教育总体规律的样态主要表现为:第一,关系系统的内生与演进。通过关系关联,高等教育既自成系统,又与其他系统互成系统,并且呈现持续生成和演化的态势。第二,形态的升级与生成。高等教育的形态从低级到高级,即从简单到复杂、从一元到多元、从一种多样性的统一到另一种多样性的统一、从无序到有序。第三,共同体类型不同。各种类型、层次的高等教育形成关系、利益、命运、责任的多种共同体。第四,系统的普遍性特征。尽管在类型、层次上存在差异,但高等教育及其要素具有通用性和适用性。

高等教育特殊规律直指高等教育实践,直接规约高等教育行动。高等教育规律体系中的"规律家族"或"规律集合"由高等教育特殊规律组成。由于内容、目标、方式的不同,每一类高等教育活动或领域都存在自身的特殊规律。比如:德智体美劳各育都有其独特的特点,在活动中都要遵循各自的规律;教师教学、学生学习、学校管理等活动的要素及实现机制存在差异,也都有不同的规律。这些规律可以衍生

---

① 李泉鹰:《高等教育学理论的本质、判定和建设路向》,载《现代教育管理》,2022(11)。

出多层级的子规律。高等教育特殊规律的鲜明特点是在高等教育实践中生成的，直接指向高等教育具体领域。可见，持续探寻、建立高等教育特殊规律体系是认识高等教育规律的基本路径。

一般而言，不同的高等教育规律可以通过不同的高等教育研究来发现。比如：高等教育应用研究比较适合于探究高等教育特殊规律，高等教育历史与比较研究比较适合于探究高等教育一般规律，高等教育逻辑研究比较适合于探究高等教育总体规律，高等教育元研究比较适合于形成对高等教育规律体系的反思、质疑和批判。

(二)关系论

求解高等教育学应走向哪里，既要回答高等教育是何种存在，也要回答高等教育学到底求解什么关系，还要回答我们需要什么样的高等教育学。高等教育是一个复杂的关系系统，其间充满了系统现象和关系现象，即系统之中有系统，关系之中有关系，系统与关系相互依生、相互共生、相互规约。不同类型和层次的高等教育关系相互交织，构成高等教育难解的密码群，而要走进高等教育世界就必须破译这组密码群。高等教育学应以不同类型、不同层次、不同支脉的高等教育关系为核心研究对象，求解各种高等教育之"是"，揭示高等教育总体规律、高等教育一般规律和高等教育特殊规律，建立具有强劲诊断力、解释力、改造力和预测力的高等教育规律体系，并以此为脊梁和支柱建立科学而完备的高等教育学理论体系，为高等教育的认识与行动提供一套可靠的思维框架、理论依据、基本原则和评判标准。

我们需要什么样的高等教育学的问题，既具有理论反思性，也具有终极关怀价值。高等教育是复杂的、动态的、发展的关系系统、关系集合体或关系性存在，这就决定了我们所需要的高等教育学是多样化的，如牛顿力学式与相对论式的高等教育学、静力学与动力学的高等教育学、构成论与生成论的高等教育学、形态学描述与发生学分析的高等教育学、还原论与整体论的高等教育学、实体论与关系论的高等教育学。这些不同样式的高等教育学的建立，既是对传统高等教育学体系的超越，也是对未来高等教育学体系的期许，无论是理论界还是实践界，都需要解放思想、突破方法和借智慧之力完善高等教育学。[①]

(三)中层论

美国社会学家默顿在其经典著作《社会理论与社会结构》中提出了中层理论这一社会学理论范式。这一理论范式可以追溯到 17 世纪英国哲学家培根的哲学思想，

---

① 李泉鹰：《高等教育学应走向哪里》，载《中国高等教育评论》，2023(1)。

即由于人类有限的理解能力，在接近目标的过程中，必须借助外在工具的指导一步一步地前进，而非从特殊之物出发，一跃而上，达到普遍的最高的原理。① 基于此，默顿提出了中层理论这一概念，即介于外在工具经验与最高原理之间的中间部分。默顿提出中层理论主要基于两个出发点：一是对传统研究热衷于体系建构的质疑，力求使概念生成很大程度上根植于经验研究的发现；二是提醒学者要警惕过度依赖经验研究所导致的资料运用"碎片化"，强调使用中层的概念加以关联和统筹。② 默顿认为，如果一个学科主要追求大而全的体系，它的发展就会止步，但若只关心操作技术层面的研究而专注于对经验细节的描述，就又会消解学科的理论取向与学术追求。③ 中层理论既非日常研究的微观考察，也不是包罗一切的宏大叙事。④ 它介于宏观与微观之间，具有一定的抽象性，但始终不离开现实世界，是具有可操作性的概念系统。该理论模式既认可具体经验分析的价值，又包容宏观经典理论的思想观点和理论构建策略，其核心要义是建立抽象理论研究与具体经验分析之间的通道，将抽象的统一性理论与具体的经验性描述相统一。⑤

从我国高等教育研究来看，研究者们要么在宏观层面建构体系，要么在微观层面深耕，对于宏观与微观、超验与经验的中间地带的空白领域缺乏考察。如此的研究态势使得高等教育研究不是在"高空侦察"的宏大叙事中研究高等教育问题，就是在"贴地而行"的经验调查中审视高等教育现象。宏观层面的考察结果由于事实依据不充分而难以指导高等教育发展，微观层面的研究由于理论性不强而对高等教育改革影响微弱。中层理论认为，任何一门学科的理论体系都应包含"核心思想—中层理论—实践方法"三个层次，这种范式既有本质理论的抽象概括，又有现实实践的可行操作方案，在超验与经验、本质与现象之间达到统一。为改变我国高等教育研究现状，我们可以从中层理论框架出发，直面现实，从思想、理论和方法等方面对已有高等教育研究成果进行梳理、分析、挖掘，创新研究思想，搭建抽象理论，建立规范方法，构建具有理论意义和实践价值的具有中国特色的高等教育中

---

① 培根：《新工具》，61 页，北京，北京出版社，2008。
② 杨念群：《"中层理论"应用之再检视：一个基于跨学科演变的分析》，载《社会学研究》，2012(6)。
③ 胡翼青：《传播实证研究：从中层理论到货币哲学》，载《新闻与传播研究》，2010(3)。
④ 默顿：《论理论社会学》，何凡兴、李卫红、王丽娟译，54 页，北京，华夏出版社，1990。
⑤ 默顿：《论理论社会学》，何凡兴、李卫红、王丽娟译，78 页，北京，华夏出版社，1990。

层理论体系。这既有利于学科自身发展的理论提升，也有利于满足我国高等教育高质量发展的迫切需要，将为我国高等教育学术研究的本土构建、在世界学术话语体系中占据一席之地做出贡献。①

第三节　学科建设

学科既是人类认识世界的结果，也是人类改造世界的工具。人类在利用学科的实践过程中又在不断地发展和完善学科。学科成熟度是根据学科对现实世界的解释力和改造力、对未来世界的预测力和想象力来衡量的。构建高等教育学理论体系，需要我们提炼出高等教育学应当解决的核心问题，围绕这些问题不断拓展、延伸、演化，从具体中抽象，将抽象运用于具体，在理论与实践的穿梭来往中筑牢根基，提升理论的解释力，深化对高等教育现象和经验的认识与理解，掌握解开高等教育之谜的钥匙，形成学科自己独有的概念范畴、理论体系和研究方法。首先，要打破普遍学科标准的神话，增强学科自信和学科建构意识；其次，学科知识的分化和学科理论解释力的提升是高等教育学理论体系建构的必由之路，同时应通过提炼学科核心问题和学科核心概念来建构理论体系，构建理论传承的传统和学科知识谱系；最后，应从我国高等教育实践与高等教育学发展的基础和优势出发，构建我国高等教育学理论体系。②

1983 年，我国高等教育学取得了学科合法性地位，高等教育学在事实上已经成为一门学科。③ 薛天祥认为，1993 年全国高等教育学研究会的成立，标志着高等教育学学科建设进入一个新阶段。④ 张应强认为，高等教育学在获得正式的学科身份之后，创造了来之不易的繁荣局面。但要想让高等教育学走出经典学科的藩篱，就应当以现代学科为参照，推进高等教育学的再学科化，实现高等教育学的二次革命。⑤ 高等教育学作为交叉学科门类下的一级学科，不仅凸显了高等教育学交叉学科的内在品性，符合高等教育学学科发展的历史逻辑，更为高等教育学突破学科壁

---

① 王兴宇：《反思与建构：高等教育学中层理论探索》，载《复旦教育论坛》，2022(6)。
② 赵婷婷：《高等教育学科理论体系建构路径——基于对其他社会科学学科的考察》，载《高等教育研究》，2021(8)。
③ 张甲子：《超越二元对立：高等教育研究的方法辩证》，载《学术探索》，2022(5)。
④ 薛天祥：《高等教育学》，序言 1 页，桂林，广西师范大学出版社，2001。
⑤ 张应强、郭卉：《论高等教育学的学科定位》，载《教育研究》，2010(1)。

垒、释放学科活力提供了新的方向。遵循交叉学科门下一级学科的定位，高等教育学学科需要进一步实现研究转向、人才培养、组织机构和保障机制的交叉融合，以再学科化推进学科建设。①

高等教育学因其多学科交叉属性，理应成为交叉学科下的一级学科。高等教育学可以通过廓清学科边界、明辨研究对象、完善理论建构、创建话语体系、探索研究方法等学科建设内部举措，以及科学统筹学科组织、优化重组学科制度、重视培育学科文化、提高人才培养质量、深度参与社会服务、深化国际交流合作等外部途径来获得学科合法性。② 随着知识流动、融通的持续强化，学科的发展具有交叉、融合及边界跨越的趋势。同时，高等教育领域正处于从学科时代向后学科时代的转型过程中，而后学科时代的高等教育需要更新对学科及其建设的理解，调整和更新对高等教育学作为一门学科的认知。③

一、理论体系

关于高等教育学理论体系的构建，薛天祥指出：第一，在认识上要注重研究高等教育学的理论体系，使高等教育的知识系统化与科学化；第二，在方法论上要注重运用科学方法论来建立高等教育学的理论体系。④

对于一个理论体系来说，范畴间的结合、变换与推演应当遵循一定的逻辑原则：第一，在范畴的定义上，要遵循唯一律，即要求此范畴非彼范畴，同时要区别范畴类型，不能将客观范畴定义成主观范畴，也不能将关系范畴、属性范畴定义成实体范畴；第二，在范畴之间的转换、推演上，要符合范畴的类型与层次变换的同一律和联系律，即要求只有同类范畴才能加以比较、转换和推论，只有同层次的范畴才能加以推演，使抽象的范畴具体化为概念，并使各层次之间的范畴一环紧扣一环；第三，在范畴的层次上，只有由概括性强的范畴才能推导出下一层次的具体概念，抽象水平高的范畴应包容具体层次的概念，下位层次的具体概念不能推导出上位层次的范畴，由抽象层次推导出来的具体层次的概念不能与原范畴在同一层次上

① 陈兴德、张斌：《高等教育学："交叉学科"门下的一级学科——中国高等教育学学科身份重塑的一种可能路径》，载《中国高等教育评论》，2022(2)。
② 修南、唐智彬：《高等教育学能否成为交叉学科门类下的一级学科？——来自国家安全学学科建设的启示》，载《现代大学教育》，2022(4)。
③ 王建华：《高等教育学的持续探究》，298页，福州，福建教育出版社，2021。
④ 薛天祥：《高等教育学》，5页，桂林，广西师范大学出版社，2001。

相提并论。①

　　高等教育学的逻辑起点是高等教育学的学理性根基。从已有研究看，高等教育学的逻辑起点主要有人、高深知识、高深知识的教与学活动三种观点。将人作为高等教育学逻辑起点的理由是人的发展始终是高等教育活动的出发点和归宿；高等教育活动主要围绕高深知识的传播、生产和应用展开，因此高深知识是高等教育学的逻辑起点；薛天祥则认为，高深专门知识的教与学活动是高等教育学的逻辑起点。关于高等教育学逻辑起点的争辩，反映了不同研究者对高等教育学逻辑起点的认识的差异。作为最活跃因素的人在高等教育活动中成为主角，体现了高等教育学的人的主体性；高深知识是高等教育学学科的内在基因，表达了高等教育学作为"学"的本质诉求；高深知识的教与学活动直面高等教育活动的行为，展示了高等教育学的实践导向。这三种代表性观点，以主体、基础、行动为线索，构成了高等教育学逻辑起点的不同面向，也体现了我国高等教育学学科逻辑起点的特色。②

　　根据薛天祥的《高等教育学》，我们可以看到，高等教育学理论体系的中心概念是高等教育，围绕这个中心概念，根据历史与逻辑的统一，其逻辑起点是高深专门知识的教与学活动，从逻辑起点通过专业这个中介概念到达高等教育这个中心概念，高等教育规律和高等教育原则起到了后继和过渡的作用，最后来到逻辑终点：高等教育目的及其实现途径。整个行程遵循从抽象上升到具体的逻辑方法的基本要求③，符合理论体系推演的一般原则。

　　关于高等教育学理论体系的逻辑起点，李枭鹰等学者在薛天祥的基础上推进了一步。他们认为，逻辑起点不应被界定为一个最简单、最抽象的范畴，而应被界定为一个假定。从逻辑起点出发构建科学或学科理论体系是一种从抽象到具体的理论生发路径，从具体到抽象与之并行不悖，二者理当耦合。具体理论可以存在单数逻辑起点，也可以存在复数逻辑起点，而学科作为具体理论的集合体只能存在复数逻辑起点。对学科理论体系构建而言，复数逻辑起点论相较于单数逻辑起点论具有更强的理论张力和理论体系建构力。基于高等教育学的开放性，我们必须打破单数逻辑起点论的桎梏和藩篱，构建复数逻辑起点论的思维逻辑和行动框架，进而探寻和打通多中心、多起点、多端口、多支点、多维度的高等教育学理论体系构建之路。

　　①　郭元祥：《教育逻辑学》，73～74 页，北京，人民教育出版社，2002。

　　②　侯怀银、王茜：《我国高等教育学学科体系、学术体系和话语体系建设》，载《现代教育管理》，2023(1)。

　　③　薛天祥：《高等教育学》，7 页，桂林，广西师范大学出版社，2001。

复数逻辑起点所揭示的道理在于：学科理论体系的构建之路是多元的，可以有多条线路，每一条线路又由相应的研究来支撑，譬如应用研究、历史研究、比较研究、逻辑研究和元研究，这些研究相互作用、相互对话、相互反馈，揭示不同类型和层次的规律，生发不同的具体理论，构成集合态的学科理论体系。①

二、支撑体系

高等教育学的学科体系、学术体系和话语体系建设既是高等教育学学科发展的基石，又是高等教育实践发展的需求，还是高等教育学自主知识体系建设的彰显。我们应始终坚持以马克思主义为指导，在全面把握高等教育学学科特点的基础上建设高等教育学学科体系，即进行知识论的追问以厘清高等教育学学科体系脉络，回归学科起点以推进高等教育学元研究的开展，立足系统整体以处理好高等教育学与相关学科之间的关系。在理论与实践相结合的基础上建设高等教育学学术体系，一方面要夯实基础，促进作为"学"的高等教育学学术体系建设，另一方面要躬行实践，以"术"为基点推进高等教育学学术体系建设。立足我国本土，完善话语内涵，构建中国特色高等教育学话语体系；丰富话语外延，建设具有世界教育关怀的高等教育学话语体系；面向时代需要，解决时代问题，构建高等教育学话语共同体。②在学科体系、学术体系、话语体系三大体系中，学科体系是基础，学术体系是动力，话语体系是表现形式。③无论是哪个体系，其宗旨都在于科学回答高等教育领域的中国之问、世界之问、人民之问、时代之问。

(一)学科体系

学科体系涵摄理论范式与研究框架，主要包括基于学科门类的知识体系及其学术组织和基于学校专业设置的教学科目及其教学组织，其特征表现为稳定性、系统性和规范性。根据这一认识，构建中国教育学学科体系，需要突破学科规训、转化学科视角、激活学科想象。④从不足来看，高等教育学体系框架移植于教育学的体系框架，基于传统体系框架的高等教育学立足于高等教育与社会、人的关系的展开

① 李枭鹰、陈武元：《高等教育学逻辑起点研究的"四个反思"》，载《江苏高教》，2021(12)。
② 侯怀银、王茜：《我国高等教育学学科体系、学术体系和话语体系建设》，载《现代教育管理》，2023(1)。
③ 李凤亮、杨辉：《新时代建构中国自主的知识体系的几点思考》，载《中国高校社会科学》，2023(5)。
④ 李栋：《论中国教育学学科体系的构建》，载《教育研究》，2023(12)。

分析，缺少高等教育高深知识的特殊维度，而高深知识又是理解高等教育的一把钥匙。高等教育与社会、人及高深知识的关系是高等教育领域的三个基本关系，是构建高等教育学体系框架的三个基本维度。① 从样态视角看，李泉鹰认为，在我国高等教育学学科 40 年的建设历程中，高等教育学学科体系建构出现了"模仿教育学学科体系""基于逻辑起点""立足多学科"三种典型方案，他主张从元范畴出发建构高等教育学学科体系，因为学科体系的构建根基于概念或范畴运动，在根本上是元范畴的展开。② 从危机视角看，张应强认为，我国高等教育学的危机，部分来源于作为知识体系的高等教育学的不成熟、不完善。要消解危机，我们应强化高等教育学学术共同体意识，重点关注高等教育学核心知识的生产，促进知识形态高等教育学的"再学科化"。③

（二）学术体系

学术体系是对学科对象本身所具有的本质规律的理论和知识的表达，为学科体系和话语体系的创新提供了充足的动力，学术体系的水平和属性直接决定着学科体系、话语体系的水平和属性。④ 在普遍性维度，高等教育研究的学术体系是学术共同体通过一定的方式和手段对高等教育领域中的问题进行研究而形成的学术命题、学术思想、学术活动与学术成果等。⑤ 在特殊性维度，首先，应论述高等专业教育在社会主义物质文明和精神文明建设、社会生活中的地位与作用，专业设置原则和专业培养目标，受教育对象的生理和心理基本特征和教育者的职责任务；其次，应论述德智体美劳的教育在高等学校中的任务、过程、内容、方法、形式等；最后，论述高等教育工作的组织制度、领导、管理及其方法。⑥ 从实践层面看，高等教育学作为一门应用性学科，不仅要对高等教育现实中的问题与改革提出科学的解释，而且应对解决问题的对策与改革的思路做出合理的推论。从理论层面看，既要发挥高等教育学理论与研究对实践的影响力，又要提升我国高等教育学理论与研究在国

---

① 张德祥：《高等教育基本关系与高等教育学体系建设》，载《高等教育研究》，2020(10)。
② 李泉鹰：《高等教育学学科体系建构的元范畴逻辑》，载《江苏高教》，2023(12)。
③ 张应强：《当前我国高等教育学的危机与应对》，载《高等教育研究》，2017(1)。
④ 李凤亮、杨辉：《新时代建构中国自主的知识体系的几点思考》，载《中国高校社会科学》，2023(5)。
⑤ 杨季兵、李森：《中国式高等教育研究"三大体系"建设的内涵、原则与路径》，载《高等教育评论》，2023(1)。
⑥ 潘懋元：《高等教育学（上）》，6 页，北京，人民教育出版社，1984。

外的影响力。①

(三)话语体系

话语体系是由交往主体通过语言符号建立起来的表达与接受、解释与理解、评价与认同等多重认知关系,基于中国实践所形成的概念、术语、语言等,是思想、理论和知识的表现形式。② 任何一种话语体系的建构都是围绕着核心概念的辩证运动而展开的,体现历史逻辑和理论逻辑的内在统一性。③ 对我国而言,话语体系的构建应以平等包容的姿态,在叙述表达和交流互动中,反向促进普遍知识的中国化,同时积极提出中国观点、中国判断和中国倡议,在叙述和引领中确立中国自主话语体系。④ 高等教育研究的话语体系是高等教育学术共同体对高等教育研究学术成果的言说与传播系统,是实现高等教育改革、完善高等教育研究"三大体系"的必然要求。⑤ 自1984年以来,我国已出版多种高等教育学教材,大致包括教材体例、学术体例、教师培训、干部培训、教师资格考试、研究生教学等六种类型。⑥ 无论是哪种类型的教材,都试图构建中国高等教育学话语体系。

三、自主体系

(一)问题审视

高等教育的学科之力是其想象力,但高等教育学人想象力的贫乏使得高等教育学学科成为"不结果的树"。在知识生产过程中,超越性、开阔视野、普遍好奇心是高等教育学学科产生想象力的重要因素,我们不能止步于为高等教育政策背书、强调高等教育实践活动的独特性。美国高等教育研究的"不结果的树"的问题意象,也能让我们看到我国高等教育学学科的潜在危机。鲍俊逸等以西方思想史和科学史中"刺猬与狐狸""飞鸟与青蛙"的著名隐喻,并结合《木兰辞》中"双兔傍地走"的我国文化意象,重构高等教育学学科的隐喻式框架,旨在以"不结果的树"到"开满花的树"

---

① 胡建华:《中国高等教育学科发展40年》,载《教育研究》,2018(9)。

② 李凤亮、杨辉:《新时代建构中国自主的知识体系的几点思考》,载《中国高校社会科学》,2023(5)。

③ 张瑞才:《建构中国自主的知识体系:理论思考与路径探索》,载《学术探索》,2022(9)。

④ 郁建兴、黄飚:《建构中国自主知识体系及其世界意义》,载《政治学研究》,2023(3)。

⑤ 杨季兵、李森:《中国式高等教育研究"三大体系"建设的内涵、原则与路径》,载《高等教育评论》,2023(1)。

⑥ 李枭鹰:《高等教育学学科体系建构的元范畴逻辑》,载《江苏高教》,2023(12)。

的认知迭代唤醒高等教育的学科想象力。一方面，强化高等教育学学科的交叉性，打开人类想象的主观互联，遏制技术理性的过度蔓延，提升学术共同体的致知能力；另一方面，深化高等教育学学科的未来性，在促进未来人的培养中实现高等教育研究从"不结果"的现实走向"开满花"的未来。[①]

高等教育学学科的地位取决于其独立程度，学科的强依赖性使得高等教育学学科难以彰显其学科品性。我国高等教育基于学科的发展范式不同于基础研究领域的发展范式。我国高等教育研究虽然在研究队伍、国家项目、论文产出、期刊规模、院校研究等方面显得较为强大，但高等教育研究的创新性、思想性、方法论等方面尚未有重大的突破，以学科知识促进高等教育现实转型发展的学科使命远未完成，其他人文社会科学研究范式"统治"着高等教育研究。首先，我国高等教育学学科内生性不足、学科发展特色不鲜明、政策解释力不强、引领时代发展乏力。其次，从历史看，我国大学发展处于外力裹挟之中，在政治运动、经济改革、人力资源建设的影响下丢失了大学的理想。再次，大学随着政治经济重心的变化而变化，高等教育的学术中心随着大学的迁移而更迭，反映出高等教育研究的"无根性"。最后，在以指标和计算为工具的绩效制下，大学以追求效率为目标，大学的人文主义理想被淡化。[②]

(二)构建理由

为什么我国高等教育学会在自主知识体系建构上出现问题呢？其中的原因既有国外影响因素，也有我们自身的问题。

第一，在凯洛夫教育学框架的影响下，我国高等教育学的内核尚未完全建立。20世纪50年代，我国全面学习苏联，教育领域也不例外。大批苏联教育家来华交流，使凯洛夫教育学在我国得到广泛传播。凯洛夫教育学总结了苏联20世纪30年代的教学经验，成为苏联教育理论体系的典型代表，我国的教育学以凯洛夫教育学的总论、教学论、教育论、学校管理论为框架，形成了编写教育学教材的典型模板。改革开放以后，我国教育学基于本土的教育实践有所发展，但仍然未走出凯洛夫教育学体系。20世纪80年代，我国正式出版的100多部教育学教材都以凯洛夫教育学的体系和结构为蓝本。这一时期出版的潘懋元的《高等教育学》，也以总论、

---

①　鲍俊逸、程晋宽：《重构高等教育的学科想象——从"不结果的树"到"开满花的树"》，载《现代大学教育》，2022(3)。

②　鲍俊逸、程晋宽：《重构高等教育的学科想象——从"不结果的树"到"开满花的树"》，载《现代大学教育》，2022(3)。

教学论、教育论、学校管理论为主线。可以看出，我国高等教育学知识体系受凯洛夫教育学的影响较大，尚未建构起本土的高等教育学知识体系。

第二，西方高等教育实践影响着我国高等教育学知识体系的独立，基于本土高等教育实践的理论研究不足。现代高等教育体系源于西方，清末兴建新式学堂开启了我国学习西方高等教育的历程；民国时期的高等教育深受德国大学办学理念影响；20 世纪 50 年代，我国高等教育在苏联高等教育体系的影响下进行院系调整，建立起与计划经济体制相匹配的专业教育体系；20 世纪 80 年代，我国高等教育受到美国等西方国家的影响，实施学分制、通识教育、质量保障、问责制等。一段时期内，学习、借鉴、模仿国外经验成为我国高等教育发展的主要选择。一方面，移植经历使得我国高等教育有了与国际接轨的可能，并且带来了高等教育学自主创新的可能。另一方面，我国对西方高等教育知识体系过于推崇，如将大众化理论、三角协调理论、质量保障理论、大学生学习投入理论等大量引入高等教育研究中，对本土高等教育实践的理论建构意识不强，缺乏创新性成果。当下时期，我国超大规模的高等教育系统、日趋完备的高等教育体系等，已经显示出与西方高等教育发展的不同路径。现实告诉我们，高等教育学知识体系建构的滞后将会影响我国高等教育高质量发展进程。丰富的、复杂的本土高等教育实践催促着高等教育的政策制定者、理论研究者、实践工作者加快建构高等教育学自主知识体系，助推教育强国建设。

第三，从历史与现实看，高等教育学多学科性是其本真特点，多学科研究融入高等教育研究过程必不可少，同时，这也成为高等教育学知识体系建构面临的问题。自主知识体系的建构，除了要处理好我国高等教育与西方国家高等教育的关系外，还要处理好自身知识体系与其他学科知识体系的关系。社会科学的哲学、社会学、心理学、经济学、管理学、政治学等学科，自然科学的脑科学和神经科学、计算机科学、数学等学科，较多渗透到高等教育研究中。从正面影响看，多学科引入高等教育学知识体系，如社会科学的哲学、社会学、经济学等理论性较强的学科引入，增强了高等教育学的理论性，使得高等教育问题的研究更有学理性，研究成果能较好地指导实践。自然科学的脑科学与神经科学等学科，以及算法和基于大数据的数据挖掘方法等现代技术的介入，为高等教育学研究方法的突破提供了支撑，研究成果将改变人们对教学过程的传统认识，使人们可以精确地分析和预测教学行为。从负面影响看，成熟学科的基本立场具有各自知识领域的特殊性，其他学科研究高等教育主要从自身学科范式出发，倾向于采用本学科的视角考察高等教育问题，这将带来高等教育学知识体系的完整性和系统性不强的后果，这是造成高等教育学内部长期存在的学科和领域之争的一个重要原因。因此，如何从高等教育学的立场出发，融入多学科视角、理论与方法，成为高等教育学在自主知识体系建构过程中须着手解决的问题。①

(三)基本认识

具有逻辑严谨性、系统整体性理论成果的知识体系，一般以学科的方式呈现，作为人们对某一类事物或社会活动进行全面、深刻的认识后所获得的结果。知识体系、学科体系、学术体系和话语体系之间表现为如下关系：学科体系规定人类知识的整体框架；学术体系和话语体系规定该框架的具体内容；学术体系关注知识的理论化与系统化，基于特定的研究对象和研究范式，每一个知识领域的学术体系为本领域的研究对象给出理性解释，在知识领域内部还会形成不同的学术流派；话语体系是知识的表达系统，不同的知识领域有自身特有的概念、术语，不同国家或地区、不同的语言有自己独特的知识表达，术语与表达共同构成知识的话语体系。② 关于我国高等教育学自主知识体系的含义表达主要有以下两种理解。

一是基于逻辑的视角。以中国特色社会主义高等教育为研究和认识对象，我国高等教育学自主知识体系是我国高等教育的整体性、系统性理论集成，具有指导高等教育改革创新、高质量发展的思想引领性价值。第一，该体系建立在高等教育研究队伍、研究课题和理论成果的基础之上，其理论依据是我国高等教育的统一性和多样性，其目标是有效指导高等教育实践并服务于国家高质量发展，其逻辑依据是处理好与国家治理、经济发展、社会进步之间的关系。第二，以"什么是自主的高等教育学知识体系""什么是有效的高等教育学自主知识体系""什么是高等教育学自主知识体系"三个核心问题为前提，建构高等教育学自主知识体系。第三，增强学科自信与自主建构意识，以我国高等教育实践为出发点，以问题为导向，凝练学科核心问题与核心概念，增强高等教育的理论解释力。第四，在高等教育学领域内部，处理好本体系与自主知识体系，教育学自主知识体系，高等教育学学科体系、学术体系、话语体系、教材体系，我国高等教育实践之间的关系；在国际高等教育领域，处理好我国高等教育学学术研究与西方高等教育学

---

① 赵婷婷：《中国自主知识体系建构与高等教育学何为》，载《高校教育管理》，2023(4)。
② 赵婷婷：《中国自主知识体系建构与高等教育学何为》，载《高校教育管理》，2023(4)。

学术研究之间的关系。^①

二是基于知识的视角。引进和吸收西方高等教育知识、传承我国优秀文化传统和高等教育传统、合理借鉴与高等教育学相关的其他学科成果是我国高等教育学自主知识体系建构的源泉。首先，在知识层面，概括和提炼我国高等教育实践经验，对高等教育领域的观念、概念、命题等进行诠释，形成能够被理解和掌握的结构化、层次化知识系统。其次，在建设层面，我国高等教育学自主知识体系的建构过程是在知识生产的同时，开展高等教育学学科建设的过程。再次，在基础层面，要重视研究高等教育学史，高等教育学学科生成与发展的历史可以推动高等教育实践丰富和发展的理论升华，是我国高等教育学自主知识体系建构的基础。最后，在关系层面，我国高等教育学自主知识体系建构既需要遵循知识生产与发展的逻辑、教育学的发展脉络，又要厘清其与学科体系、学术体系、话语体系、教材体系之间的关系，同时合理借鉴西方高等教育学术研究成果。^②

三是基于内容的视角。眭依凡指出，根据"高等教育专题研究"课程中的基本要素，建立高等教育学自主知识体系的逻辑框架设想的基本理由在于：首先，"高等教育专题研究"课程作为高等教育学研究生课程，关切高等教育的现实问题，具有强烈的实践性，这与"高等教育基本理论"课程的学理性关注明显不同。其次，"高等教育专题研究"课程的设计不应"碎片化"而应具有系统性，这就要防止以诸多参与授课的教师各自擅长的研究领域来组织课程。最后，"高等教育专题研究"课程需厘清宏观、中观和微观不同层面研究的问题：在宏观层面，关注高等教育与国家发展战略之间的关系；在中观层面，审视高等教育与政治、经济、文化和科技等各要素之间的关系；在微观层面，研究高等学校的基本职能。此外，还应站在人类命运共同体的高度研究高等教育领域的问题。这些内容共同构成我国高等教育学自主知识体系的主要方面。

无论基于哪种视角，我国高等教育学自主知识体系都应符合我国国情特点，既能彰显学术品位，又能服务于我国高等教育高质量发展的需要。基于认识论和政治论哲学观，我国高等教育学自主知识体系建构应当遵循的原则包括：首先，基于高等教育本质属性及其发展规律，坚持中国特色社会主义高等教育发展道路。其次，坚持落实立德树人根本任务、服务于国家战略发展的价值追求，加强党的领

① 眭依凡、陈洪捷、赵婷婷等：《中国高等教育学自主知识体系的建构》，载《高校教育管理》，2023(4)。

② 赵婷婷：《中国自主知识体系建构与高等教育学何为》，载《高校教育管理》，2023(4)。

导，坚持改革创新，致力于高等教育治理体系现代化建设。最后，高等教育学人应围绕高等教育如何服务于高质量发展战略、如何承担在百年未有之大变局中构建人类命运共同体的重要使命、如何应对人工智能引发的科技革命及其带来的机遇与挑战等重大问题，开展学理研究，探索实践路径，形成具有中国特色的高等教育发展方案。①

【思考练习】

1. 高等教育学学科的基本构成有哪些？

2. 高等教育学学科争论的价值和意义表现在哪些方面？

3. 我国高等教育学学科建设的出路何在？

【推荐阅读】

1. 华勒斯坦，儒玛，凯勒，等. 开放社会科学：重建社会科学报告书[M]. 刘锋，译. 北京：生活·读书·新知三联书店，1997.

2. 别敦荣. 在学科与领域间走向成熟——高等教育学的不惑嬗变[J]. 教育研究，2023(5).

3. 鲍俊逸，程晋宽. 重构高等教育的学科想象——从"不结果的树"到"开满花的树"[J]. 现代大学教育，2022(3).

4. 眭依凡. 关于中国高等教育学自主知识体系建构的思考[J]. 高校教育管理，2023(4).

5. 徐小洲，等. 高等教育论：跨学科的观点[M]. 北京：人民教育出版社，2003.

6. 杨德广. 高等教育学概论[M]. 上海：上海交通大学出版社，1991.

7. 杜作润，廖文武. 高等教育学[M]. 上海：复旦大学出版社，2003.

8. 戚万学. 高等教育学[M]. 济南：山东大学出版社，2008.

9. 潘懋元. 新编高等教育学[M]. 北京：北京师范大学出版社，1996.

10. 熊明安. 中国高等教育史[M]. 重庆：重庆出版社，1983.

11. 薛天祥. 高等教育学[M]. 桂林：广西师范大学出版社，2001.

---

① 眭依凡、陈洪捷、赵婷婷等：《中国高等教育学自主知识体系的建构》，载《高校教育管理》，2023(4)。

12. 王建华. 论"高等教育理论"的建构[J]. 清华大学教育研究, 2022(1).

13. 潘懋元, 王伟廉. 高等教育学[M]. 2版. 福州: 福建教育出版社, 2007.

14. 李枭鹰. 高等教育学理论的本质、判定和建设路向[J]. 现代教育管理, 2022(11).

15. 林金辉. 高等教育学学科建设的基本轨迹及其走向[J]. 教育研究, 2003(2).

16. 王洪才, 赵祥辉. 论高等教育学的整合品性[J]. 高等教育研究, 2018(8).

17. 潘懋元. 高等教育学(上)[M]. 北京: 人民教育出版社, 1984.

18. 郑启明, 薛天祥. 高等教育学[M]. 上海: 华东师范大学出版社, 1985.

19. 田建国. 高等教育学[M]. 济南: 山东教育出版社, 1990.

20. 胡建华, 陈列, 周川, 等. 高等教育学新论[M]. 南京: 江苏教育出版社, 1995.

21. 赵婷婷. 高等教育学科理论体系建构路径——基于对其他社会科学学科的考察[J]. 高等教育研究, 2021(8).

22. 马陆亭. 高等教育学的知识逻辑[J]. 北京教育(高教), 2023(7).

23. 克拉克. 高等教育系统: 学术组织的跨国研究[M]. 王承绪, 等译. 杭州: 杭州大学出版社, 1994.

24. 陈桂生. 教育原理[M]. 上海: 华东师范大学出版社, 1993.

25. 张应强. 当前我国高等教育学的危机与应对[J]. 高等教育研究, 2017(1).

26. 蔺亚琼, 陈雨沁. 高等教育学何以实现理论品质和实践旨趣的双重提升——基于理论积累路径与实践介入方式的考察[J]. 高等教育研究, 2022(3).

27. 阎光才. 高等教育研究的理论品质与实践旨趣——2021年"青年学者论坛"观点集萃与述评[J]. 高等教育研究, 2022(9).

28. 付八军, 龚放. 学科标准的审思与学科政策的突围——化解高等教育学学科危机的两个向度[J]. 高等教育研究, 2021(3).

29. 王建华. 领域、学科之争与高等教育概念体系的建构[J]. 现代大学教育, 2006(2).

30. 侯定凯. 国际高等教育研究主题的流变[J]. 复旦教育论坛, 2009(4).

31. 别敦荣. 在学科与领域间走向成熟——高等教育学的不惑嬗变[J]. 教育研究, 2023(5).

32. 李枭鹰. 高等教育学应走向哪里[J]. 中国高等教育评论, 2023(1).

33. 杨念群. "中层理论"应用之再检视: 一个基于跨学科演变的分析[J]. 社会

学研究，2012(6).

34. 张应强，郭卉. 论高等教育学的学科定位[J]. 教育研究，2010(1).

35. 王建华. 高等教育学的持续探究[M]. 福州：福建教育出版社，2021.

36. 赵婷婷. 中国自主知识体系建构与高等教育学何为[J]. 高校教育管理，2023(4).

第三章 高等教育哲学

哲学是回答和解决关乎人类生存发展和安身立命的问题的大智慧和大聪明，是理解和协调人与自然、社会、历史、文化、他人以及自我的智慧，是使人能够崇高起来和能够实现人的全面和自由发展的智慧，是探索生活信念的基石、追寻经验和常识的土壤、衡量历史脉络的尺度、评判真善美的依据。它蕴含了反思的智慧、批判的勇气、变革的远见。它持续启迪着我们的心灵，激发我们的内在潜能，并引领着我们在社会生活的各个领域中保持开放的心态，勇于反思与自我革新。它不仅推动了社会的观念更新、科学发现和技术发明，还促进了工艺改进和艺术创新，最终助力人类实现自我超越和全面的自我发展。[1]

"高等教育是什么"这个问题并非来自哲学家闲来无事的书斋式冥想，而是在高等教育现实发展中必须回答的重大问题。对高等教育本质的认识不仅直接关系到高等教育目标、功能、价值的确定以及高等教育内容和教学方法的选择，还深刻影响着高等教育评价标准和尺度的把握。更为关键的是，这种认识决定了高等教育发展战略的选择以及各项教育方针政策的制定，从而最终决定了高等教育的发展命运。[2] 关于高等教育本质的长期争论，反映了不同时代、不同国家的教育家和思想家对高等教育哲学的积极思考，使高等教育的发展道路曲折和扑朔迷离，反映出高等教育哲学自身的迷惘。[3]

---

[1]　周光迅、方建中、吴小英：《哲学视野中的高等教育》，27页，青岛，中国海洋大学出版社，2006。

[2]　周光迅、方建中、吴小英：《哲学视野中的高等教育》，145页，青岛，中国海洋大学出版社，2006。

[3]　周光迅、方建中、吴小英：《哲学视野中的高等教育》，151～152页，青岛，中国海洋大学出版社，2006。

　　研究高等教育发展规律、探讨高等教育理论问题的高等教育哲学，理应聚焦新时代高等教育所面临的新情境、新问题。高等教育哲学研究应在研究方法上力求创新，明晰教育的深层价值，并体现当代的精神风貌。对于高等教育及其学科的发展，高等教育哲学应发挥宏观指导、方向引领以及创新驱动的作用。高等教育哲学对现实问题的关注与研究，实质上是一个从实际问题中提炼出系统的理论知识并以此推动学科体系构建的过程。[①]

第一节　追根溯源

一、追求本体理想的高等教育哲学

　　基于解释主义思想史的研究，巴尼特高等教育哲学呈现出三大演进脉络：理念研究从专注于机构实体的探讨转向对教育本质的追寻，面对高度复杂的时代背景，对大学知识的传统基础进行了批判性反思，并借助"生态大学"的概念来重塑大学的本质及其伦理规范。巴尼特的高等教育哲学根植于纽曼的自由理念、哈贝马斯的解放理论以及巴斯卡尔的批判视角等历史哲学思想，同时与后结构主义认识论、解构主义价值哲学等当代思潮进行思想交流与碰撞。巴尼特高等教育哲学体系涵盖了世界观和方法论的结合，其概念定义和实践原则相辅相成，不仅解读了高等教育外部环境的时代变迁，而且剖析了大学机构内部主体的价值观，是对概念进行深入分析的哲学，是关注他者视角的自我本体论哲学，也是高等教育领域内具有时代回应性、主体针对性和价值批判性的价值哲学。

　　机构实体论在追求以知识为中心的理性原则时，往往在很大程度上忽视了高等教育中人文价值的重要性。巴尼特自由高等教育哲学关注到了人的解放，即"人从形形色色的愚昧、无知、庸俗、偏见、谬误、固执和贪婪中实现自我解放的过程"，使人"能够自由地思想、自由地行使自己的意志力和判断力"。[②]

　　面对高等教育在认识论和社会学维度上的双重削弱，巴尼特倡导以解放的理念

---

　　① 贺武华：《中国高等教育哲学研究的自醒》，载《江苏高教》，2008(1)。
　　② 蒋凯、许晋熙：《巴尼特高等教育哲学：演变、渊源与路径》，载《苏州大学学报（教育科学版）》，2020(4)。

引领高等教育回归自由：通过批判性的学科交叉融合，帮助学生挣脱封闭知识的束缚，实现高等教育在批判性层面的真存在；以超复杂性定义大学合法性根基在知识学层面动摇的时代危机，论述对象由知识活动转向大学本身，即高等教育主体存在的质料与形式；通过生态话语将时下大学分为七类具有脆弱、互动、多元复杂性等特征的生态系统，并指出生态大学的伦理责任。巴尼特高等教育哲学旨在洞悉当代大学的后现代性困境并保存其高等教育本质，表现出本体论与后现代主义相结合的特征，兼具理论价值和现实意义。①

高等教育哲学研究基本的、首要的问题是"大学是什么"。② 从本体论的角度看，大学的哲学必须回答"大学是什么"的问题，考察组成大学的各类主体与客体共在的方式、样态以及大学存在的自在的目的。从价值论视角审视，大学作为一个独特的价值实体，其固有价值、现实价值以及潜在价值皆根植于大学自身的本质特性和大学师生在教学与实践中的具体内容与方法。作为人为构建的社会制度，大学的价值体系是多元的，并体现在多极价值主体之上。从实践论的角度看，教师和学生是大学中的实践主体，自然、社会等都是师生实践的客体或对象。③

大学的哲学是深入探索大学中的人、事存在的缘由与本质的学问，是剖析师生行为及各种对象性关系的内在规律的学问，是研究大学中人才培养、科学研究、服务社会以及文化传承与创新等师生活动的学问。大学的哲学的逻辑起点是人的发展与超越。大学的哲学涵盖了高等教育哲学和高等教育学。高等教育学专注于探索高级人才培养的途径与内容，其理论与策略旨在优化教育过程，而高等教育哲学则聚焦于人才培养的根本目标、规格要求以及培养过程内在的逻辑与原则。大学的哲学深刻影响着其各项活动的方向、定位和实施策略，同时决定着人才培养及高等教育的整体导向、定位及实施路径。大学的职能与功用是人才培养、科学研究、服务社会和文化传承与创新等。大学师生以高深学问为客体中介，开展多极主体之间的"主体－客体－主体"的交往实践，以实现人的自由发展与快乐表演，通过个体与群体之间、群体与群体之间的交往实践，实现大学的运作及其职能发挥。④

从纽曼、雅斯贝斯、弗莱克斯纳到赫钦斯，他们所讨论的都是高等教育哲学问题的基本共识：高等教育直接表现为对高层、深奥的知识的看重，然而其根基仍然

---

① 许晋熙、蒋凯：《巴尼特高等教育哲学思想评析》，载《现代大学教育》，2020(6)。
② 张楚廷：《大学是什么》，载《高等教育研究》，2014(3)。
③ 母小勇：《"大学的哲学"论纲——人学视野中的大学》，载《教师教育研究》，2016(2)。
④ 母小勇：《"大学的哲学"论纲——人学视野中的大学》，载《教师教育研究》，2016(2)。

在人，人本身是出发点和目的。① 雅斯贝斯主张以哲学的革新带动大学的革新。通过主体重建，他扬弃了近代唯理论哲学理性灵魂的人性假设，将其变革为精神生命，即高扬了人在认识主体外的、根本性的生存主体内涵，将生存的澄明作为最终旨归。在"生存目的性结构教育意蕴"的底色中，大学理念的逻辑基础被建立在人的哲学思维与精神性存在之上。在个人化知识的宇宙的背景中，文化教育作用于整全人的培养，理念以交往的实践形式被落实。生存论大学理念彰显出与知识论大学理念完全不同的、较为新颖的研究范式，有助于实现高等教育哲学多元化价值取向的学术生态平衡。②

冯向东从纵、横两个维度，在广泛的意义上提出关于高等教育本质的基本观点：高等教育作为教育的高级阶段，是历史与逻辑的统一，它致力于高深知识的探索和传承，体现了人类思想文化及教育发展的高级成果，其独特性和发展机制与初等、中等教育截然不同。然而，尽管高等教育有其特有属性，但它依然保持着教育"培养人"或"改变'人'的世界"的实践本质。③

二、被视为综合理论的高等教育哲学

李枭鹰认为，高等教育哲学是一种高等教育综合理论，是一种个性化的高等教育理论形态，是一种通盘考虑高等教育世界的视界和思维，是一种高等教育智慧之学。高等教育哲学的力量是多重理性力量的整体涌现。高等教育哲学是与高等教育学其他分支学科系统性整体生成的，其生发基于高等教育理论与实践的土壤。高等教育、高等教育学和哲学密切相关。各国高等教育哲学皆有其独特的历史生态，我国的高等教育哲学研究正悄然兴起，理论体系的构建初现轮廓，一个全面成熟的高等教育哲学学科正待破土。④

高等教育哲学通过宏观视角，以高等教育的基本原则审视其理论并深入透视其实践，旨在辩证地解决其中的分歧与冲突。高等教育哲学的著作须肩负起以下重任：首先，明确阐述高等教育哲学的本质，从而树立读者的学科认知和立场；其次，阐明高等教育的哲学根基，以塑造读者的哲学观念；再次，激发辩证思考，培

---

① 张楚廷：《高等教育哲学的省思》，载《中国教育科学》，2014(2)。
② 魏潘婷：《误读与审思：雅斯贝尔斯生存论大学理念述评》，载《比较教育研究》，2020(10)。
③ 冯向东：《走出高等教育"适应论"意味着什么——对教育"适应论"讨论的反思》，载《北京大学教育评论》，2014(4)。
④ 李枭鹰：《高等教育哲学的本质、特征、生态与承诺》，载《现代教育论丛》，2019(4)。

养读者的方法论意识；最后，引领高等教育学的自我反思与批判，进而催生元高等教育学研究，强化其理论自觉性。这样，高等教育哲学、高等教育学及元高等教育学能携手共进，迈向科学的高等教育之巅。①

将高等教育哲学的范式作为高等教育研究领域的核心框架，科学共同体基于哲学视角，结合共有的模式、范例、定律、规范、理论及方法论，来审视和解决高等教育问题。这一范式是衡量高等教育哲学学科成熟度的关键指标，然而，当前学术界在此方面的研究尚显不足，因此界定并分类研究高等教育哲学的范式显得尤为重要。高等教育哲学范式可以分为理论范式和方法论范式，其中理论范式又可以分为取向范式、主义范式和体系范式，方法论范式可分为哲学方法论、一般科学方法论和学科方法论，每一种具体的范式还可以分为更小的子范式。高等教育哲学的范式具有研究、定向、指导、界定和对话的功能。②

此外，在布鲁贝克的高等教育认识论与政治论框架内，杨移贻创造性地提出了生产力论与知识论，他主张生产力论是工业社会大学发展的核心理论基础，而知识论则构成了知识经济时代高等教育的哲学基石。杨移贻的这一理论贡献，无疑为我国高等教育哲学基础的深入探讨揭开了新的篇章。③ 李福华提出了高等教育人类学哲学的基础理论，强调高等教育除了认识论和政治论外，更应当植根于普遍存在的人类学基础。他进一步指出，人类学基础实为高等教育的首要哲学基石，因此高等教育的哲学基础应由教育人类学、认识论和政治论这三大支柱共同构筑。④ 张洪志深入剖析了我国优秀传统高等教育哲学的架构后，提出了道德论的观点。他认为将道德论融入高等教育哲学基础体系，不仅能促进高等教育的自我完善，还有助于培养全面发展的人才。⑤ 周光迅基于教育与哲学的内在联系，提出了智慧论，强调哲学是追求智慧的学问，而教育的核心在于启迪人的求知欲，追求卓越的智慧。因此，高等教育被视为一种培育与传承大智慧的教育形式。⑥ 杨红霞立足于市场需求，提出高等教育的资本论，主张大学应作为满足消费者需求的服务机构，其核心

---

① 李枭鹰：《高等教育哲学的本质、特征、生态与承诺》，载《现代教育论丛》，2019(4)。
② 黄建伟：《高等教育哲学的范式研究》，载《北京航空航天大学学报(社会科学版)》，2013(4)。
③ 杨移贻：《大学存在的哲学基础——大学教育思想的深层思考》，载《江苏高教》，1999(1)。
④ 李福华：《高等教育哲学基础新探——兼评布鲁贝克高等教育哲学基础观》，载《华东师范大学学报(教育科学版)》，2003(4)。
⑤ 张洪志：《道德论：高等教育哲学发展的新阶段》，载《石油教育》，2005(2)。
⑥ 周光迅、方建中、吴小英：《哲学视野中的高等教育》，96页，青岛，中国海洋大学出版社，2006。

理念是全面迎合市场导向。课程设置应基于人的实际需求，高等教育不宜对消费者的合理要求有所排斥。①

　　刘林提出，交往实践观成为高等教育哲学走向新的"最一般"的"历史必然"，以洞察和融合当代多元高等教育哲学的新视野，形成了新的高等教育哲学研究范式。交往实践观下的高等教育具有主体的多极异质性、诸主体间的社会交往性和诸主体的在场统一性等质性。走向交往实践的高等教育哲学可以使多极化和异质化的交往主体在交往共同体中相互对话和彼此交流，并逐渐理解、认同和达成共识，通过高等教育诸主体的多重整合与双向建构来形成一种具有合理性和合法化的交往实践规则。这种交往实践规则既要尊重高等教育客观事实，即预设规范须尊重事物的客观必然性，又必须具有对高等教育诸主体以及作为客体中介的高等教育的价值意义，即现实规范必须让诸主体和高等教育客体中介在交往实践中获得存在意义、生活意义和价值意义。高等教育诸主体在交往实践过程中既相互制约又相互促进，缺少任何一方面的交往主体的高等教育实践活动在当代语境下都将是不完整的高等教育。高等教育诸主体的交往实践必须紧扣我国差异性社会形态和高等教育发展的实际情况，包容个性，尊重差异，遵循交往实践观下的高等教育哲学，围绕自身的高等教育实践目标，努力达成一种处于进步和上升趋向的状态，并在交往实践和动态发展过程中保持一种协调性、均衡性和同一性的动态平衡的高等教育发展路径。政府、社会、高校和学生等主体在高等教育交往实践中不断进行博弈，共同影响高等教育实践活动，使高等教育在不断失衡的调整过程中趋向新的平衡，实现多极主体的和谐互动。②

三、承认不同流派的高等教育哲学

　　张华峰认为，高等教育领域主要有三大主流哲学观：政治论哲学、认识论哲学以及生命论哲学。三种哲学观均有其局限性：政治论哲学主导下的高等教育往往短视，高等教育已无法重返认识论哲学的象牙塔，强调生命论亦需要良好的外部导向。历史证明，不同时期有不同的高等教育哲学选择，每一种哲学都无法永久主导高等教育。因此，应该走出高等教育哲学的一元化，促使多种哲学协同指导高等教

---

　　①　杨红霞：《高等教育哲学基础的拓展——以美国高等教育发展为例》，载《清华大学教育研究》，2006(1)。

　　②　刘林：《走向交往实践的高等教育哲学》，载《江苏高教》，2014(4)。

育发展。①

另有学者认为,对高等教育活动的认知有三种水平:高等教育的形而下的经验、形而上的反思与追问,以及水平处于两者之间理论。高等教育哲学,作为对高等教育理论前提和基础的深刻反思,旨在重新审视和评估高等教育的理论与观念。其核心使命在于为高等教育的理论研究奠定元话语、元假设等基础性根据,同时以高瞻远瞩的视角引领高等教育的改革与发展。作为高等教育的形而上学,高等教育哲学肩负着"为全部高等教育学立法"的重任。从历史理性的角度出发,高等教育哲学追求将"大学的可能世界的扩张"作为核心理念与信仰,致力于恢复大学的本质与真实,将原本属于大学的世界归还大学本身。因此,"历史理性及其可能世界的蕴涵"构成了高等教育哲学的坚实基础与逻辑起点。②

高等教育的合法性问题,可借鉴政治哲学的阐释,主要分为两大层面进行考量。一方面,从权力产生的途径审视其合法性(正当性),这涉及高等教育权力的来源和基础,这一来源和基础建立在社会成员的共同认可之上,彰显了个人自主性的核心价值。另一方面,从目的导向的视角探讨其义务的合法性(证成性),这聚焦于高等教育的功能和效果,强调其内在的品质、美德与应尽之责,而与个体的直接意愿表达无直接关联。③ 高等教育哲学是有关高等教育的最为核心的观念和方法。以历史理性为高等教育的哲学根基,以大学的可能世界的历史理性的表达为高等教育的核心观念和基本信仰,不仅在哲理上将本真的属于大学的世界还给大学自身,而且其内在的自由与外在的超越逻辑构成了对"钱学森之问"的回应。④

大学的可能世界可从两个层面加以解析:一是本体论视角,它揭示了大学扩展其可能世界的主要哲学依据;二是具体的活动形式层面,这涵盖了高深学问的发现、传授与推广,从而形成了大学特有的、与其他行业相区别的扩展其可能世界的独特路径。从实践的本体论层面来解读,"大学的可能世界"就是一个因其遵循"文化进化方式"而充满主客体交互作用的种种矛盾并体现出不断从必然走向自由的辩

---

① 张华峰:《走出高等教育哲学的一元化》,载《重庆高教研究》,2013(6)。
② 杨杏芳:《高等教育哲学新论——"大学的可能世界"的一种历史理性的表达》,载《教育研究》,2014(2)。
③ 吴爱武:《政治哲学视角:高等教育合法性的正当与证成——重读布鲁贝克及其〈高等教育哲学〉》,载《江苏社会科学》,2015(1)。
④ 杨杏芳:《高等教育哲学新论——"大学的可能世界"的一种历史理性的表达》,载《教育研究》,2014(2)。

证的发展过程。

大学的可能世界是大学现实的实践主体创造出来的历史的与文化的意义世界。大学的可能世界是求真融入求善之中并达至辩证统一的世界，追求的是融求真于求善的具体真理，其扩张方式是文化进化，动力机制是实践本体的张力结构及其矛盾的博弈发展。①

尽管不同的高等教育哲学流派视角与出发点存在差异，但它们都以专门知识和高深学问为论题基点，理性主义和工具主义分别归入布鲁贝克的认识论和政治论哲学：在认识论者的视角中，大学的核心使命在于以自由探索的精神追求知识，深入钻研高深的学问，以期全面地理解人类所栖居的世界；而政治论者则进一步强调，大学对高深学问的追求不仅源于对知识的好奇与渴望，更在于其对国家和社会产生的深远影响与贡献。存在主义的哲学则体现出　种对哲学思想的全面改造。②

四、基于不同来源的高等教育哲学

从历史进程看，理性主义、工具主义和存在主义作为哲学思想来源对高等教育哲学的影响较大。

一是理性主义。在哲学上，理性主义主要是指以理性为核心的一种思潮，它把理性作为神的属性和人的本性来看待。理性主义者认为，凡是合乎自然、合乎人性的就是理性，它试图把理性作为唯一标准去衡量一切事物。在理性主义者的视野里，人始终被看作教育的对象，个体成长与理性知识的传承始终占据着大学教育目的的核心地位，被视为其至高无上的原则。理性主义大学思想是伴随中世纪大学产生的，后来随着古典大学的演变而逐渐发展起来。在大学理念中，它着重强调对真理的不懈追求，为捍卫其纯粹性，主张知识应当与市场及政治领域保持一定距离，致力于将大学塑造为一座远离尘嚣的学术殿堂。在构建这一大学理念的过程中，一批秉持理性主义观点的杰出代表如纽曼、洪堡、怀特海、赫钦斯、弗莱克斯纳等人发挥了重要作用。纽曼在《大学的理想》中指出，虽然实用的

---

① 杨杏芳：《高等教育哲学新论——"大学的可能世界"的一种历史理性的表达》，载《教育研究》，2014（2）。

② 周光迅、方建中、吴小英：《哲学视野中的高等教育》，77页，青岛，中国海洋大学出版社，2006。

未必总是好的，好的却总是实用的。好的不只是好的，而且能够再产生出好的，这是好的事物的属性之一。卓越与美好之物，均具备自然的外溢性，将自身的价值传播四方。依此逻辑，若一种自由教育堪称上乘，那么其必定具备实用性，能够惠及他人。自由教育是一种具有真实和充分的实用性的教育，虽然它并非一种专业教育。怀特海主张，大学不仅承担教育职能，而且致力于研究工作，旨在激发学生的创新思维，并融合想象力与实践经验，以孕育出智慧之光。在他看来，大学的理想与其说是知识，不如说是力量。赫钦斯主张，高等教育必须有一种基本观念作为共同基础，这种共同的基础来源于普通教育。这种教育对上大学和不上大学的人来说都是有用的。赫钦斯坚信，真理亘古不变，教育的使命即传承永恒真理，并构建持久的教育课程。这些永恒的课程应构成普通教育的精髓。大学应提供自由教育，这种教育能为培养永恒的人性服务。大学应培养人们的思辨能力，发挥理智的引领作用。①

二是工具主义。工具主义者主张，人具有理性，但理性并非终极目标，而是解决问题的有效工具。借助理性，我们能应对学问、商业、工业、政治及社会等多元化领域的挑战。他们相信工具的价值。在他们看来，工具价值即实用价值，就是发挥手段和工具作用的价值。在大学教育方面，工具主义者主张，教育的目标不在于追求个人的完善，而在于追求个人的舒适。大学肩负着运用其知识服务于社会的使命，应成为社会的"服务站"。大学须顺应社会的发展需求，提供多样化的服务，并与社会保持紧密的合作。克拉克·科尔在其《大学的功用》一书中表明了他的工具主义立场。他认为，当代的大学是一种多元化的巨型大学，它不再是弗莱克斯纳所说的"有机体"，不再具有统一性，而是一个多元体，并具有高度的多样性。多元化巨型大学肩负传播真理、探索新知、服务社会的重任，同时全方位面向社会开放。大学已不再是和谐合调的组织、"知识性的社会"，而是一个具有多种目的的多元性社会，成为与整个社会不可分离的有机组成部分，所以在社会服务方面它的功能广泛且全面。德里克·博克提出，现代大学已摒弃修道院式的封闭，转而成为衔接社会各界的超级复合体，其规模与声望与社会需求及干预同步扩张。大学须审慎权衡社会的长远利益与短期需求，既要提供现实服务，又不可偏离其根本使命，包括基础研究、未来展望和道德传承。大学在社会中的地位日益重要，正在从

---

① 周光迅、方建中、吴小英：《哲学视野中的高等教育》，72页，青岛，中国海洋大学出版社，2006。

社会的边缘转移到社会的中心。他概括了大学在美国的核心职能，包括实施本科教育、推进科学研究、致力于社会服务、促进国际学术交流以及实施道德教育五个方面。①

　　三是存在主义。存在主义者主张，人类之外的物质宇宙既无意义也无目的，人的作为仅源于自身的存在，而非自然所赋予。在人的发展中，本质并非由客观存在决定，而是由人的主观性塑造的。存在主义者强调个人独立的存在、自觉意识、内在体验及对生命的深刻感悟。教育的核心目标在于激发个人的发展潜能，助力其实现"自我完成"。总之，存在主义是一种追求个人自由和个人责任的哲学，存在主义教育是个人主义教育。加塞特认为，大学拥有众多专业的机构，把学生教育成文化人，承载着三项核心功能，即文化传承、专业教育以及科学研究与新科学训练，其核心使命在于培育学生的文化品格，使其深刻领会时代所孕育的文化精髓。他认为，大学必须依据自己的观点，处理当前重大论题（文化的、专业的与科学的），大学必须确信其本身为一种主要的精神力量，在狂暴中代表宁静，在妄动与无耻的愚蠢中代表严肃与理智。② 雅斯贝斯在《大学的理念》一书中指出，大学是由教师与学生组成的以追求真理为使命的团体。真正的大学由学术性教学、前沿研究和富有创造力的文化生活三大支柱构成，故大学不仅是专业教育的殿堂，更是文化的汇聚地、科研的摇篮。雅斯贝斯特别强调大学是知识性的社会，因而非常注重学术自由。在他看来，大学教育的目的在于培养整全的人。在大学，学生既要汲取知识之泉，又要形成研究事物的严谨态度，铸就科学的思维品质。雅斯贝斯相信组织的整全性，他认为，大学的主要功能有专业训练、完人教育及科学研究，这三个功能相辅相成、缺一不可，否则大学的精神将荡然无存。大学的核心使命在于研究教育和专业知识课程、教育与培养、生命的精神交流与学术探索，它们共同铸就了大学的理想蓝图。大学既是科学研究的圣地、学术繁荣的沃土，也是培育新人的摇篮。③

　　① 周光迅、方建中、吴小英：《哲学视野中的高等教育》，73 页，青岛，中国海洋大学出版社，2006。
　　② 向洪、王雪、张强：《哈佛理念》，13 页，青岛，青岛出版社，2005。
　　③ 周光迅、方建中、吴小英：《哲学视野中的高等教育》，76 页，青岛，中国海洋大学出版社，2006。

第二节　布鲁贝克哲学观

社会中，人与人之间的不平等现象显而易见。为探寻这些差异的根源以及教育在其中的作用，布鲁贝克深入研究了人类平等的理论，提炼出三种核心观点：首先，强调人生而平等的理念，正如杰斐逊在《独立宣言》中所述，所有人生而平等。其次，有些学者如卢梭选择回避人生而平等的问题，而是将不平等归因于教育差异，而霍拉斯·曼则坚信教育是实现人类平等的强大工具。最后，还有一种观点既不判断人生来是否平等，也不断言教育能否造就平等，而是承认现实的不平等，并强调为所有人提供均等的教育机会的重要性。[①]

高等教育主要以高深学问为对象，所以高深学问成了讨论的一个起点。在大学殿堂中，学者们致力于探索那些深奥的学问，这些学问或正徘徊在已知与未知的边缘，或虽已被揭示，但因其深邃与神秘而使寻常智慧难以企及。[②] 大学组织作为产生、保存、传播知识的场所，涉及很多问题而且问题有其特殊性。比如：学者在追求什么样的高深学问？追求这些高深学问何以能得到人们的认可和理解？大学组织这么一个社会大系统下的子机构何以能存在？布鲁贝克对此展开了讨论。与此同时，国内学者对他的《高等教育哲学》进行了不同角度的阐释。

一、两种高等教育哲学观

高等教育哲学具有哲学与高等教育学两个上位学科的特征：一方面，哲学虽然存在元哲学、人文哲学、科技哲学之分，但它们的共同特征表现为抽象与反思，而一门具体的哲学学科，是通过思辨和逻辑论证的方式提出具体学术领域的看法与思想的。另一方面，高等教育学以探究高等教育领域中的共性问题为使命，高等教育哲学需要以哲学为基础，基于高等教育实践，探讨"高等教育是什么""高等教育为什么""高等教育何为"等一系列根本问题，从逻辑和经验两个层面考察高等教育

---

① 常媛媛：《布鲁贝克的高等教育公平观——基于〈高教育哲学〉的解读》，载《教育学术月刊》，2013(6)。

② 布鲁贝克：《高等教育哲学》3版，王承绪、郑继伟、张维平等译，2页，杭州，浙江教育出版社，2001。

的基本规律、主要特征、实践取向等。① 布鲁贝克的认识论哲学和政治论哲学从逻辑和经验层面考察了高等教育领域的基本问题。

(一)基本认识

第一，高等教育认识论哲学。基于高等教育认识论哲学，高等教育的目的是促使个人以客观性为准则，以"闲逸的好奇"精神去追求知识，而这"可能对上帝的荣誉和人类的利益所产生的任何影响都毫不相干"。② 认识论者以探索高深知识为高等教育的根本目的，高深知识须忠实于真理与客观事实，这遵循的是科学主义、实证主义的价值导向，反映了传统知识观中的人类探索世界的知识积累观。从目的来看，高等教育认识论哲学聚焦于结果的知识、凝固的知识，希望培养知识人、理性人。③ 基于这一基本看法，高等学校这种组织主要为追寻高深知识而存在，重视"纯粹研究"才是其存在的理由，培养人只是这一过程的衍生结果，忽视了对人的充分关照和教育的本真意蕴。从历史来看，作为"象牙塔"的大学，传统上身处于社会场域之外，并不关注现实社会中的人以及人与社会的关系等问题，只是一个按照自身规律发展的独立的有机存在。因此，为知识而存在的高等教育有其历史根源。

就起源和发展来说，学问体系大体上来源于人类本性中"自由的好奇心与改进技艺的本能"这两个冲动性特征所导致的主动性和偏爱。④ 凡勃伦认为，高等教育在它发展的每一个阶段都是随意的好奇心的产物，学者们寻求建立和详细阐述知识本体，包括抓住文明碎片的理论注解，即野蛮人、武力征服者、宗教导向以及"实业家"的更替在其领域内展现的制度性"思维习惯"如何以及在多大程度上有助于或妨碍文明理想的实现。⑤ 布鲁姆对学术自由表现出极大的兴趣：大学提供自由探索的空气，不允许不利于或者妨碍自由探索的东西存在，它保存伟大的行为、伟大的

① 刘亚敏：《中美高等教育哲学研究的差异——兼论彰显"生命性"的高等教育哲学》，载《比较教育研究》，2013(11)。

② Thorstein Veblen，*The Higher Learning in America*，New Brunswick，Transaction Publishers，1993，p.21.

③ 刘亚敏：《中美高等教育哲学研究的差异——兼论彰显"生命性"的高等教育哲学》，载《比较教育研究》，2013(11)。

④ 凡勃伦：《学与商的博弈：论美国高等教育》，惠圣译，52页，上海，上海人民出版社，2009。

⑤ 凡勃伦：《学与商的博弈：论美国高等教育》，惠圣译，70～71页，上海，上海人民出版社，2009。

人物和伟大的思想，使对潮流的挑战和质疑能够得到滋养。[①]

第二，高等教育政治论哲学。基于高等教育政治论哲学，高等教育在知识探索的过程中应该优先考虑国家和社会的利益，从而有目的地为政治、经济、文化和科技服务。[②] 美国耶鲁大学前校长安吉洛·巴特利特·吉尔马蒂指出，大学的目标是实现学术思想和学术观点的创新、提供免费知识产品、公平对待每一个人、不断反思人类自身如何生活以及我们周围的世界，而不是扩张或者占有市场份额、获取利润、提高效率、为不断增长经济效益服务。[③] 这是对高等教育回归本质的呼吁，也是对高等教育政治论哲学的强烈批判。有研究者认为，真正的大学是从学、从教、从研的地方，而绝非从政的地方，大学最乐意做的事情之一是与政治保持足够的距离。[④] 与此相反，政治论者则赞同从知识对"国家的深远影响"来研究高深知识，教育成为政治的一个组成部分，实用、功利的知识成为知识生产的价值取向，塑造工具人、社会人是高等教育的任务。[⑤] 这为高等教育取得政治合法性奠定了重要的基础。

高等教育政治论哲学观不为人而存在，也不为高深知识而存在，它是为了社会总体性而存在的。由此出发，大学组织是国家和社会的"服务站""动力站""智囊库"，生产对社会有价值的知识，为社会培养有用的人才是其重要使命和责任。政治论哲学表达的含义在于：深奥知识的探讨虽然至关重要，但知识对国家产生深远影响更加重要。社会复杂问题的透彻理解和有效解决，皆离不开对知识的深刻掌握。这种哲学深受工具主义学派的影响。

(二)观点之争

自布鲁贝克的《高等教育哲学》被引入我国以来，有关该著作的解读、反思就未停止过，从已有文献看，主要有以下几种观点。

一是超越论。针对 20 世纪 90 年代中期以来的关于教育"适应论"的争论，冯向东赞同走出高等教育适应论的观点。其理由是：教育"适应论"是在特定年代计划经

---

① 布鲁姆：《走向封闭的美国精神》，缪青、宋丽娜等译，264～269 页，北京，中国社会科学出版社，1994。

② 张华峰：《走出高等教育哲学的一元化》，载《重庆高教研究》，2013(6)。

③ A. Bartlett Giamatti, *A Free and Ordered Space: The Real World of the University*, New York, W. W. Norton & Company, 1988, p. 36.

④ 张楚廷：《高等教育哲学的省思》，载《中国教育科学》，2014(2)。

⑤ 刘亚敏：《中美高等教育哲学研究的差异——兼论彰显"生命性"的高等教育哲学》，载《比较教育研究》，2013(11)。

济和传统理论模式背景下的历史产物。无论从教育自身还是从教育与外部的关系来看，作为培养人的实践活动的教育应具有"适应"与"超越"的二重性。教育的适应论与超越论不是教育规律之争，而是不同教育哲学观的对话。如果说探究与传承高深知识是高等教育承担的重任，那么研究知识和精神生产的历史逻辑及其在现代社会中的境遇，研究理性与信仰、认识与批判、认知理性与实践理性等与知识论、认识论密切相关的问题本就是高等教育哲学应有之义。基于这一事实，研究者需要全面而准确地理解和把握马克思主义，赓续我国哲学思想传统并吸纳其他人类优秀的思想文化成果，不断总结高等教育的实践经验，建构我国新的历史时期的高等教育哲学，以回应社会和高等教育重大变革的挑战。这是主张走出高等教育适应论的真正价值所在。[1]

二是功能论。高等教育哲学既然是哲学，是人们认识、把握、理解高等教育的一种思维活动，我们就应从功能的角度审视高等教育哲学。首先是认识功能。通过哲学的普遍性来把握高等教育理论和实践的特殊性，形成对高等教育本质和发展规律的总体性认识。人的全面自由的发展如何才能达到高等教育的理想状态、高等教育的目的到底是什么等问题的答案，需要从高等教育哲学中去寻找。其次是批判功能。针对现实中的问题，对高等教育的理论与实践、过去与现在、宏观与微观予以理性批判，进而解决问题，坚定高等教育的发展道路，赋能高等教育高质量发展，是高等教育哲学应当具备的功能。最后是引导功能。在将理论运用于实践的基础上，有效发挥高等教育哲学的导向作用，指导高等教育活动诸要素之间理想关系的构建，彰显高等教育哲学反思与创造的理论自觉。[2]

三是独特论。如果以"大学的可能世界"的历史理性表达为高等教育的核心观念和基本信仰，那么与"大学的可能世界"相联系的核心范畴是实践，这里的实践包括本体论、认识论和具体活动形式三种不同层次的实践。本体论层面的大学的"可能世界"指向大学扩张其"可能世界"的一般哲学原理；具体的活动形式层面的大学的"可能世界"指向高深学问的发现、传播与推广的具体的活动形式，这决定了大学所特有的不同于其他领域的扩张其"可能世界"的独特方式。[3] 大学的独特就表现在大

① 冯向东：《走出高等教育"适应论"意味着什么——对教育"适应论"讨论的反思》，载《北京大学教育评论》，2014(4)。

② 祁东方、侯怀银：《中国高等教育哲学研究的回顾与展望》，载《河北大学学报(哲学社会科学版)》，2014(5)。

③ 杨杏芳：《高等教育哲学新论——"大学的可能世界"的一种历史理性的表达》，载《教育研究》，2014(2)。

学超越之独特，大学的超越表现为学术领域、心智领域、思想领域的超越。① 大学为思想而思想，为学术而学术，为真理而真理。② 大学是理想主义的超越之地、高深的象牙塔、真理的思辨中心，是智慧头脑相互碰撞产生独特智慧的精神殿堂，是社会的批判中心和思想的清洁工，是更高水平的真、善、美的统一。③

四是两难论。高等教育哲学的认识论和政治论之间的矛盾在于：探讨高深学问的认识论想方设法摆脱价值影响，而政治论则必须考虑价值问题。④ 当追求纯粹知识的大学与政治相结合，知识就在一定程度上丧失了其客观性和独立性；而当由政治控制的价值判断合法迁移到知识当中，知识就无法纯粹。高等学府卷入日常生活的时候，必然会遇到如何确定目标、如何行使权力来实现这些目标的争论，而这些争论自然具有政治性。⑤ 立足于认识论的哲学强调以"闲逸的好奇"精神追求知识为目的，即以探讨高深学问为己任；基于政治论的哲学偏重的则是高等教育对国家的深远影响。⑥ 布鲁贝克提出认识论和政治论两个高等教育的合法性基础。一方面，他始终强调政治论作为现代高等教育合法性基础具有现实性；另一方面，他站在认识论立场，强调高等教育领域的学术自治与学术自由，呼吁我们保持高等教育的独立性。20 世纪 70 年代，美国高等教育开始从大众化向普及化过渡、高等教育认识论与政治论之间的转变引发高等教育职能的改变、有关高等教育的特权意识逐渐向权利意识转变等三个方面的变化将美国高等教育公平问题凸显出来。布鲁贝克的公平观始终伴随着权利意识和差异意识，他承认人与人之间差异的存在，并指出真正的教育公平应当能够使个人能力向有益于国家的方式去发展。⑦ 1948 年，《世界人权宣言》提出"人人都有受教育的权利，高等教育应根据成绩而对一切人平等开放"，但其实际价值、评判标准，以及可执行性仍然不明确。⑧ 布鲁贝克主张通过精英化和大众化两种水平的高等教育来促进教育公平。

---

① 张楚廷：《高等教育哲学通论》，186 页，北京，高等教育出版社，2010。

② 张楚廷：《大学思想的独特性》，载《高等教育研究》，2010(12)。

③ 宋欣雄：《批判与超越：张楚廷高等教育哲学的两大特质》，载《江西社会科学》，2019(9)。

④ 布鲁贝克：《高等教育哲学》3 版，王承绪、郑继伟、张维平等译，15 页，杭州，浙江教育出版社，2001。

⑤ 李斌：《高等教育质量观的哲学省思》，载《当代教育论坛》，2015(2)。

⑥ 吴爱武：《政治哲学视角：高等教育合法性的正当与证成——重读布鲁贝克及其〈高等教育哲学〉》，载《江苏社会科学》，2015(1)。

⑦ 常媛媛：《布鲁贝克的高等教育公平观——基于〈高教育哲学〉的解读》，载《教育学术月刊》，2013(6)。

⑧ 王珂：《教育政策视角下教育公平的价值诉求》，载《教育学术月刊》，2011(4)。

　　五是交互论。西方发达国家的高等教育在现代化和大众化进程中，形成了自身的过渡方式。其中，高等教育应及时回应科技发展与世俗生活挑战，积极适应社会需要，同时坚守大学的学术价值取向，在"世俗"与"超越"之间保持适度的张力，建立起高等教育与社会之间"挑战—回应—超越"的关系。一方面，高等教育在类型结构、学科专业等方面不断调整，及时反映科学技术与社会发展的需要，在与社会互动过程中，以适应社会对人才、知识、技术的需求来寻求生存空间。另一方面，保持大学精神，注重学科交叉融合，提高科学研究水平，提高人才培养质量，以专家治校、学术自由改革内部管理体制机制。在与政府的关系上，大学追求自治的同时保持自律，政府对高等教育实行宏观控制以保证高等教育的独立性与自治性。①

　　六是周期论。布鲁贝克的两种高等教育哲学观意在解释美国高等教育现象，认识论哲学与政治论哲学之间的关系不是非此即彼的，而在不同时期表现出二者交替占主导地位的特征。自中世纪到 17 世纪，大学具有相对独立性，享有充分的学术自由，这为学术共同体提供了追求高深知识和真理的独特场域。但与此同时，它还是一个教化机构，为社会培养公民和从事不同职业的人才。可以说，这一时期认识论哲学占主导地位。从英国资产阶级革命到第二次世界大战前，大学从"学者行会"转为由国家管理的教育机构以来，致力于为本国经济社会发展服务。大学从象牙塔走进世俗社会，政治论哲学和认识论哲学在这一时期在高等教育实践中共存并相互冲突。第二次世界大战以来，西方发达国家高等教育从精英教育过渡到大众教育，呈现出复杂的结构、从封闭走向开放、强化社会服务功能的特点，政治论哲学在高等教育中占有明显优势。英国学者阿什比的"大学是遗传和环境的产物"观，实际上从进化论的视角表达了高等教育的认识论和政治论哲学思想，即"遗传"意在基于认识论哲学来探讨高等教育的内部规律，"环境"则意在基于政治论哲学来审视高等教育与外界的关系。可以说，高等教育的认识论哲学和政治论哲学将长期在冲突中并存，在融合中发展，是世界高等教育发展主旋律，也是高等教育发展的动力所在。②

　　七是和谐论。布鲁贝克的高等教育认识论哲学与政治论哲学之间的主要分歧表现为：一是个体本位与社会本位之间的冲突。认识论哲学基于高深学问的探讨，求知来自个体的好奇与需要，体现了"涵养须用敬，进学靠致知"的个人追求。政治论哲学则认为，高深知识的探求并非目的，强调通过传播和应用高深知识促进社会问

---

　　① 王能东：《在"世俗性"与"超越性"之间保持张力——世界高等教育历史发展的启迪》，载《黑龙江高教研究》，2007(1)。

　　② 吕向虹：《布鲁贝克高等教育哲学观述评》，载《中山大学学报论丛》，2007(9)。

题的解决，也就是要以知识服务社会。二是本体论与工具论之间的矛盾。认识论主张"无用"的价值取向，鼓励人们去探究他们的"好奇之事"。政治论考量的是研究对象的"实用"价值，认为无须去关注和研究"无用之事"。"个体—社会""本体—工具"的分歧直接影响到对"是追求高深知识本身还是直接为社会服务""学术自治和学术自由是遵守高等教育的内部逻辑还是外部逻辑""高等教育是关注少数精英还是培养大众化人才""普通教育和专才教育哪个更重要""知识生产与传播应遵循学术规律还是市场规律""学术共同体治学应严守学术规范还是经济规则"等一系列问题的判断。其实，从"对立"走向"和谐"是完全可能的，因为高深知识是认识论哲学和政治论哲学的共同基点，实用主义是认识论哲学与政治论哲学的调和剂，多元主义是从"二元"到"和谐"的保障。①

八是冲突论。根据冲突或矛盾来对待各种高等教育现象，将高等教育活动诸要素关系认定为冲突关系，以此方式思考和阐释高等教育中的问题，这是哲学视域中的矛盾论在高等教育领域中的应用。布鲁贝克的《高等教育哲学》揭示了以下几种矛盾：首先，自治与控制。中世纪大学是一种高度自治的行会组织，但随着高等学校社会服务职能的确认与发展，政府介入并干预高等教育事务已成既定事实。政府的控制程度与方式应该是什么？高等教育又需要什么样的自治和独立性？布鲁贝克认为，解决自治与控制之间的矛盾的最好的办法是通过"说服"或"集体谈判"以达成二者的共生。其次，学术自由和学术责任。传统上，学者有言论发表的自由，但涉及国家安全的研究成果和公司核心机密等问题时，是学术自由重要还是学术责任重要？布鲁贝克的解决办法是：划清言论和行动之间的界限，对进行教育改革的学术争论与改革实践加以区分。再次，精英教育与大众教育。选择性彰显精英教育的效率价值取向，平等性突出大众教育的公平价值取向。布鲁贝克认为，解决精英教育和大众教育之间的矛盾的最好办法是以机会均等和民主为基石，设置两种水平的高等教育，同时以多元的、灵活的方式满足消费者对两种高等教育的需求。最后，普通教育与专业教育。普通教育主张培养全面发展且有价值的人，教授内容具有广博性；专业教育主张培养对社会有用的人，教授内容强调专业性。教育既应开展促进人学会"做人"的普通教育，也应发展教人学会"做事"的专业教育，普通教育和专业教育必须携手并进，没有谁比谁更重要的问题。平和光等认为，高等教育体系要时

---

① 赵祥辉：《从"二元论"走向"和谐论"：现代大学的应然价值取向——读约翰·S·布鲁贝克〈高等教育哲学〉》，载《大学（研究版）》，2019（Z1）。

刻关注教育机会的均等，要在普通教育的基础上发展专业教育且以专业教育引领发展普通教育，学者在享受学术自由的同时要主动承担相应的学术责任并具备学术道德，大学在坚持学术自治同时也要承担相应的社会责任。①

九是局限论。布鲁贝克的高等教育认识论和政治论哲学，从根本上忽视了高等教育合法存在"人的发展需要"的本源基础，可能造成高等教育忽视人的存在和生命的价值，还容易导致片面的理性主义思潮泛化。现实中的高等教育应努力满足人的发展尤其是学生的发展需要，大学的一切活动都应为学生的全面发展服务，以应对高等教育的合法性危机。② 具体来说，布鲁贝克认识论哲学和政治论哲学存在以下不足：一是以高深学问为高等教育哲学的基点是不够的，高等教育作为培养人的教育活动的一个阶段，是以人的生命存在为核心的，高等教育哲学仅以高深学问为基点，无法涵盖人的生命存在这个基点。二是认识论哲学和政治论哲学之间的关系应依靠时代条件和现实条件顺其自然地进行协调。三是学术自治和学术自由之间没有明确的限度，它们之间的限度需要各国根据自身高等教育发展的实际情况而确定。四是职业教育不只是学习特殊知识的专业教育，现代社会职业分类越来越细化，职业教育不能局限于某种特殊的专业教育，而应是建立在通识教育基础上的专业教育。③ 李福华认为，认识论哲学和政治论哲学因忽视或没有充分强调人在高等教育中的价值和地位，显得过于理性化且具有片面性，将导致高等教育价值观上的社会本位和学术本位；没有提供学生权利存在的政治学基础，导致高等教育政治论方面陷入权力的"二元结构论"；忽视学生的主体地位以及主体性价值，导致高等学校内部关系上的管理主义、学科中心。④

综上，认识论哲学与政治论哲学这两种高等教育哲学观是布鲁贝克对西方高等教育发展历史进行反思和追问的结果。他坚持把经验和历史作为考察高等教育的基础。任何哲学都源于反思和追问，只是布鲁贝克并不是简单地在逻辑上进行反思，而是对高等教育实践发展的历史进行追问。布鲁贝克分析了高等教育发展的历史，认为在历史中存在截然分明的两条高等教育发展路线，即认识论与政治论。布鲁贝

① 平和光、傅岩、孙龙存：《张力与平衡：高等教育哲学的基本问题——读约翰·S·布鲁贝克的〈高等教育哲学〉》，载《重庆高教研究》，2014(2)。

② 程伟：《布鲁贝克高等教育合法存在的哲学基础观评析》，载《教育与考试》，2017(4)。

③ 宋小平：《布鲁贝克高等教育哲学思想反思》，载《湖南科技大学学报(社会科学版)》，2009(4)。

④ 李福华：《高等教育哲学基础新探——兼评布鲁贝克高等教育哲学基础观》，载《华东师范大学学报(教育科学版)》，2003(4)。

克的这种划分并不是人为地对高等教育现状进行的分类，而是对高等教育发展历史进行审思的结果，并且他在现实中找到了两条路线各自存在的事实。这正是布鲁贝克的认识论与政治论能够得到广泛认同的原因。①

布鲁贝克的高等教育哲学观，从共时与历时两个维度为审视高等教育提供了方法。在共时维度，它为高等教育实践提供了某种规范、制度、结构上的规定性，在高等教育实践的个体、群体与组织认可且遵从这种规定性时，大学才得以在集体意识与行动的促动下，成为人类历史上最为成功的知识机构并得以保存下来，并且赢得了其他社会子系统无法替代的地位。在历时维度，大学以一种更迭的方式逐步确立教学、科研、社会服务等活动，通过实践将大学的哲学观念渗透到社会各个领域，大学不但因拥有垄断知识的权力而成为神圣与世俗知识的权威来源，而且在大学教育体系基础上形成的高等教育以一种更为广泛的知识的保存、生产、传播与应用的复杂体系，把育人、科研和服务的实践延伸到社会生活的每一处。②

二、综述研究

布鲁贝克的《高等教育哲学》自 1987 年译介到我国以来，诠释、研究和争论一直不断，对我国高等教育产生了重大影响。

2012 年，宋娜娜考察了 1998～2010 年的 CSSCI 源期刊论文，发现涉及高等教育的共有 778 篇引用了《高等教育哲学》，通过分析得到以下结论：第一，在高等教育研究领域，只要涉及教育哲学，就会引用这本书，或以其中的观点为支持，或从其观点出发进行深入的哲学思考。第二，布鲁贝克的高等教育哲学思想围绕高深学问、学术自治、学术自由、教育职能、普通教育、高等教育学、治学道德、教会大学等 8 个主题展开，而引用最多的是他的高深学问、学术自治和学术自由等 3 个主题表达的观点。第三，由于文化语境差异，《高等教育哲学》译介到我国之后，发生了一定程度的误读和变异，其中认识论、政治论和学术自治论的误读与变异最大。第四，经典传播中正常的跨文化变异或许是可以接受的，但无意或有意的误读必然会误导我国高等教育研究的思维走向，而缺乏对经典著作的科学诠释和理性批判，就难以构建符合我国实际的高等教育哲学。第五，现实世界中纷繁复杂的实践问题

① 杨黎明：《布鲁贝克的高等教育哲学——布鲁贝克〈高等教育哲学〉读后感》，载《现代教育科学》，2008(1)。

② 苟渊：《高等教育合法性与合法性危机的分析与批判》，载《高等教育研究》，2021(1)。

是教育理论产生与发展的源泉，也为我们重新梳理、反思我国高等教育哲学思想体系提供了最佳机遇。[①]

2017 年，蔡忠兵等对 1987 年至 2017 年期间关于布鲁贝克的《高等教育哲学》的研究进行了总结，发现研究者们以文本诠释、观点解读、方法论研究、学术争鸣、比较分析、计量统计分析等视角对该著作进行了多维度的研究，公开发表专题文章 400 余篇，呈现出"诠释原始文本，揭示哲学意蕴""援引学术观点，展开哲学思考""剖析致思路径，探究方法论思想""争鸣学术观点，审视论证逻辑""跨文化比较研究，鉴别中深化认知""文献计量分析，揭示研究特征"等多种研究样态。蔡忠兵等通过现象学方法对关于布鲁贝克的《高等教育哲学》的研究现象进行分析和诠释，可以为高等教育哲学研究提供如下方法论启示：首先，高等教育理论构建宜尊重前见，发展理论学派；其次，高等教育学学科发展宜悬置定见，鼓励多元思考；再次，高等教育理论文本解读宜置身历史语境，关注现实问题；最后，高等教育哲学研究宜坚持问题优先，把握时代要求。[②]

以上综述研究，为进一步把握和理解布鲁贝克的两种高等教育哲学观提供了基础，也为指导我国高等教育实践提供了借鉴。

第三节　观点表达

我国高等教育哲学的发展自 20 世纪 80 年代起，主要经历了三个阶段的演进：引进外来理论、评述反思并开展本土化研究以及逐步构建理论体系。[③] 潘懋元在其主编的《多学科观点的高等教育研究》一书中指出，我国高等教育面临着"大学理想的黯淡、大学观念的落后、大学精神的失落、大学形象的扭曲、大学使命的弱化、大学目标的混乱。这些正需要从哲学的高度来拯救，用哲学的观点和方法来重新审视、梳理、明晰、匡正，确立符合时代精神与需要的'大学理念'"[④]。学者们在既

---

①　宋娜娜：《汉语语境中的布鲁贝克〈高等教育哲学〉——基于 CSSCI(1998—2010 年)论文引用的解读研究》，载《现代大学教育》，2012(5)。

②　蔡忠兵、刘志文：《布鲁贝克〈高等教育哲学〉的研究样态与现象学分析》，载《广州大学学报(社会科学版)》，2017(11)。

③　祁东方、侯怀银：《中国高等教育哲学研究的回顾与展望》，载《河北大学学报(哲学社会科学版)》，2014(5)。

④　潘懋元：《多学科观点的高等教育研究》，11 页，上海，上海教育出版社，2001。

往研究的基础上提出矛盾论、危机论、文化论、实用论和生命论的高等教育哲学观，既加深了人们对高等教育本质的认识，也促进了人们对高等教育内在意蕴的反思，为构建具有中国特色的高等教育哲学自主知识体系奠定了基础。

一、矛盾论

孙长智指出，在当代中国社会转型的进程中，高等教育问题及其矛盾成为社会各界普遍关注的重要议题，也应当成为哲学理论反思的重要问题。在转型与变革的浪潮中，我国高等教育由于与市场经济及政府管理间的定位模糊与关系失衡，逐渐偏离了其原有的教育理念，从而在教育哲学理念上引发了多重矛盾，具体表现为：以人为本与市场导向的矛盾、普及教育与精英培养的矛盾、教育公平与效率追求的矛盾、学术自由与科层管理的矛盾，以及借鉴国外与保持本土特色的矛盾等。随着我国市场经济的深刻转型，我国高等教育也经历着前所未有的重大变革与转型。[①]基于此，下面从问题审视、国际经验、应对策略、未来走向四个方面进行阐述。

(一) 问题审视

学界基于高等教育发展规律和特点，持续不断地总结我国高等教育在转型过程中面临的问题。已有研究主要从以下几个视角进行分析。

从系统理论视角看，转型指高等教育从精英型向大众型转变，发展指高等教育的规模、质量、结构和效益得到同步发展。高等教育转型面临的最重要问题是协调发展。一方面，高等教育转型在于通过变革自身的系统结构以改变系统的功能，充分发挥组织效应。另一方面，高等教育本身作为一个独立的社会子系统，应与现时的经济社会发展相适应。[②]

从影响因素视角看，我国高等教育转型的主要特点可以概括为空间上的全方位、时间上的加速度、程度上的深层次。影响我国高等教育转型的因素至少包括以下三个方面：首先，计划经济向市场经济的转轨及社会主义市场经济制度的逐渐发展是具有根本性作用的因素；其次，政府政策导向是具有重要影响作用的因素；最后，学习国外高等教育的先进经验以及由此而带来的高等教育理念的深刻变化则构成了一种思想文化背景。[③]

---

① 孙长智：《中国高等教育转型矛盾的哲学反思》，博士学位论文，长春，吉林大学，2007。

② 王华峰、韩文秀：《系统科学视野下的高等教育转型发展》，载《教育研究》，2002(9)。

③ 胡建华：《论近年来的我国高等教育转型》，载《南京师大学报(社会科学版)》，2008(6)。

从大学职能视角看，随着知识社会的到来，作为知识创新高地和人才培养基地的大学面临诸多挑战：学科发展从"高度分化"走向"交叉融合"，知识生产从"学科中心"走向"问题导向"，人才培养从"专业教育"走向"跨学科教育"。在这一背景下，学科交叉是推动大学知识创新的内在驱动力、培养复合型创新人才的重要途径，也是我国大学顺应国家战略发展的必然选择。基于学科交叉的教育转型已成为高等教育应对现代社会变革、适应人才培养需求的时代命题。①

从制度变迁视角看，我国高等教育发展的转型是在特定复杂的社会背景下展开的，本质上是一种制度变迁，这种制度变迁与其他任何制度变迁一样，不可避免地隐藏着风险性。我国高等教育转型发展正面临就业压力快速增大、国际化办学中自主权失控、竞争失序、质量风险、公平风险、异化风险六大风险。在政策管理上需要确立科学的风险意识和风险观念，提高高等教育公共政策的科学性和执行力，加强风险防范的责任体系建设。②

从管理模式视角看，我国高等教育发展需要关注的方面包括：高等教育新旧稳态转换"混沌期"的高等教育理念模糊状态有待厘清；高等教育规模急速扩张导致的多方面失衡状态有待修复；高等教育体制改革已经重启，传统经验发展和经验管理模式亟须走向现代化、科学化；高校教学与人才培养模式改革不断深入，学校教学工作的核心地位受到重视，但高校教学与科研的关系有待进一步理顺。③

从时间节奏视角看，时间之维的新时代中国高等教育转型是高等教育系统形成加速循环的过程。人们生活步调的加速大幅扩大了高等教育需要的规模，提高了高等教育需要的质量，高等教育需要的加速直接推动了高等教育生产加速，高等教育生产的加速需要高等教育治理节奏的加速，高等教育治理节奏的加速又派生出更快的生活步调，这形成了加速循环，并整体上加速了高等教育变迁。以加速为标志的高等教育转型有利于新时代中国高等教育整体竞争实力的迅速提升，但又使得高等教育产生生命时间与社会时间的疏离。陈先哲根据罗萨的加速论，认为我们应推动高等教育系统的"内外共鸣"与"上下共鸣"，减缓社会加速对高等教育的过度侵入，重建未来高等教育时间的节奏。④

① 李佳敏：《学科交叉视域下的高等教育转型》，载《江海学刊》，2012(6)。
② 肖国芳：《我国高等教育转型发展中的风险共存及政策管理》，载《高校教育管理》，2014(5)。
③ 李国强：《也谈我国高等教育现阶段的发展特征》，载《高等教育研究》，2017(7)。
④ 陈先哲：《时间之维的新时代中国高等教育转型》，载《高等教育研究》，2021(11)。

(二)国际经验

被称为当代高等教育转型设计师的科尔,其高等教育思想内容丰富,涉及现代大学观、高等教育与外部世界的关系、高等教育的内部管理及其自身发展等多个方面,尤其是他的高等教育系统观、多元化巨型大学观和高等教育趋同模式对美国高等教育的转型与发展产生了深远的影响。在高等教育系统观方面,科尔主持制定的《1960 年加州高等教育总体规划》(以下简称总体规划)集中体现了他打破美国传统高等教育格局、构建全新的公立大学系统的思想。总体规划的出台与实施架设起加州走向普及高等教育的桥梁,使加州全体公民获得了享有接受高等教育的机会,因而总体规划被誉为美国历史上最伟大的教育政策文献,成为美国其他公立大学系统乃至其他国家高等教育系统的典范。在多元化巨型大学观方面,面对庞大的大学规模,科尔倡导大学组织结构、大学职能、大学管理模式的多元化。在高等教育趋同模式方面,科尔将高等教育经历的古代和中世纪的普遍主义、民族国家建立以后的民族主义、业已形成的世界主义的民族国家大学这一发展历程概括为"趋同""趋异""部分趋同"三个阶段,并从表象与实质两个维度考察了"趋同"之意:从表象来看,高等教育在学习方式、管理方式、课程内容、培养目标等方面具有全球相似的特征;从实质来看,高等教育的本质及其哲学思想具有多元化的特征。① 可见,"多元""趋同"成为科尔高等教育思想的重要范畴。

从 19 世纪末开始,当初专门培养基督绅士的基督教文理学院转变为以培养职业俗人为目标的世俗性机构。然而,这次转型是在持续的抗议声中实现的。抗议者认为,这次转型导致美国高等教育遗失了自由教育的优良传统,放弃了对年轻人的教化使命。虽然美国高等教育的转型似乎势不可挡,大学曾一度丧失了教育的内在统一性并放弃了传递重要的精神与智力遗产的古老使命,但被剥除了文化功能的世俗教育日益暴露出其内在的价值局限性,自由教育出现了一定程度的回归。美国高等教育的转型及自由教育的回归表明:大学有史以来就充斥着精神的建构与道德的诉求,我们不能抛弃"人的品性的塑造"这一高等教育的最初使命。②

金砖国家的崛起引起了世界经济与政治格局的变化,其中以高等教育大众化和世界一流大学建设为特征的高等教育转型引起了广泛关注。与欧美发达国家的高等

---

① 郝海霞:《当代高等教育转型的设计师——克拉克·克尔高等教育思想评介》,载《中国大学教学》,2005(7)。

② 余承海、程晋宽:《从基督绅士到职业俗人——美国高等教育的转型与启示》,载《重庆高教研究》,2017(5)。

教育转型不同，国家行为在"金砖四国"的高等教育转型中扮演了重要角色。高等教育转型中的国家行为是以国家名义在高等教育发展过程中实施的战略行动。这种国家行为有深刻的历史文化渊源，以"冲击—回应"模式为基础，其终极目的是获得政府统筹的政治合法性。从历史演绎的过程来看，"金砖四国"高等教育的当代转型拥有先天性的"国家行为"基因，其核心特征均表现为中央统一和政府控制。20 世纪 80 年代后，"金砖四国"处于高位的高等教育收益率从内部冲击了高等教育系统，推动政府努力提高高等教育的入学率进而实现了高等教育的大众化乃至普及化，知识经济推动四个发展中大国建设研究型大学。[1]

(三)应对策略

在发达的社会，高等教育从一个阶段向另一个阶段转变过程中，会产生一系列问题。大众高等教育与精英高等教育的区别不仅表现在数量上，还表现在质量上；不仅表现在入学人数占适龄人口的比例上，而且还表现在教师和学生对待高等教育的观念、高等教育的规模、教学形式、学生和教师的关系、管理模式等各个方面上。[2]

在治理理念方面，处于转型社会中的大学治理应该重新定义大学利益相关主体的角色与功能，实现网络结构中多元主体的合作治理，实现治理主体与治理方式的多元化以及权力结构的网状化，在多元主体之间建立互信机制，加强政府与非政府组织、政府与公众、非政府组织与公众的合作互动。[3]

在制度设计方面，高等教育转型是需求变化下的一种历史选择，这种转型需要从结构和制度两个方面进行变革，构建"结构—制度"整合模式。一方面，结构体系的重塑是高等教育转型的核心问题，转型的终极目标是高等教育体系的再次重构，促进高等教育宏观结构布局与大学个体功能定位的深度融合。另一方面，制度体系的再造是高等教育转型的根本保障，通过系统的制度环境塑造，优化转型的动力系统。"结构—制度"整合模式的实践需要优化"聚合—依存""分工—协作""规范—整合"三个机制。[4] 有研究者提出构建高等教育发展新秩序。秩序更替是社会变革之基石，高等教育变革必然诉诸秩序的调整与更新。处于转型中的我国高等教育存在

---

[1]　孙伦轩、巴特尔：《高等教育转型中的国家行为——"金砖四国"的实践及经验》，载《清华大学教育研究》，2017(2)。

[2]　郑晓芳、林永茂：《对中国高等教育转型时期的思考》，载《科技与管理》，2002(1)。

[3]　高莹莹：《高等教育转型与大学治理模式变革》，载《江苏高教》，2016(3)。

[4]　刘国瑞、高树仁：《高等教育转型的结构——制度整合模式》，载《教育研究》，2017(5)。

运行失序特别是同质化发展倾向，严重干扰着高等教育规模、质量、结构、效益的协调发展。这种转型的困惑源于对旧有秩序路径的依赖，必须进一步深化改革。①

在路径选择方面，根据参照系和学习对象的不同，我国现代意义的高等教育自建立以来，共经历了三次大的历史性转型。卢彩晨认为，我国高等教育需要第四次转型，其理由有二：一方面，我国经济社会高质量发展、《中国教育现代化 2035》等战略布局、社会整体转型、第四次工业革命趋势、我国科技领域"卡脖子"问题的破局，以及我国高等教育发展路径依赖形成的惯性和高等教育由大到强的选择，促使我国高等教育走上第四次转型发展之路。另一方面，应以中国式高等教育现代化为方向，构建我们自己的高等教育"模型"。高等教育第四次转型与前三次转型的差别在于，我们要在自信的基础上自强自立，建立中国高等教育本土化模式，以服务于我国政治、经济、科技和文化的高质量发展。主要策略是从理念到运行的系统塑造。在高等教育理念、高等教育结构形态以及运行模式等方面进行方向性、整体性、根本性变革。②

(四)未来走向

第一，使命观。黎斌提出"重塑大学"的主张。他认为，在经济全球化的今天，基于知识经济视域的高等教育的发展与社会政治、经济和文化密切相关。高等教育除了具有教学与科研的传统功能之外，还应当承担"第三使命"，即大学对社会的综合贡献。国外高等教育转型时期呈现出的高等教育公益性质的新内涵、学术资源的开放和共享，以及高等教育跨国"学术流动"等趋势，增强了高等教育"第三使命"意识，这对我国高等教育转型发展具有重要的参考价值。③ 法国学者让-克洛德·鲁阿诺-博巴兰基于对政治人类学和政治哲学百年趋势的思考，在强化个人主义和追求安全的语境下，对高等教育最新的"革命"进行了考察。他提出，创新学说对全球产生冲击，影响了公共政策和社会结构，高等教育尤其如此。这一转变导致了创业型大学、功利性知识和"战略研究"的主导地位，催生了大学推动经济和社会发展的第三使命，形成了"行政主导，强调合理化、创新和有用知识生产的需要"的知识生产体制。急剧增长的高等教育受到强大的组织与管理工程、技术—产业发展、新技

---

① 赵宏强：《高等教育转型的困惑与秩序重构》，载《河北师范大学学报(教育科学版)》，2011(10)。

② 卢彩晨：《第四次转型：中国高等教育从大到强的必然选择》，载《中国高教研究》，2021(10)。

③ 黎斌：《重塑大学——国外高等教育转型的反思与借鉴》，载《理论与改革》，2009(3)。

术—科学的影响而被重构，大学的性质和角色产生了显著变化。高等教育机构的发展面向创业型大学，高校被整合到地方、国家和全球创新生态系统之中。从当下来看，全世界的政策取向具有高度一致性，德国和法国的卓越计划等国家转型项目的设置，其目的在于促进前沿研究和提高国际影响力。欧洲卓越计划的目标包括更均衡的人才流动，加强高等教育机构在创新生态系统中的作用，以及促进性别平等和包容。[①] 我们看到，高等教育的第三使命为高等教育走出困境提供了指南。

第二，多层体系观。学生规模的扩张必然带来其结构性问题，高等教育的大众化表面上表现为入学人数的增长，由于学生的差异性较大且社会各行业对人才的需求类型不同，他们对于高等教育的需要不一样，以精英教育为目标的高等教育无法满足规模扩张带来的变化。无论是纽曼的"自由教育"思想以及后来的"通识教育"实践，还是洪堡所倡导的"教学自由"和"学习自由"原则，都无法抵挡高等教育大众化带来的冲击。与大众化高等教育相关的经费问题、质量问题、就业问题，均来自精英教育内在的结构性，这就要求通过多样化的高等教育方式来解决这些问题。可行之路是进行结构性变革，实现高等教育支撑系统的多元化、高等教育组织管理模式的多层化、高等教育形式和水平的多样化。其中，多层化至关重要，它既制约着高等教育支撑系统的多元化程度，也制约着高等教育体系的多样化程度，是结构性变革的关键一环。[②]

第三，大数据观。大数据与高等教育相融合已成为高等教育发展的内生性需求，是高等教育系统变革和转型的策略之一。大数据驱动下的高等教育转型主要表现为以下两个方面：一是高等教育治理转型。高等教育治理水平决定着高等教育的活力和内生动力。大数据作为积极的技术型治理资源，能有效助力教育治理理念的现代化、教育治理决策的科学化、教育治理模式的动态化、教育治理执行的系统化。二是高等教育模式转型。在大数据功能日益得到彰显的背景下，传统高等教育模式被打破，其转型成为必然。高等教育借大数据之势调适自身，以适应教育高质量发展需求、学生个性化发展诉求、经济社会发展要求，成为当前及今后一个时期高等教育模式改革的关键。[③]

第四，转型观。当下，转型已经成为高等教育领域中的重要议题之一。在话语

① 鲁阿诺-博巴兰：《创新时代大学的新使命：欧洲和全球视角下的卓越与可持续发展》，彭麒霖、叶赋桂译，载《清华大学教育研究》，2024(1)。
② 孙朝：《大众化高等教育发展中的结构矛盾及其变革》，载《北京大学教育评论》，2005(1)。
③ 崔佳：《大数据驱动下的高等教育转型》，载《中国高等教育》，2023(8)。

表达上，高等教育转型被广泛运用于高等教育领域的宏观与中观层面，涉及高等教育政策、布局、改革与治理等多个主题并在高等教育的核心论域被讨论。在学术意蕴上，高等教育转型本质上是从整体上对高等教育组织进行再造与系统重构，其中，制度与文化是高等教育系统重构的关键点，人才培养模式的根本转变是核心内涵与目标。在理论研究上，高等教育始终处于改革与发展过程之中，而高等教育转型既是对传统的继承，也是面向未来的深层次变革，通过构建"转型高等教育学"，系统梳理高等教育转型的历史来源、现实基础和未来走向，奠定高等教育转型的理论基础是高等教育转型研究的重要方向。①

二、危机论

高等教育哲学的兴起，是人类社会历史发展合规律性与合目的性相统一的必然产物。从哲学的视角深入审视当代高等教育，不难发现其中潜藏的"合法存在的挑战"。

一是对现代文明模式的企盼与大学理念的危机。从社会历史的长河中观察，人类始终在探寻和追求更高层次的文明形态，文明始终在持续进步。物质文明、政治文明、精神文明的和谐共进，已成为当代人类共同追求的目标。然而，相较于人类文明观念的深刻变革，高等教育理念的更新步伐显然稍显滞后，这主要体现在当前高等教育的理念危机上。过去，人们深信并尊崇"学术自由、大学自治、教授治校"的大学理念，但这些已成为历史。19世纪兴起的、20世纪盛行的工具主义教育理念，如今面临着越来越多的质疑和挑战。从社会地位的角度看，大学已从昔日的象牙塔转变为社会的核心机构，但在引导社会发展方面，高等教育似乎显得有些力不从心。这种情况的出现，主要源于两个原因：一是高等教育尚未充分认识到自身所肩负的重要历史使命，二是人们尚未真正从哲学的角度审视和反思高等教育的发展。因此，从哲学的高度重新梳理、定位和塑造大学理念显得尤为重要，这是高等教育哲学肩负的重要使命之一。

二是大众文化的张扬与批判精神的萎靡。随着大众文化的日益张扬，大学作为精英文化的最后阵地在这种情势下日趋陷落。布鲁姆在《走向封闭的美国精神》中提出，在受公众舆论控制的社会中，大学力图成为精神自由的岛屿。然而，岛屿（精英文化）与大陆（大众文化）之间的鸿沟已然消失，原本隔绝外界的屏障已不复存在。

---

① 贾佳：《关于高等教育转型的理论思考》，载《江苏高教》，2021(8)。

大学教育不可避免地与大众文化产生了碰撞。布鲁姆认为：大学提供自由探索的空气，不允许不利于或者妨碍自由探索的东西存在；重要的是，那里有真正伟大的思想家，他们是理论生活的活的证明，他们的动机不会流于低俗，虽然人们以为低俗的动机是无所不在的。如果没有大学，所有理性生活的美好结果都会跌回原始泥泞中，永远不能脱身，大学保存伟大的行为、伟大的人物和伟大的思想，以使对潮流的挑战和质疑能够得到滋养。[①] 大学崇尚启迪与升华，其本质属性在于批判与否定。大众文化则坚定拥抱世俗，崇尚商业价值，推动物质主义，其放弃批判与否定以赢得大众共鸣。大学的自律性促使它坚守超然世外的立场，追求理想的现实。大众文化则遵循商品生产逻辑，源源不断地制造易被大众理解并带来愉悦的文化产品。因此，如何在大众文化的冲击下保持大学的批判精神并培育具有批判思维的学生，已成为高等教育哲学亟待解决的重要课题。

三是泛化的科技至上与日渐式微的人文学科。在对现代科技的乐观心态的影响下，人类的生存方式悄然改变了。在科技运用中，人类受缚于科学的规则与迷思，逐渐呈现为功能性、物质化的存在，成为可预测、可量化的技术客体。在大学教育中，技术学科因满足国家经济与工业需求而备受追捧，而强调精神与人格培养的人文学科则因缺乏直接实用价值而日渐式微。高等教育的核心——人的完整性，不仅体现在改造客观世界的能力上，更在于对自我深刻的认识、体验与把握。工业社会的大工业生产模式被直接移植到教育领域，使高等教育过于依赖现有政治、经济、社会秩序的框架。这种教育模式通过统一的课程、教学、程序，将学生纳入固定的工业经济运行轨道，同时专业化的劳动分工导致大学教育越来越专、深，学生被限制在狭窄的工作和精神范畴内，对世界的整体感知和判断能力逐渐削弱，难以做出有价值、有意义的决策。

四是高等教育学渐成"显学"与高等教育哲学的贫乏。高等教育学作为教育学中的新兴分支，在我国的发展历程仅有数十年。这一年轻的学科正逐渐吸引人们的目光，其理论体系日趋完善。高等教育学备受重视的原因是显而易见的：高等教育作为文化传承与创新的重要载体，在培育高级专业人才、引导社会进步方向、营造人性进化所需的文化环境等方面，展现出了无可替代的独特作用。因此，对高等教育学这一年轻但日趋成熟、充满活力的学科进行深入的哲学反思和提炼，不仅是适时

---

① 布鲁姆：《走向封闭的美国精神》，缪春、宋丽娜等译，264～269 页，北京，中国社会科学出版社，1994。

的而且是必要的。然而，当前高等教育学日益受到重视与高等教育哲学的相对孤独、教育哲学研究的繁荣与高等教育哲学研究的冷清形成了鲜明对比。从学科建设的角度来看，重视高等教育哲学的研究无疑是一种历史的必然。①

三、文化论

张应强的《文化视野中的高等教育》对文化与高等教育之间复杂、潜在的关系进行了系统研究。他以文化、教育、人的内在联系为分析框架，揭示了文化与高等教育之间复杂、潜在、深层的本质联系，基于文化的国际性与民族性考察了不同国家高等教育现代化的共同特性，为建立中国特色高等教育体系提供了理论支撑。同时，对 21 世纪高等教育的多样化、人文化、大众化的发展趋势，以及优秀传统文化与现代化、市场经济与文化功能、文化转型与社会进步诸多关系进行了梳理。主要包括：一是从文化视野出发，重新探讨高等教育的几个基本概念，对教育本质与功能提出了新的认识；二是系统地指出了高等教育与文化的相互关系及其内在机制；三是运用高等教育与文化之间的关系的内在规律，分析了我国高等教育改革与发展，以及现代化建设的理论与实践问题。

高等教育在逐渐由社会边缘迈向中心的过程中，已成为社会发展的核心引擎。然而，随着工具和技术理性凸显，价值理性逐渐淡化，高等教育的本质被模糊。在实践中，功利主义盛行，导致了对人的忽视、文化批判精神的缺失和文化创造力的衰竭，这无疑是高等教育面临的最大挑战。②。

首先，高等教育中人的离场。高等教育忽视了人的道德精神状况和文化素养，不断深化科技与实用知识教育。不仅新兴科技主导高等教育内容，个体亦倾向于追求以实用与实利为导向的知识学习。很明显，以知识为中心替代了以人为中心的价值取向。高等教育主张能力培养，通过训练、操作、谋利的行动，把学生培养成社会实用型的单向度人，这远离了实现人的心智解放的教育要义。人文社会科学受科学技术学科的牵制和利用，二者交叉与渗透。这在实质上表明人的道德和精神素养被放逐，实利主义教育观被强化。高等教育中人的"不在场"既放弃了西方高等教育悠久的自由教育（博雅教育）传统，也把我国以造就君子理想人格和塑造人性为目的

---

① 周光迅、方建中、吴小英：《哲学视野中的高等教育》，24 页，青岛，中国海洋大学出版社，2006。

② 张应强：《文化视野中的高等教育》，2 页，南京，南京师范大学出版社，1999。

的教育主张置于脑后，侵蚀了高等教育合目的性的基础。为此，有良知的教育家呼吁大学教育应重返人本，用人类永恒的文化瑰宝滋养人心，以培育德行之根。

其次，文化批判精神的丧失。高等教育的文化批判精神，在于其根据最高价值目标和理想，对社会文化进行细致分析，做出肯定、否定及前瞻性评判，以引领社会文化健康发展。在西方文艺复兴时期，高等教育系统便成为批判基督教文化、弘扬人文精神的阵地。德国大学在新人文主义运动中被誉为"民族精神生活的核心"，其影响力远超其他社会机构，对市民社会的生活观和价值观产生了深远影响。我国五四时期的高等教育则成为批判封建专制、倡导民主科学的堡垒，有力推动了马克思主义在我国的传播，并深刻影响了我国近代文化的发展走向。然而，随着近代产业革命、工业化以及当前信息化浪潮的冲击，中西方高等教育的这种文化批判精神在一定程度上有所沉寂。高等教育适应、满足、融入社会，既成为社会大众文化的"跑马场"，也失去了社会精神灯塔的价值与意义。与市场保持适当距离，保存和传承人类优秀文化、守护人类社会的精神家园、发挥对社会文化的批判功能，从而引导社会文化进步才是高等教育的本分与天职。

最后，文化创造能力的衰竭。现代高等教育无疑在科技教育和科研上扮演了创造科技文化的关键角色。然而，其专业化程度的提升导致了文化的分裂和文化素质教育的边缘化。近代科学技术的不当发展与应用，引发了人类发展困境，受到了广泛批评。这种科技理性成了一种社会意识形态，其根源部分在于高等教育发展的片面性。失去文化整合能力的高等教育，无形中放大了科技理性的影响，对青年一代灌输科技至上观念，一定程度上助长了科技理性向社会扩散并进一步影响社会的趋势。

无论是从主观性还是从客观性来看，文化与人都是我们理解教育之真谛的"阿基米德支点"[1]。基于此，张应强从文化的视角提出了他的教育哲学主张。[2]

第一，重塑人的心灵坐标、雕琢人性光辉、开发精神资源，是推动社会可持续发展的根基与先导，旨在构建一种人与人相互尊重、人与自然和谐共生、精神与身体完美交融的新型和谐秩序。

第二，迈入21世纪，以理性主义、人类中心主义为主导的传统价值观体系正被超越。我们致力于建构一种新型价值观，摒弃价值相对主义与绝对主义，确立人类共通的基础价值和底线规范，追求生态和谐、生态公正和生态福祉，成为引领时

① 张应强，《文化视野中的高等教育》，5页，南京，南京师范大学出版社，1999。
② 张应强，《文化视野中的高等教育》，6页，南京，南京师范大学出版社，1999。

代的新旗帜。

第三，教育建立在文化的基础上，它本身就是人类文化成果的表现形式之一。它使得后代人不必重复前代人所走过的曲折道路，完全可以通过生产知识和精神价值观念的传承而便捷地获得物质生产和精神生产的能力，并进行新的文化创造。

第四，马克思说人的本质在其现实性上是一切社会关系的总和，这一切社会关系，实质上即文化的表现形式。德国哲学人类学家兰德曼认为，人是社会的存在、历史的存在、传统的存在，而在根本上是文化的存在。文化与社会是人类生活形式的两面，社会是其显性形式，文化是其隐性形式。

从高等教育哲学本身看，《文化视野中的高等教育》的形成主要基于以下几点考虑：一是人们对基于文化视野来研究考察高等教育所具有的理论意义的认识还不甚深刻，因而研究的视角比较窄，没有从文化的角度来研究考察诸多教育基本理论问题；二是在高等教育与文化的相互关系研究中，对高等教育与文化的相互作用机制还缺乏深入研究，特别是对高等教育既受文化制约又为文化服务，既适应文化又超越文化的内部机制缺乏研究；三是对高等教育与文化的关系在总体上还缺乏从历史和比较研究的角度来进行的全面的论证；四是人们还没有全面运用高等教育与文化的相互关系原理来研究我国高等教育改革发展和现代化建设中的诸多理论和实践问题。① 以此为基础，该著作重点研究了以下主要问题。

一是站在文化哲学的视角，深入探究文化的核心与展现形态，进而对教育领域中两个基础性的理论议题——教育的本真与教育的核心功能进行全新的审视与理解。一方面说明从文化视角出发研究高等教育所具有的理论意义，另一方面为从文化角度研究我国高等教育改革和现代化建设中的若干重大实践和政策问题确立基本的思想和观点。二是深入揭示高等教育与文化之间交互影响的模式与机制，突出高等教育文化功能的独特性和文化对高等教育的特殊影响。三是从比较分析的角度，阐明文化传统与高等教育改革发展之间的内在联系，既强化了文化对高等教育的制约作用，又为探讨我国高等教育改革与现代化建设中的关键问题奠定了基础。四是从文化变迁的角度，论证高等教育的发展趋势。五是集中运用高等教育与文化的相互关系基本原理，以上述各部分的结论为基础，探讨我国高等教育改革和现代化建设中的若干理论与实践问题。

---

① 张应强：《文化视野中的高等教育》，11页，南京，南京师范大学出版社，1999。

四、实用论

高等教育质量观本质上与高等教育哲学密切相关。精英教育阶段的高等教育质量观是以认识论哲学为基础的，奉行的是一种学术至上的质量观。随着高等教育哲学由认识论逐渐向价值论转变，大众化阶段的高等教育质量观是合多样性与合需要性的统一。长期以来，高等教育机构须为政治服务，高等教育奉行的是一种合规定性的教育质量观。当高等教育走出象牙塔并面向市场后，以实用主义哲学为基础的面向市场的高等教育奉行的是合满意性与合适应性相统一的高等教育产品质量观。①

随着和平与发展引领时代潮流、人类社会迈入知识经济纪元以及经济全球化的持续推进，现代世界高等教育哲学的基础已然拓展至认识论、政治论与经济论的交织融合。经济论是当代高等教育哲学的必要基础，从这一视角审视高等教育，有助于明晰高等教育三大职能的理论基础，优化高等教育结构，促进高等教育内涵发展，推动经济社会发展，很好地发挥高等教育的职能。

实际上，高等教育哲学的经济论基础在 20 世纪的高等教育体系中已有所体现。美国威斯康星大学提出的大学直接服务于经济社会的理念，不仅开启了全球大学直接参与社会经济发展的新篇章，而且在高等教育史上留下了浓墨重彩的一笔，确立了高等教育直接服务于经济社会发展的第三大职能，紧随人才培养和科学研究之后。如今，大学直接服务于经济社会发展的态势愈发明显，欧美等地甚至出现了营利性大学的身影，我国也开始关注营利性与非营利性民办高校的发展问题。高等教育在直接服务于经济社会的基础上，已逐渐成为一个重要产业。深入理解并把握高等教育哲学的经济论基础，对我国而言，将有助于高校准确定位，开设更多符合知识经济和经济全球化需求的专业，培养更多适应时代发展的人才，进而推动我国经济转型升级，为社会发展提供更为优质的服务。②

强调应用型人才培养是实用论的一种表现形态。近现代制度化高等教育自引入我国，便承载着国家赋予的应用型人才培养使命，历经社会制度变迁而始终未变。晚清时，洋务派以"师夷长技以制夷"为理念，兴办专科学堂；南京国民政府为应对毕业生失业与"高等教育破产"的困境，调整高等教育结构；中华人民共和国成立之初，针对专门人才短缺，实施院系调整与专业细分；改革开放后，随着就业制度市

---

① 李斌：《高等教育质量观的哲学省思》，载《当代教育论坛》，2015(2)。
② 卢彩晨：《经济论：当代高等教育哲学的必要基础》，载《教育研究》，2015(11)。

场化与高等教育分类发展需求，国家推动院校转型。这些举措彰显着国家（政府）的意志与期望，以及民族（社会）的渴望与要求。未来，我国高等教育需平衡理想与现实复杂性，在创新知识生产模式中，推动应用型高等教育实现内涵式发展。①

五、生命论

2004 年，张楚廷出版了《高等教育哲学》一书，通过对布鲁贝克高等教育哲学的质疑，提出了生命论，认为教育起源于人的特殊的生命活力，有了生命才有教育，所以教育的开展要依据生命的特征来进行。张楚廷认为高等教育的生存发展离不开人，因此要以人为本，关注人的生命的整体发展。② 张楚廷作为享誉国内的校长、教育家，倾注了五十年的心血于高等教育哲学的探索之中。他凭借对人性及高等教育的敏锐洞察与深入反思，以及对思辨的热爱与坚守，自然地将思考融入对哲学的追求之中。张楚廷、熊继承在《大学的独特性在哪里》中提到高等教育哲学出现后世界上的 5 本著作，第一本是德国哲学家雅斯贝尔斯的《大学之理念》，第二本是美国学者布鲁贝克的《高等教育哲学》，第三、四、五本都是张楚廷的。③

宋欣雄盛赞张楚廷的《课程与教学哲学》《高等教育哲学》《高等教育哲学通论》《大学是什么》为高等教育领域的哲学瑰宝，其中《课程与教学哲学》与《高等教育哲学》是课程哲学与高等教育哲学领域的先驱之作，具有开创性学术价值。张楚廷的《高等教育哲学》体现了他对"大学是什么"等基本问题独具匠心的哲学思考，涉及高等教育的哲学基础、大学的起源、大学的理念、自由教育与职业教育、学术权力与行政权力、教学与科研、人文课程与自然、社会课程、人的发展与社会的发展等重要范畴与论题。阅读张楚廷的《高等教育哲学》，不仅能够深刻感受到他对生命存在的深切关怀、对自由教育的执着追求、对真善美价值的热烈讴歌以及对理想大学的憧憬与期待，而且可以感受到他的作品中透露出的犀利而深入的批判精神、高瞻远瞩的超越视野以及不懈追求真理、善良与美的哲学情怀。个体精神生命的存在是张楚廷的《高等教育哲学》的理论前提与哲学基础，批判是其灵魂与最根本的特征，超越是其最本质的存在。

张楚廷的《高等教育哲学》是对高等教育理论与实践中纷繁复杂问题的深刻反

① 戚务念：《应用性追求：中国高等教育人才培养的长时段历史考察》，载《重庆高教研究》，2021（1）。

② 张楚廷：《高等教育哲学》，4 页，长沙，湖南教育出版社，2004。

③ 张楚廷、熊继承：《大学的独特性在哪里》，载《高等教育研究》，2019（10）。

思，是对理想大学理念的形而上的诠释。这部著作彰显了鲜明的人本主义关怀，展现出强烈的批判精神与显著的超越意识。大学，作为理想主义的圣地，象征着深邃的学术殿堂，是智慧碰撞从而产生独特见解的精神高地。大学也是社会的思想清道夫，致力于批判旧有，引领新知，同时是高水平真、善、美价值的统一体。此乃张楚廷的《高等教育哲学》对"大学是什么"这一基本问题的精妙回答。①

如何认识人的生命、如何认识高深知识与人的生命发展之间的关系是高等教育生命论关注的核心问题，既体现着理论层面的哲学追溯，也体现着来自实践层面的现实诉求。类特性、多重性和意义性是高等教育生命论确立的理论依据，对这三个方面的分析关系到对人的个性与社会性，生命的丰富内涵，生命之于自我、他人和社会的意义等问题的理解与认识。社会发展的客观需要、高等教育的本真诉求、生命成长的内在呼唤则是其确立的现实依据，人才培养质量的提高、生命发展潜能的实现，都需要生命论的高等教育哲学观的树立。在高等教育的殿堂里，知识与生命交织碰撞，独特地滋养着个体的生命与社会的脉搏。它不仅丰富着人们的精神世界、文化底蕴和学术素养，更推动了个体的自我超越与社会的共同进步。②

高等教育旨在将人生境界与价值追求转化为现实，深刻展现生命在文化、精神和学术等多维度上的丰富意义。当高等教育不可避免地融入社会发展的洪流，它便以高深的知识启迪人们，促使我们思考日常生活的真谛与生命的价值。生命论的高等教育哲学观，以其独特的视角，拓宽了我们对高等教育核心问题的思考范畴。当我们以生命论为基石，深入高等教育的殿堂，探索人的生命成长，实则是在为每一个个体及人类的生存、生活、生命寻求深远的意义。这种意义源于高等教育的现实土壤，串联着高等教育的历史脉络与未来展望。生命论不仅着眼于教师对学生生命的启迪与引导，而且关注师生生命的共同成长与完善。它激发高等教育中的个体在自我认知、自我发展、自我超越的旅程中，发挥自觉意识与主体性，实现知识与生命的和谐共生，共筑一个充实和有意义的未来。③

【思考练习】

1. 如何理解走向交往实践的高等教育哲学？
2. 简述布鲁贝克高等教育哲学观。

---

① 宋欣雄：《批判与超越：张楚廷高等教育哲学的两大特质》，载《江西社会科学》，2019(9)。
② 祁东方：《生命论的高等教育哲学观探析》，载《宁波大学学报(教育科学版)》，2020(6)。
③ 祁东方：《生命论的高等教育哲学观探析》，载《宁波大学学报(教育科学版)》，2020(6)。

3. 谈谈对生命论高等教育哲学的理解。

【推荐阅读】

1. 布鲁贝克. 高等教育哲学[M]. 王承绪，郑继伟，张维平，等译. 杭州：浙江教育出版社，1987.

2. 纽曼. 大学的理想[M]. 徐辉，顾建新，何曙荣，译. 杭州：浙江教育出版社，2001.

3. 雅斯贝尔斯. 大学之理念[M]. 邱立波，译. 上海：上海人民出版社，2007.

4. 张应强. 文化视野中的高等教育[M]. 南京：南京师范大学出版社，1999.

5. 张楚廷. 高等教育哲学[M]. 长沙：湖南教育出版社，2004.

6. 潘懋元. 多学科观点的高等教育研究[M]. 上海：上海教育出版社，2001.

7. 巴尼特. 高等教育理念[M]. 蓝劲松，译. 北京：北京大学出版社，2012.

8. 肖绍聪. 大学的哲学性格[M]. 北京：中国社会科学出版社，2013.

9. 朱景坤. 大学德性论：理念重审与制度重建[M]. 北京：中国社会科学出版社，2023.

10. 布鲁姆. 走向封闭的美国精神[M]. 缪青，宋丽娜，等译. 北京：中国社会科学出版社，1994.

第四章　高等教育功能

>>> **章前导语**

所谓功能，一是系统内在要素及其架构所赋予的效能或作用，二是具备这些效能的系统对外界产生的影响。功能的核心分析框架与关键衡量标准涵盖了功能类型、功能强度及功能结构。功能类型揭示了系统具备何种功能，反映了功能的本质属性；功能强度则体现了系统功能强度如何，即功能在数量层面的特性；功能结构则着眼于高等教育系统内，不同功能类型之间的强度配比。[①] 与功能概念相呼应的是职能。功能最初用以描述器官和机体的效用或效能，而在社会学领域，它则涵盖了物质系统所展现的作用、能力和功效。相比之下，职能则聚焦于人、事、物、机构等应当发挥的作用与功能。从概念层面分析，功能与职能虽均涉及事物的效用，但二者在适用范围上有所不同。功能侧重于描述具备一定结构的系统所产生的作用，这既包含系统间的相互作用，也包含系统内部部分对整体的影响；而职能则更多指向职责与能力的范畴。[②]

功能与结构之间有紧密的联系，就高等教育结构的范畴而言，大致有三类：第一类范畴，从高等教育结构的宏观视角审视，其涵盖宏观与微观、纵向与横向的多元结构体系，形成一个动态、交织的网状结构体，宏观微观交织，纵横交错。宏观结构是在全国或地区范围内进行研究的结构，微观结构往往在一所学校范围内进行分析。宏观结构范畴往往包括层次结构、科类结构（专业结构）、管理结构、形式结构、分布结构等，微观结构范畴包括组织结构、课程结构、物质基础结构等。第二类范畴，宏观结构乃表层结构，微观结构则是深层结构。表层结构涵盖了体制、层次、形式、地域等要素，其中体制结构居于主导地位。深层结构则包含目标、教

---

①　陈伟：《高等教育多样化发展的哲学反思和历史溯源》，载《清华大学教育研究》，2003(5)。
②　刘尧：《高等教育功能和高等学校职能研究要科学化》，载《清华大学教育研究》，1996(2)。

学、管理以及教育思想等相关元素。表层结构直接映射了社会发展的轮廓及其变迁趋势，较为活跃，能够灵活适应外界变动，同时易于受到调控，扮演着社会与深层结构间的桥梁角色。相对而言，深层结构则更为稳定，拥有自我调控与选择的能力。第三类范畴涉及高等教育系统结构的差异，由此形成了不同类型的高等教育结构。一者为发展型结构，另一者则为抑制型结构。在发展型结构中，高等教育系统结构与社会结构相互促进，内部各要素间协调和谐，系统内外涨落保持一致，并且全面开放于社会系统之中。在抑制型结构中，高等教育系统与社会结构的互动有限，结构内部各要素之间呈相对不和谐或不稳定状态，自组织机制几乎失去作用。通过结构的重组，激活结构内部成熟因素，使内外涨落一致，使之在非平衡状态下从无序的结构向有序的结构转化，这是抑制型转为发展型的特点。① 基于功能与职能、功能与结构的关系，我们可以较为深入地理解高等教育的功能。

第一节　内涵意蕴

就基本功能而言，潘懋元、朱国仁认为，高等教育的基本功能是文化的选择与创造，即文化功能，涵盖了文化的选择、传递、传播、保存、批判与创造等。② 陈伟表达了类似的观点，即文化传承和文化创新（包括对文化的选择与批判）是高等教育的基本功能。③ 刘静文认为，我国高等教育功能与经济功能同等重要，高等教育功能包含知识生成与传递和教化的功能。④ 徐辉则认为，高等教育作为整个人类教育活动的组成部分之一，其基本功能是培养各种专业人才，即育人功能。

就社会功能来讲，龚放认为高等教育的社会功能包括政治、经济、文化功能三个方面。⑤ 邬大光、赵婷婷认为，从社会学视角考察，高等教育之功能可划分为育人及社会两大层面。育人功能专注于人才培养，推动个体身心的全面成长；而社会

---

① 徐小洲等：《高等教育论：跨学科的观点》，250～251 页，北京，人民教育出版社，2003。

② 潘懋元、朱国仁：《高等教育的基本功能：文化选择与创造》，载《高等教育研究》，1995(1)。

③ 陈伟：《高等教育显性功能类型的现实分化和历史积淀》，载《广东教育学院学报》，2005(1)。

④ 刘静：《知识与教化：略论全球化背景下高等教育的功能》，载《湖南师范大学教育科学学报》，2004(2)。

⑤ 龚放：《高等教育的本质特点不容忽视》，载《高等教育研究》，1995(1)。

功能则体现在高等教育对社会的多方面影响，涵盖政治、经济、文化等多个维度。[1]

徐佳明从创新视角出发，认为高等教育的创新功能与知识的生产、选择、传播、应用等环节紧密相连，具体涵盖六大创新功能：深化继续教育，推动国际交流合作，培育创新人才，研发高创造力科技产品，创新性地服务社会，前瞻性地引领社会发展方向。[2] 王璇认为，在市场经济的影响下，高等教育过分强调了其谋生功能，遮蔽了其乐生功能，因此主张"高等教育应对人进行整体关注，那就是既要关注人的谋生功能，又要关注人的乐生功能"[3]。

无论是强调基本功能、社会功能还是创新功能，都具有一定的合理性。但从高等教育活动本质来说，我们只有全面认识高等教育功能，才可能有助于高等教育事业发展。

一、功能界说

关于高等教育功能的探讨，大致有以下几种观点。

(一)系统功能说

高等教育系统乃由诸多相互关联、作用的部分融会而成，具备特定功能之整体，是教育体系中不可或缺的一环，同时是社会系统的重要组成部分。它与政治、经济、科技、文化等社会子系统有机联系并表现出一定的社会特点。[4] 高等教育系统是一个相对独立的整体，既有别于其他社会系统，也有别于教育中的其他子系统。[5] 从高等教育在社会系统中的独特地位出发，其功能可概括为三大方面：第一，作为教育系统的有机部分，高等教育与政治、经济、文化紧密相连，承担着政治、经济、文化等多重社会功能；第二，相较于普通教育，高等教育的高层次性决定了其对初等和中等教育具有明确的导向作用；第三，针对教育对象而言，高等教育具有育才功能，通过知识再生产，即传递高水平的人类知识经验，实现人才培养目标。然而，鉴于高等教育的高层次性和人才培养在知识要求上的特殊性，其还隐

① 邬大光、赵婷婷：《也谈高等教育的功能和高等学校的职能——兼与徐辉、邓耀彩商榷》，载《高等教育研究》，1995(3)。
② 徐佳明：《试论未来高等教育的创新功能》，载《黑龙江高教研究》，2005(5)。
③ 王璇：《论高等教育的谋生功能与乐生功能》，载《河南大学学报(社会科学版)》，2005(6)。
④ 徐小洲等：《高等教育论：跨学科的观点》，244页，北京，人民教育出版社，2003。
⑤ 黄景文、胡彰、闭富春：《高等教育功能定位的理性逻辑表达研究》，载《广西大学学报(哲学社会科学版)》，2015(6)。

含了知识生产或科学研究的潜在功能。不难发现，高等教育的知识生产或科学研究功能源于高等教育的育才功能的特殊要求，是高等教育的自然延伸功能而非主导功能。此功能不应凌驾于育才功能之上，亦不可与之等量齐观，以免干扰育才功能的正常发挥。[1] 高等教育功能即高等教育本身对与之相关的事物的效用，在本质上是高等教育所发挥的作用。薛天祥将高等教育功能定义为高等教育对社会其他子系统的作用，即对政治、经济、文化、人口、生态等的作用，反之即高等教育的社会制约性。[2]

事物或系统所展现的特性和能力，既可能是积极的正面效应，也可能是消极的负面作用。至于其究竟发挥何种作用，实则取决于内部与外部因素的交织与相互影响。有学者认为，高等教育功能至少包含以下三层含义：第一，高等教育功能是高等教育系统本身所固有的、客观的，是由高等教育结构决定的；第二，高等教育功能既可能是积极的、正向的促进作用，也可能是消极的、负向的阻碍作用；第三，高等教育功能的呈现与发挥需要通过高等教育系统内部和外部的相互作用。[3]

系统功能论从整体与局部的视角描述了高等教育功能的不同方面，强调高等教育功能覆盖面。无论是从整体的视角审视高等教育功能，还是从局部的视角审视高等教育功能，不可否认的是高等教育功能的发挥始终被置于社会大系统之中，只有顺应社会大系统的发展趋势，高等教育功能才具有合理性。

(二)结构功能论

赵文华认为，高等教育功能是其结构的前提。作为独特的社会系统，高等教育结构的变化常源于环境的新需求，即来自高等教育功能的选择。高等教育功能的选择与发挥，是结构变革的先导，也是结构稳固的基石。[4] 彭拥军认为，高等教育结构决定其功能。高等教育功能的产生源于其内部要素的结构关联以及与社会大系统的独特联系，这种结构为高等教育功能提供了内在基础和物质支撑。功能的发挥或现实化需依赖特定条件与方式，通常表现为高等学校的职能。高等学校作为高等教育在实质上的物质承担者，其存在来源于高等教育活动。高等教育功能的核心表现

---

① 杨斌：《从高等教育的功能看深化体制改革》，载《江苏高教》，1991(1)。
② 黄景文、胡彰、闲富春：《高等教育功能定位的理性逻辑表达研究》，载《广西大学学报(哲学社会科学版)》，2015(6)。
③ 林杰、张德祥：《论高等教育的分化功能与整合功能》，载《江苏高教》，2022(9)。
④ 赵文华：《试论我国高等教育结构调整的类型与策略》，载《教育研究》，2000(5)。

即为高等学校的职能。①

高等教育的功能和结构是互相依赖、互相促进的。就像布鲁贝克说的，高等教育的功能从单一变得多样化，同时高等教育从社会的边缘逐渐走向中心。这个过程不仅是高等教育自身的发展，而且是它内部结构的重新组合。在这个过程中，高等教育既要遵循它自身的发展规律，也要与社会的发展保持和谐。如果做不到这一点，高等教育就可能会面临一些合法性的问题。② 高等教育的结构与功能，与一般系统的结构与功能相似。高等教育结构即高等教育系统内部各要素间的组合与互动方式，它揭示了高等教育内部的整体性。高等教育功能则体现了高等教育系统与环境间的互动能力，从外部视角展现了高等教育的整体性。③ 高等教育结构与功能的关系处理是促进高等教育和谐发展过程中应当弄清楚的问题。高等教育制度是高等教育功能得以展现的基石。优化结构与功能之间的协调关系，是确保高等教育功能顺利发挥的关键。制度与人本理念相融合，方能有效地推动高等教育功能的全面表达。④

结构功能论借助社会结构功能主义的理论，阐释了高等教育的功能与其结构之间的相互嵌入关系。从历史的视角看，高等教育功能是在高等教育发展进程中逐步形成的，并由此不断增强高等教育结构的复杂性和多样性，而在高等教育结构较为稳定的情况下，高等教育功能的发挥又受制于高等教育结构。

(三)目的功能论

第一种观点认为，知识是高等教育功能认定的逻辑起点。高等教育功能，即高等教育系统为实现目标所具备的客观作用与效能，是高等教育本质属性的外化体现。其来源有二：一是教育者及其机构，如大学；二是受过教育的人及其组织。前者应有的职责与能力通常被称为职能，它基于社会需求而被赋予，具有一定的主观色彩。⑤ 在知识时代，知识是社会之基石。高等教育作为推动社会前行的核心引擎，自然以知识为教与学的核心。这一核心，正是构建高等教育功能体系的逻辑起

① 彭拥军：《高等教育功能研究的困惑》，载《江苏高教》，2003(4)。
② 布鲁贝克：《高等教育哲学》，王承绪、郑继伟、张维平等译，2页，杭州，浙江教育出版社，1987。
③ 徐小洲等：《高等教育论：跨学科的观点》，244～245页，北京，人民教育出版社，2003。
④ 黄景文、胡彰、闭富春：《高等教育功能定位的理性逻辑表达研究》，载《广西大学学报(哲学社会科学版)》，2015(6)。
⑤ 徐小洲等：《高等教育论：跨学科的观点》，1页，北京，人民教育出版社，2003。

点。因此，我们可将高等教育的功能精炼为知识之保存、知识之传承、知识之应用、知识之创新、知识之涵养与知识之互鉴，此六者并驾齐驱，共绘高等教育的宏伟蓝图。[①]

第二种观点认为，服务是高等教育功能的应有界定。高等教育功能聚焦于高等教育系统为满足社会需求而展现的效能与影响。高等教育不仅能够促进个体职业地位、经济地位和社会地位的提高，具有其工具价值，还可以促进个体生活质量的提高，因而具有其本体价值。高等教育应该是一种人生经历，可以促进个体文化资本、社会资本的获得。其中，文化资本包括人格素养、闲暇文化和身心素养，社会资本则包括社会支持、人际交往能力和社会归属感等。[②] 伴随社会经济与科技的快速发展，现代高等教育功能由单一化趋向多元化。就结果能否达成目标而言，高等教育功能可归为显性与隐性两类。高等教育显性功能即社会期望高等教育引发的变革与发展，如推动经济、科研及文化传承创新。在高等教育功能发挥过程中，潜藏的非预期影响则构成隐性功能，需长期积累，很难一蹴而就。从高等教育发展历史中看，高等教育具有调控人口增长、助力社会流动、缩小社会差距、吸纳剩余劳动力等隐性功能。[③]

第三种观点认为，人才培养是高等教育功能的根本任务。高等教育功能包括社会功能和育人功能，这一点是达成共识的。其中，社会功能涵盖政治、经济、文化等功能；育人功能是高等教育功能的基石，更为基础和重要，社会功能则借育人功能间接得以发挥。[④] 高等教育作为社会大系统的庞大子系统，其组成要素纷繁复杂、各具特色。高等教育结构呈现多层面、多元化、非线性等特征，衍生出丰富的功能，如文化传承、政治影响、经济驱动、科技革新等，而高等教育的核心功能是育人功能。高等教育系统具有目的性、整体性、复杂性、开放性、相对稳定性、适应性、关联性、层次性、改造性等主要特点。[⑤] 高等教育功能逐步转向满足广泛的社会需求和公民个人需求，即对应用型、职业型专门人才的培养，高等教育应是一

① 颜丙峰：《知识社会：高等教育功能的重新审视》，载《河北师范大学学报（教育科学版）》，2003(5)。

② 向冠春、刘娜：《高等教育是一种人生经历——关于高等教育功能的资本解读》，载《现代教育科学》，2010(9)。

③ 王守恒：《略论高等教育的隐性功能》，载《有色金属高教研究》，1995(3)。

④ 刘尧：《高等教育功能和高等学校职能研究要科学化》，载《清华大学教育研究》，1996(2)。

⑤ 徐小洲等：《高等教育论：跨学科的观点》，245页，北京，人民教育出版社，2003。

种发展新型产业的前导先驱者，以满足现实社会的需求。[1]

目的功能论主要基于高等教育活动的特殊性视角考察了高等教育活动。高等教育之所以以"高等"区别于其他教育活动，是因为它的特殊性在于它以知识为逻辑起点，包括知识生产、保存与传播。围绕知识这一支点，高等教育形成了人才培养、科学研究、服务社会三大功能。

（四）双功能论

一是人－社会功能。薛天祥基于社会视角，将高等教育功能界定为育人功能与社会功能两大方面。育人功能旨在塑造人才，促进人的全面成长；社会功能则聚焦于推动社会发展，具体涵盖政治、经济与文化等方面。育人功能是高等教育的基石，而社会功能则作为其独特价值的显现。卢勃则强调教育作为社会育人活动的核心，旨在培养个性化与社会化的人才。这些人才步入社会，扮演不同角色，为社会的持续发展贡献才智，这体现了教育的深层社会功能。[2]

二是分化－整合功能。徐东从狭义的社会经济视角出发，认为高等教育功能涵盖社会与经济两大领域。社会功能细分为政治、文化与科技三大方面，而经济功能则包含生活与产业两大支撑点。这两大功能共同构成了高等教育多维度的价值体系。[3] 高等教育功能即高等教育系统在内外互动中展现的效能，其本质在于分化与整合的辩证统一。高等教育分化功能表现为高等教育系统及其元素向异质性方向裂变时呈现的功能，内含自我分化与对外分化的双重效能。高等教育整合功能是指高等教育系统及其构成要素在不断朝同质性方向聚集过程中呈现的功能，内在地包括自我整合功能与整合他人功能。高等教育的分化与整合功能是推动高等教育产生与发展的核心动力，亦是高等教育运行过程中的根本矛盾。高等教育的分化功能与整合功能不是彼此割裂、相互冲突的，而是在同一过程中所呈现的两种不同作用，是相随相伴、相反相成、互依共生、辩证统一的有机整体。[4]

双功能论从社会本位和个人本位的角度考察了高等教育的作用对象。事实上，从功能上说，高等教育既要满足经济社会发展的需要并与之同频共振，又要促进个体综合素养的提升，为个体终身发展奠定基础。不能偏废、弱化任何一方。

---

[1]　汤尧：《两岸高等教育人力培育新模式探究》，载《中国高等教育评论》，2010(0)。
[2]　卢勃：《教育功能与高等学校的社会职能问题研究》，载《广东教育学院学报》，2005(2)。
[3]　徐东：《发掘高等教育的经济功能》，载《辽宁高等教育研究》，1999(6)。
[4]　林杰、张德祥：《论高等教育的分化功能与整合功能》，载《江苏高教》，2022(9)。

(五)互动功能论

从促进与制约的角度审视，功能是事物在与其相关联的要素互动时展现出的价值与效应。高等教育的功能主要体现在它与个体、社会的交织关系中，即直接促进人的成长，并直接或间接地推动社会的进步。这种作用凸显了高等教育、人、社会三者间的密切关联与动态互动。因此，高等教育不仅具备独特的个体效能与价值，更承载着不可或缺的社会功能与社会价值。高等教育功能在与人、社会的互动中得以释放，同时这一释放过程彰显了其存在的深远意义与价值。高等教育的功能展现并非一成不变，而是呈现为一条波动起伏的曲线。那么，究竟是什么要素主导了高等教育功能的变迁，又是哪些因素限定了高等教育功能的发挥？首先，高深知识决定了高等教育的属性。其次，高等教育功能释放依凭高深知识。最后，高深知识的品质决定了高等教育功能释放的程度。高深知识是高等教育发挥个体与社会功能的基石。高等教育的个体功能和社会功能皆因高深知识而得以汇聚、释放。若无高深知识，高等教育恐将流于形式。高等教育功能的发挥并非静态的，而是一个活跃的过程，以人为核心，以社会服务为指引，以高深知识的创造与传承为纽带，构成了一个动态的、复杂的系统工程。我们需重新审视高等教育，深入探究高深知识、人与社会之间交织的、相互影响的关系。①

从相辅相成的角度看，在高等教育的发展过程中，应深度融合教育功能的发挥与文化传承创新的使命，构建一种互动共生的机制。在此过程中，将文化的活力注入高等教育功能的发挥中，让育人的过程成为文化理念与价值的传递之旅。同样，文化传承与创新亦需依托高等教育的深厚底蕴，通过教育的力量持续推动文化的创新与发展。如此，高等教育功能与高校文化传承创新功能将实现内在统一，不断推动高等教育发展的文化机制建设，促成文化传承与创新在育人层面上的共赢局面。② 毫无疑问，人与社会是高等教育的两个功能主体。知识是高等教育最基本最古老的要素，蕴涵着高等教育一切矛盾的胚芽，与高等教育的生发共始终。高等教育领域的知识具有专门化、自主性、生产性和直接应用性等与基础教育不同的特征。在知识经济时代，知识成为社会的基本资源和独立的生产要素，高等教育成为知识增量和再生的主要载体。因此，知识是理解高等教育及其功能必不可少的起点

---

① 唐德海、牛军明：《高深知识：高等教育功能释放的基础》，载《高等教育研究》，2015(12)。

② 李梁：《高校文化传承创新与高等教育功能的耦合及其进路》，载《思想教育研究》，2013(11)。

和视角。文化以求真的知识为主要内涵并包含了对善与美的追求。同时，文化因与高等教育之间独特的多元线性关系而从政治、经济等其他社会要素中剥离出来，与人和社会一起构成高等教育功能的三个主体。[①]

互动功能论内在地表达了高等教育功能发挥的关系性特点。高等教育功能发挥程度与人、社会之间的关系密不可分，这可以从高等教育三大功能的历史形成过程中得到答案。实际上，高等教育功能的扩展是高等教育不断与人、社会相互融入的结果，在人、社会需要高等教育做某事时，高等教育就会从自身的特性出发，衍生出相应的功能。

(六)协调功能论

若将体系转型视为由传统高等教育体系迈向现代化高等教育体系的跨越，那么功能重塑则是从旧有的功能观念向以人为本的高等教育功能观转变的历程。这一转变着重于公平与质量的双重追求，强调学生的全面发展，并促使高等教育功能从传统的政治、经济导向，拓展至社会公正与文化价值的维度。这要求我们对人才培养、科学研究、社会服务、文化传承创新等核心任务进行重新审视，重构大学功能的整体性，化解内部学校本位与生产者导向、外部社会本位与消费者导向之间的冲突。同时，我们需采用增值型、发展型、改进型的纵向评价方式，以全面评估高校发展，确保高等教育质量的稳步提升。在借鉴国际高等教育体系大众化、普及化阶段变革经验的基础上，结合我国经济社会发展的独特背景与高等教育发展的时代需求，我国高等教育体系亟待进行系统转型和功能重塑。系统转型的核心在于从规模扩张向结构优化转变，这一转变涉及院校类型、层次、学科布局、资源配置等多个方面，旨在推动高等教育体系向多样化、全面性、开放性、包容性的方向发展。

功能重塑聚焦于由外而内、由量至质的转型。从服务于经济社会发展的外延性、辅助性功能，转向以人为本、强调人才培养与科研创新的核心职能；从单纯追求规模与效率，迈向公平与效率并驾齐驱的新阶段；从同质化、模仿性建设模式，进化为特色鲜明、差异互补的竞争格局；从数量主导的评估体系，升级为质量驱动的发展性评价。展望未来，我们需深刻洞察全球高等教育普及化的历程，汲取人类文明共享的宝贵经验，明确中国特色高等教育改革之道，持续完善我国高等教育普及化蓝图，于变革中塑造更为系统、高效的高等教育体系，实现功能的全面革新与

---

① 张国强：《论文化作为高等教育的功能主体》，载《江苏高教》，2010(3)。

重塑。[1]

协调功能论基于公平正义的视角强调高等教育这种资源的有效配置。从精英到大众再到普及阶段的高等教育，人们关于它的公平正义的争论越来越激烈，对弱势群体的整体关注成为其中的焦点，这在高考制度设计、大学招生政策、人才培养方案等方面都可得到验证。除上述方面外，有学者特别关注高等教育的文化功能和经济功能。

第一，文化功能。从教育与文化的视角看，高等教育肩负着文化的保存与传承、交流与推广、选择与创新的重任。[2] 高等教育的本质是文化接力、文化创新、文化批判与选择机制。因为本质与功能之间的紧密联系，高等教育的功能涵盖文化传承、文化创新（含文化选择与文化批判）以及学术产业化。[3] 从文化学的维度对高等教育功能进行解读，不仅是对高等教育功能理论的丰富与深化，更为高等教育功能在实践中合理、有效发挥提供了宝贵参考。一切文化均通过教育得以保存、延续与发展。高等教育在发挥文化功能时，应秉持革新精神，但对于伦理价值、民族精神等核心要素，须审慎对待。高等教育对文化的传承与革新，不仅揭示未来，而且需铭记过去，探索文化在时空流转中的永恒价值。

依据文化学相关理论，大学特有的"软件"和"硬件"是高等教育传承与革新功能的实现基础，两大功能之间的关系是：传承是革新之基础，革新是传承之目的。高等教育革新与传承两大功能在实践中应坚持将有利于人（学生）的发展作为根本标准，坚持革新的功能导向，同时做到具体问题具体分析。[4] 高等教育的文化功能包括文化保存与继承、文化传播与交流、文化选择与创新，体现在两个层次：第一层次聚焦文化的传递与传播，确保人类的精神瑰宝得以绵延后世。这彰显着文化保存性的特质。在第二层次，随着时代的变迁与科技的革新，高校作为文化的熔炉，自然而然地肩负起创造新文化的使命，呈现出鲜明的革新性。体现在第一层次上的是一切教育都具有的功能，如文化继承和文化传播、文化选择功能。由于高等教育的特殊性，其又有特殊的创新功能，这是其他教育所没有的。第二层次的功能正是高等教育能够带动整个社会文明进步的动力所在。[5]

---

① 李立国：《后人均 GDP1 万美元时代的中国高等教育体系》，载《高等教育研究》，2020(9)。
② 李铭霞：《高等教育的文化功能刍议》，载《高教探索》，2005(2)。
③ 陈伟：《高等教育显性功能类型的现实分化和历史积淀》，载《广东教育学院学报》，2005(1)。
④ 薛卫洋：《传承与革新：高等教育功能之文化学视角解读》，载《教育与考试》，2015(2)。
⑤ 徐小洲等：《高等教育论：跨学科的观点》，144 页，北京，人民教育出版社，2003。

第二，经济功能。大学科研职能的确立构筑起高等教育与经济相联系的第一座桥梁。随着工业的发展，科技在生产中的作用越来越重要，也越来越直接。19 世纪后半期开始，英国以科学为基础的新兴企业的逐步兴起，是促进大学与企业联系的一个重要原因。在这些以科学为基础的新兴企业及其他许多重要工业革新领域中，一个极为重要的变化是大学成员开始取代那些大学外的发明家而占据主要地位。技术开始转入大学科学领域的一个重要原因，是人们所遇到的许多重要问题只有依靠科学理论知识才能解决。此外，更重要的是，从 19 世纪下半期开始，许多具有重要工业意义的发现是从纯科学中诞生的。因此，企业家即使自己不受科学训练，也要聘用受过科学训练的大学毕业生来厂工作。这一情况在染料和化学发展的例子中是屡见不鲜的。

构筑起高等教育与经济间联系的第二座桥梁是技术型大学的兴起。生产力的发展要求高等教育能提供大量应用型专业人才。既然传统的大学不能满足这一要求，就必然会产生一些新型的高等教育机构（如英国的城市学院、德国的技术学院）来承担这一任务。英国的城市学院（大学）是因工业的需要而诞生的，一开始就与工业界有密切的联系。设在谢菲尔德的费思学院表达了与传统自由教育不同的新理想，即教育应该紧扣人民的生活，应该从他们的日常工作出发，教授有助于他们的工作的那些知识。自 19 世纪 60 年代起，德国的技术学院或技术大学逐步超越职业中心导向，转而致力于理论与应用并重的科学教育。技术学院和工业的合作在 20 世纪 70 年代取得了相当的成功，而工业和大学之间的联系却极少。美国由国会通过《莫雷尔法案》，以赠地的方式鼓励创办农工学院，面向工农业实际，培养专业人员。[1]

高等教育与政府双向聚拢于经济领域。高等教育机构开始直接介入经济领域，二者联系的方式逐渐多样化。大学中出现了教育、科技、经济一体化的趋势，发展高等教育，推动其适应经济的需求成为一种自觉的行为。高等教育的产业特征渐趋明显，人们对高等教育与经济互动关系的研究趋向深入，努力实现二者的协调发展成为一种自觉的行为。高等教育的发展规划受到重视，被纳入国家经济发展计划中。[2] 纵观高等教育与经济关系的历史发展轨迹，其走向就如美国卡内基教学促进基金会在 20 世纪 80 年代发表的一份研究报告中所言：大学—宗教团体的关系已成

---

① 徐小洲等：《高等教育论：跨学科的观点》，180～183 页，北京，人民教育出版社，2003。
② 徐小洲等：《高等教育论：跨学科的观点》，183 页，北京，人民教育出版社，2003。

为历史陈迹；展望未来，将产生最激动人心的管理方法——高等教育与企业界的联系。①

二、概念辨析

这里我们尝试探讨高等教育功能与高等教育职能的区分，以明晰二者的内涵。高等教育作为人类社会活动的重要一环，具有两大基本功能，即主体功能与社会功能，分别在于促进个体成长与社会进步。其中，社会功能体现在高等教育活动对社会各领域发展的积极影响上，涵盖了政治、经济与文化等多元层面。高等学校的社会职能则基于其社会分工，体现了其应履行的责任与能力。这包括明确其职责所在，以及达成这些职责的程度。② 关于高等学校职能与高等教育功能，主要有以下观点。

第一种观点，假如将事物视为一个系统，常用功能一词描述其作用；而当谈及具体机构的作用时，则更多采用职能一词。高等教育致力于培育人才，它属于社会的子系统范畴，因此其作用体现为教育的功能。高等学校作为实施这一教育活动的机构，其作用则称为学校的职能。高等教育被界定为培养高级人才的过程或活动，高等学校便是实现此过程或活动的具体机构。基于此，高等教育之核心在于其功能性，而高等学校之核心则在于其职能性。

第二种观点，高等教育功能与高等学校职能在概念上既有联系又有差异。高等教育功能的发挥需要依托高等学校职能的履行，高等学校职能的履行需要与高等教育功能相适应。两者之间的主要差异在于高等学校更具行为特征，而高等教育则聚焦于内容特征。对于接受教育者而言，一旦跨出校园步入社会，学校的行为便逐渐淡出，而所学的知识、技能与智慧，则成为他们前行的指引。此时，高等学校职能"隐退"，而高等教育功能"彰显"。高等教育功能以高等学校职能为基础，高等学校职能适应高等教育功能。

第三种观点，高等学校职能与高等教育功能之间可以相互转化。当某一事物所具备的功能涵盖了社会广泛认可的价值，其功能便转化为相应的职能。随着高等教育逐步从社会的边缘走向中心，它从过去的附属地位跃升为社会发展的核心动力。高等教育的发展在很大程度上引领着社会政治、经济等领域的变革，不再仅仅服务于社会，而是成为推动社会前进的主导力量。在知识社会的背景下，高等教育的服

---

① 徐小洲等：《高等教育论：跨学科的观点》，186 页，北京，人民教育出版社，2003。

② 蔡映辉：《对高等学校社会职能的评析与认识》，载《高教探索》，2008(2)。

务职能已深深融入其本质功能之中，与教学和研究职能共同构成了高等教育的核心特质。①

三、功能特征

一是客观性与多维性。高等教育功能是高等教育活动内在且固有的，它独立于人的主观意图，只要教育活动持续进行，其功能便会自然显现。高等教育功能的形成和展现，深深植根于高等教育的复杂结构之中，这一结构涵盖多层次、多形式、多因素，从而赋予高等教育功能以多维度的特性。高等教育的育人功能与社会功能在多个层面得以体现，其发挥需依赖特定的条件。这些条件各异，因此功能的表现会有所不同。在现实情境中，高等教育的所有功能未必同步显现，有的功能可能暂时隐退，而有的功能则会格外突出。

二是稳定性与拓展性。高深学问的甄选、传承与创新，是高等教育赖以立足的基石，其稳固性不言而喻。纵览历史长河，无论科技如何突飞猛进，无论社会对高校职责的期待如何演变，高等教育在甄选、传承与创新高深学问上的核心功能始终如一，从未衰减。横观不同社会制度、经济与文化背景，高等教育基本功能的差异主要体现在对高深学问甄选、传承与创新的内容和重点的侧重上。同时，随着社会对高等教育需求的日益多样化，其功能表现从最初的单一形态逐步演变为多元共存形态。展望未来，随着高等教育进一步从社会边缘走向中心，其功能的表现形式将更加丰富多样，不断拓展新的边界。②

三是潜在性与或然性。高等教育的基本功能对社会的影响往往具有潜在性，只有在其选择、传递和创造的功能被实际用于履行社会职责时，才会真正作用于社会的发展。换言之，只有在这些功能转化为具体的职能时，高等教育的社会意义才得以彰显。高深学问的甄选、传承与创新，要求大学教育的学术水平和师资结构必须与之相匹配。自高等学校诞生之初，其潜在的社会职能便已蕴含于其基本功能之中，一旦社会需求浮现，其功能便能以某种形式的职能展现出来。然而，高等教育功能对于人和社会的发展具有双重性，既有积极影响，也可能带来消极影响。其影响并非绝对的，而具有或然性。在描述高等教育功能时，我们不能仅关注其正面效应，忽视其潜在的负面影响，其在高等教育中可能产生积极的影响，

① 周倩：《孕育还是新生：大学职能发展的审视》，载《宁波大学学报（教育科学版）》，2005(4)。
② 高耀明：《高等教育功能与高等学校职能探新》，载《高等师范教育研究》，1996(4)。

也可能带来负面的后果。若教育内容科学、方法合理，高等教育功能便能发挥积极作用；反之，若教育思想滞后、内容陈旧，则可能产生负面影响。①

第二节　重新认识

在西方高等教育史中，对高等教育功能的争论大致可分为三种：培养人才的单功能观，培养人才与发展科学的双功能观，培养人才、发展科学和直接为社会服务的三功能观。② 这些争论衍生出关于高等教育扩展功能的论说。对高等教育功能的不断研究，对适应经济社会发展需要、充分发挥高等教育功能具有重要意义。

一、扩展功能

徐小洲等在对历史上高等教育功能的争论进行考察后，认为高等教育有基本、扩展两类功能。基本功能包括研究和创新、教学育人、社会服务，扩展功能包括精神家园与人的变迁、社会动力与社会的变迁、文化阵地与文化变迁、信仰中坚与价值变迁四种。③

对于第一种扩展功能，徐小洲等认为，在现代世界文明社会中，人们对完美生活的追求似乎较为关注物质生活，沿着物质利益至上、经济至上的发展道路前进，忽略了精神、道德、情操等方面。要从这种危险中解脱出来，要做到以下两方面：一是改变利己的人生态度和自然观。我们不仅要以仁爱的态度对待社会中的人，而且要以慈爱的态度对待一切生物，认识到人是生态系统和生态过程中的有机组成部分，人的活动应该而且必须遵循生物共同体的行为规则，树立人类是一切生物的保护人的意识。二是重建失衡的精神价值观念。现代文明人要通过人的革命呼唤人类精神的复兴，建立精神与物质之间、科学与信仰之间的平衡与和谐。高等教育的悠久历史特性和内在的精神价值，大学学术群体对知识的追求，尤其是对人的本性、终极目的等形而上问题的思考，以人为本位的人文教育、通识教育的开展，为人们利用高等教育自身的力量培育人的精神，从而使大学成为人们的精神家园提供了

① 钱强：《社会思潮对高等教育功能释放的影响》，载《西北师大学报(社会科学版)》，2007(5)。
② 徐小洲等：《高等教育论：跨学科的观点》，6 页，北京，人民教育出版社，2003。
③ 徐小洲等：《高等教育论：跨学科的观点》，26～50 页，北京，人民教育出版社，2003。

可能。

对于第二种扩展功能的论述，主要围绕以下两方面展开：一是成为社会动力的高等教育。在经济方面，20世纪五六十年代，人力资本理论为知识的增长和累积在经济增长中所起的作用提供了理论证明和实证分析，从而使更多的人和更多的国家看到了教育的经济价值。随着经济的进一步发展，产业和技术结构发生了变化，高等教育越来越注意它与经济之间的关系，高等院校与经济部门的联系日益紧密。在政治方面，从统治阶级的角度出发，高等教育的政治功能主要是为了维护本阶级的地位和利益而培养人才。从知识政治学和学术权力的角度来说，高等教育的政治功能是绝对不可小觑的。二是高等教育在社会分层与流动中的作用。高等教育对社会的深远影响主要通过其在社会流动中扮演的关键角色在社会分层中显现。具体而言，高等教育是推动社会成员在社会层次结构中地位变迁的重要力量，为个体提供了向上流动的机会和路径。社会流动受诸多因素的影响，这些因素有社会因素和个人因素，其中，高等教育是社会流动的主要路径之一。高等教育学历层次与职业的关系反映了高等教育在社会流动中的重要作用和对垂直流动、水平流动及代内流动的显著影响。学历表示一个人受教育的内容和水平，对个人社会地位的取得和变换起到一定的作用；而职业则表明人们所属的社会阶级或阶层以及社会地位。高等教育不仅是当下社会人们获取社会地位的象征，而且是大多数人从事不同职业的最为重要的依据与凭证，是个人未来职业和收入最重要的决定性因素。

对于第三种扩展功能的论述，主要围绕以下两方面展开：一是在高等教育与文化的渊源方面。高等教育文化功能涵盖文化的选择、传递、传播、保存、批判及创造等多个方面。其中，在对文化的选择功能方面，高等教育展现出了比其他层次教育更为深远的影响；而对文化的批判与创造，更是高等教育区别于其他教育文化功能的核心，彰显了其对文化的独特反作用。在文化的选择与传递过程中，高等教育不断审视旧有文化，创造新兴文化，有力推动着社会文化的整体演进。作为新文化创造的摇篮，以及传统文化与外来文化的交汇点，高等教育凭借其优越的条件和独特地位，通过知识生产、精神价值观念的传承以及不同文化间的交流融合，获取了物质和精神生产的双重能力，进而推动了新文化的诞生与发展。大学通过它的知识、精神和文化价值维护各种各样的价值，真正使人获得自由的权利和选择的能力。同时，大学应该成为文化批判的阵地，开展对人的主体性和批判意识的培养和强化，反对抹杀个性、操纵个体的负面影响。二是在学术权力、文化资本与文化霸权方面。大学成为文化资本和学术权力的中心而拥有发言权。大学内部组织的变革,事实上亦是权力结构的调整或再分配。大学的改革和结构调整,既是响应社会需求的内在变革,又是知识与权力关系合理再分配的体现。这一变革不仅是对大学内部结构和功能的重组,而且是权力再生产与再分配在文化霸权与理性自觉之间的深刻博弈。它象征着知识体系在自我反省与批判中寻求新的平衡,展现了一个持续对抗与调整的动态过程。大学作为一种捍卫理性思维和追求真理的社会机构,其在知识与权力转换关系中的角色必须进一步被探讨。大学作为知识的摇篮,肩负知识生产、传递、分配、评鉴的重任,是名副其实的"知识工厂",大学不仅要确保文化资本在其内部的运用既合理又合法,而且应敏锐洞察并抵御来自大学外部的政治经济势力与意识形态的渗透,其可能会以显性或隐性的方式悄然侵袭大学的独立性。大学作为一个知识分配、传递和评鉴的重要社会机构,要认清学术社群的本质,真正成为人类文明的灯塔和真理的守护神。高等教育在抗拒文化殖民、文化霸权,培育民族文化自我意识,实现学术本土化上应有强烈的使命感和责任感。学术研究要增强本土意识。

对于第四种扩展功能,徐小洲等指出,高等教育不仅仅是社会系统中的一种实践活动或现象,更是人文世界中一种深邃的价值体现和精神现象。既然如此,高等教育应该担负起价值和精神方面的职责。大学应当成为一座人类精神的圣殿,成为真、善、美的保护人。在这里,人们感到自己身后有强大后盾——学者、学问、书籍、思想等。[①]

二、组织职能

高等教育具有社会、政治、文化、经济功能,高等学校具有教学、科研、社会服务等几大职能。高等学校是以深邃知识为核心构筑的学术殿堂,初期以传承知识为己任,随后又肩负起创造知识、应用知识服务社会的重任。在漫长的历史长河中,高等学校始终聚焦于知识的传播、创造与应用,致力于服务社会,而较少直接考量这些活动背后的经济价值。正如埃奥多里卡所洞察到的,大学的理想曾蕴含着丰富的文化和社会意蕴,矢志于公共价值的创造与传播。[②] 高等教育具有教学、科研和社会服务功能。以高等教育功能为视角,对我国20世纪50年代院系调整的原因、目标、过程以及影响进行分析,可以发现,院系调整是中华人民共和国成立

---

① 徐小洲等:《高等教育论:跨学科的观点》,32~52页,北京,人民教育出版社,2003。
② 蒋凯:《全球化时代高等教育若干基本问题的省思》,载《清华大学教育研究》,2015(6)。

后，高等学校以重点培养工业建设人才为目标而进行的改革。通过院系调整、专业设置、课程统一的三位一体改革，高等教育管理权实现了高度集中。院系调整是大学教学功能最大化的一次尝试。[①]

大学的定义是以其功能为基准的。首先，大学是研究高深学问的地方。大学已经成为人类社会发展的动力站，是社会中新思想的源泉、倡导者、推动者和交流中心，渐渐成为社会主要服务者和社会变革的工具。其次，大学是培养高层次人才的地方。高层次人才意味着大学所培养的人才在总体上具备较强的职业技术操作或管理能力，不仅应该具备职业活动的创造能力，还要具备从事职业的社会适应能力和工作开创能力，更为重要的是具备灵活的知识迁移能力和学习能力。世界上唯一不变的就是变化，高层次人才在内涵上和以往已经有了很大的不同，上述能力是适应变化所具备的基础性能力。最后，大学是为社会提供高端技术服务的机构。大学的社会服务是以其创造的知识为基础的服务。当年的威斯康星大学在发展大学第三职能——社会服务职能时，是以知识为社会提供服务的。正是在这个意义上，人们认为大学是社会变革的工具和社会发展的动力站。

从功能来界定大学组织其实有其内在的不足。不同高等学校之间存在很大的差别。在高等教育系统中，对于不同的部分，不能以同一个标准来度量，这是人们所说的高等教育系统的多样化。这种多样化的系统使我们不能笼统地以三种职能模糊地看待大学，以研究为主的大学和以教学为主的大学的职能侧重点有很大的不同。大学的使命不同，其职能侧重点不同，其内部结构也是不同的，当然，在内部机构设置上也存在很大差异。

我国高等学校内部组织在传统上是一种典型的行政治校管理体系，三种职能并未凸显出来，它运行的逻辑基础是科层制，高等学校应当发挥的三种职能已经被纳入科层体制：科研经费的分配、大学培养什么样的人才、大学介入社会事务都可能受到科层制的限制。"没有建立起教师参与学校管理的组织，无论是教师个人还是教师群体，对学校学术发展规划、教学科研运行、学术评议等都没有发言权。"[②]科层制管理重视的是正式结构，忽略了人的主观能动性，尤其是在大学组织，其发展的前提是知识的创造和传播，这个前提实际上以个人的创造才能发挥以及团队协作探索未知领域为主，失去了这个前提，大学就不能被称为大学了。

---

① 王世岳：《一次教学功能最大化的尝试——论 20 世纪 50 年代中国高校的院系调整》，载《河北师范大学学报(教育科学版)》，2015(5)。

② 别敦荣：《大众化与高等教育组织变革》，载《清华大学教育研究》，2006(1)。

国内外的大学组织都是发展中的组织,所以其职能是逐步确定并稳定下来的。英国的牛津大学和剑桥大学,从精英人才的培养发展为以科研实力在英国乃至世界范围内立足。美国的一部分州立大学在建立之初以培养实用人才为目标,在发展中渐渐地把科研放在了第一位,同时不放弃其他职能,而且其他职能发挥得很好。我国在20世纪50年代的院系调整中,出现许多单科性大学。经过几十年的探索和发展,很多大学已经发展为科研实力强大的综合性大学,逐渐出现了比较明显的大学分层现象,也就是大学把各自的使命稳定下来。原来单一的科层管理体制在研究型大学中正在转向以学术取向为主的管理体制。在我国,"随着大众化高等教育的发展,学校规模迅速扩大,学科专业急剧增加,学术活动日益复杂,为了适应新的办学形势,高等学校内部组织管理也发生了一系列变化。现在大学一般都设置了学术委员会、学位委员会、教师职称评审委员会组织,一部分教师代表获得了参与有关学术发展、学位审核、教师职称评审等主要学术事务管理的权利"①。学术和行政管理的分类治理在研究型大学中受到重视。比如,大学建立学部,在学部之下设立若干学院,学校将学术管理下放到以学术为主的机构,将自主权交给它们,在权力配置上实现了分权,同时在资源分配上,一方面重视学校的整体发展规划,另一方面重视学术基层组织的意见,以学科发展为重点,以形成特色为目标的发展思路来配置资源。

基于大学职能的演变历程,不难发现,高等学校的三大职能实为全球高等教育近一个世纪变迁的结果。三大职能转变的动因,从内部因素看,体现在社会经济进步对高等学校的新期待上。过去,高等学校犹如封闭的象牙塔,专注于培养绅士、律师、医生和牧师;如今,随着高等学校与社会经济之间的联系日益紧密,社会不再满足于既有模式,对高等学校提出了新的要求,从而推动了高等学校职能的演进。此外,高等学校内部的自我发展需求亦是其职能变化的重要影响因素。为了在学术的巅峰上传承知识、培育人才,高等学校必须深入科研领域,发现、传授和应用真理是高等学校不可分割的三个层面,其相互交织,构成了高等学校的内在逻辑。从外部因素来看,这三大职能之所以被普遍认同并被视为高等学校的基石,是因为它们不仅反映了高等学校在社会中的应有角色,而且回应了社会对高等学校的普遍期望,具有普遍性。② 高等学校社会职能研究总的来说有几个角度:一是以聚

① 别敦荣:《大众化与高等教育组织变革》,载《清华大学教育研究》,2006(1)。
② 蔡映辉:《对高等学校社会职能的评析与认识》,载《高教探索》,2008(2)。

焦高等学校的各类活动为起点；二是剖析高等学校活动所涉及的对象，包括工作对象和参与者；三是从高等教育的核心价值观念出发，进行深入的提炼与总结；四是从个人与文化的双重维度出发，进行阐释和解读；五是将高等学校的职能与社会需求紧密相连，进行综合性的概括和提炼。[①]

三、功能进化

高等教育的功能包括经济功能、政治功能、文化功能和人口功能等，以上功能均为高等教育分化与整合功能的具象化体现。简言之，高等教育分化与整合功能是高等教育的核心与本质。[②] 分化与整合反映了高等教育功能的进化机理。

高等教育分化功能指的是高等教育系统及其内部要素在持续向异质性转变的过程中所展现的效能。这一功能包含双重含义：既涵盖高等教育内部的自我分化，也包括其对外部环境的分化作用，是两者的辩证统一。高等教育作为一个完整的系统，分化是其固有的特性，而在这一过程中，分化功能便得以显现。分化功能不仅是高等教育的基础与核心功能之一，更是其经济、政治、文化、人口、知识及个体功能得以生成的重要基石。相应地，高等教育整合功能则是该系统及其内部要素在朝向同质性聚集的过程中所展现出的效能。整合功能同样包含双重含义：既包含高等教育内部的自我整合，也包含其对外部环境的整合作用，是两者相互协调的体现。高等教育作为一个系统，整合是其不可或缺的特性，在整合过程中，整合功能便得以彰显。整合功能同样是高等教育的基础与核心功能之一，为高等教育的经济、政治、文化、人口、知识及个体功能的生成提供了坚实的基础。

具体而言，高等教育自我分化功能主要体现在对系统构成要素及其结构的细致分化上。这种分化在多个层面得以展现：首先，它推动了高等教育模式的多样化，使得不同模式并行发展，各具特色；其次，它促进了高等教育类型的丰富化，满足了社会多元化的需求；再次，它助力了高等教育层次的细化，使教育层次更加分明，满足了不同学习者的需求；最后，它带来了高等教育治理的复杂化，要求治理体系更加精细、灵活，以适应不断变化的教育环境。高等教育分化他人功能，也就是高等教育对其他要素或系统的分化作用。高等教育立足于中等教育的基础之上，由各级各类高等教育机构精心实施，旨在以高深知识的生产、保存、传播、理解与

---

① 蔡映辉：《对高等学校社会职能的评析与认识》，载《高教探索》，2008(2)。
② 林杰、张德祥：《论高等教育的分化功能与整合功能》，载《江苏高教》，2022(9)。

应用为核心，致力于培养具备高度专业素养的人才。高等教育分化他人功能，则主要体现在其对于个体、知识领域以及社会结构的分化上。

高等教育整合功能体现在内部要素与结构的和谐统一上，以及对外界的融合与引领上。自我整合功能强调系统内的协调与优化，确保高等教育的稳健发展；而整合他人功能则注重与外部环境的互动与融合，推动知识的传播与应用，助力社会进步。整合功能不仅与自我分化功能相辅相成，共同塑造高等教育的多元面貌，还在人才培养、知识创新等方面发挥着重要作用。忽视整合功能，可能导致高等教育系统内部僵化，缺乏活力；而过度强调分化功能，可能导致系统过于分散，缺乏凝聚力。在高等教育系统的构建与发展中，应平衡好整合与分化之间的关系，既保持内部的和谐统一，又实现与外部环境的有效互动。

分化与整合作为高等教育诞生、运作与演进中的基本矛盾，是推动其繁荣与进步的基石。高等教育系统在人、高深知识以及社会的互动中自然分化，又在这些互动中实现深度的整合。正是这种分化与整合相互交织、相互作用的动态过程，引领着高等教育系统不断进化、持续发展。高等教育的演进历程，实际上是一个分化与整合交织共生的历程。它既是知识领域不断细分的历程，也是各种教育资源、社会力量相互融合、共同发展的历程。可以说，高等教育的发展史，正是分化与整合这一对矛盾不断运动、相互促进、辩证统一谱写的壮丽篇章。①

从分化与整合的视角看，人才培养始终被置于高等教育功能的核心地位。高等教育的基本功能聚焦于人才培养、科技创新以及社会服务三大方面，而人才培养则构成了大多数高校的基础职能。在人才培养的征途上，高等教育需直面培养什么人、怎么培养人以及为谁培养人的根本问题，即人才培养模式的选择。这一模式与高校的类型紧密交织，各类型高等学校应基于国家和社会发展的多元需求，结合自身的独特条件，精准定位办学方向、发展目标、性质与服务导向，从而确立人才培养的明确目标与规格。尽管不同高校的育人模式不同，但人才素质的基本架构是共通的。我们应以通识教育为基石，构筑学生广博的知识体系和综合能力，为其长远发展奠定坚实基础。同时，应结合社会职业技能标准，提高学生应用知识和技术解决现实问题的能力，确保学生能够在实践中不断磨炼才干、实现成长。高等学校的根本职能呼唤我们培育出既拥有广博理论知识，又具备强大实践能力和综合素养的新时代人才，特别是在应用技术开发创新方面，更需达到高水平的要求。②

---

① 林杰、张德祥：《论高等教育的分化功能与整合功能》，载《江苏高教》，2022(9)。

② 吴光：《城市型大学的内涵研究与办学模式创新》，载《中国大学教学》，2007(7)。

第三节 发展走势

我国高等教育正步入一个功能多元化的新时代，显著特点在于大学日益适应社会多元化的功能需求，同时大学自身的发展目标显得较为模糊。这种功能泛化的现象，源于知识经济时代利益诉求的多样化和效率时代大学改革步伐的相对滞后。功能分化，无疑是推动高等教育迈向卓越的关键步骤。它有助于大学明确自身的发展定位，促进高等教育质量的全面提升；有助于大学在特色化发展中满足社会的差异化需求；有助于大学构建核心竞争力。为实现大学功能的有效分化，我们需要采取一系列措施。首先，要以市场为导向，推动大学功能的改革与创新；其次，政府应发挥引导作用，确保大学公共职能的发挥；再次，大学自身需进行组织结构的调整，增强自主变革的能力；最后，社会组织应积极发挥作用，维护各方群体的利益，共同推动高等教育的健康发展。总之，大学功能泛化是导致大学陷入平庸状态的主要因素，促使大学功能分化是推动大学从平庸迈向卓越的重要措施。[①]

一、问题审视

从功能认识看，人们对高等教育功能的认识有两个趋向：一部分人信奉高等教育全能论，另一部分人则提出高等教育无用论。这两种认识的产生，存在多方面的原因：我国历史发展的影响、文凭社会的影响、高等教育资源不再稀缺的影响和高等教育人才培养质量相对下降的影响等。应理性认识高等教育的功能：高等教育不是全能的，接受高等教育仍然必要，高等教育功能实现需要一定条件，应全面认识高等教育的功能。[②]

从适应能力看，我国高等教育正面临严峻的就业形势，高等教育功能释放存在许多问题和现实困境，这主要是高等教育内部缺乏统筹、经济发展不平衡，以及人才培养机制、产品服务体系、市场经济法治不完善所致。为此，我们应着力调整经济结构，完善人才服务体系、法律法规和人才制度，深化高等教育改革，提升培养质量，增强高等教育在经济社会发展中的适应性，不断提高高等教育功能释放水平

---

① 杨聚鹏、苏君阳：《复杂时代的高校功能改革研究》，载《江苏高教》，2013(3)。

② 向冠春、刘娜：《高等教育功能释疑》，载《黑龙江高教研究》，2010(11)。

和释放效益。[①]

从协调发展看，我国高等教育发展过程中的大多数问题和矛盾均与高等教育宏观社会功能和微观社会功能不能有效发挥密切相关。从理论维度看，高等教育在宏观层面涵盖了体系支撑、全球交流互鉴以及系统内部自我调适等多重功能，而在微观层面则体现为推动个体社会化进程与实现社会选择优化的双重功能。从现实镜像看，我国高等教育的演进路径既凸显了宏观层面的非均衡发展现象，又面临微观层面的秩序缺失问题。这两大层面的挑战相互交织，共同构成了我国高等教育发展所面临的复杂困境，其中宏观层面的不均衡与微观层面的无序状态相互牵制，加剧了高等教育体系内部及外部环境的复杂性与挑战性。[②]

从制度的视角看，高等教育制度的供需失衡——无论是供给短缺还是过剩，均会成为高等教育功能释放的桎梏。人们可以通过主观能动性的调节加以应对，而连接这一能动性与既有限制之间的桥梁，正是逻辑的力量。值得注意的是，人的理性逻辑展现为一种相对理性，而非绝对理性。通过对高等教育的理性逻辑选择，并据此对不同层次与类型的高等教育进行价值评估，受教育者、高等教育机构及行政管理者方能做出理性的选择。这一过程不仅促进了高等教育功能的充分展现，还为实现高等教育功能的精准定位及清晰合理的结构体系的构建奠定了坚实基础。

二、功能定位

高等教育功能的合理定位，其核心在于以下方面：在客观上，需确保其功能得以正向彰显，减少或避免负向影响的浮现。在主观上，则聚焦于如何调控与减少负面功能的展现。在客观上，要求高等教育制度的设计精准且完善，特别是要对高等教育结构进行清晰界定与合理布局，以此为规范与促进高等教育功能有效发挥的基石。在主观上，则需深入探索高等教育的人文内涵，聚焦于教育受众的价值认知与取向。高等教育的价值，本质上体现在其作为客体如何满足主体的多元化需求上，这一认知构成了高等教育功能得以恰当表达的关键前提与条件。高等教育功能定位包括以下几个方面。

层级类型定位。高等教育层级类型功能定位的区别化表达是高等教育良好运

---

① 李增华、杨申宣、黄海涛：《我国高等教育功能释放的问题、成因及对策》，载《学术探索》，2011(2)。

② 张硯清：《新时期高等教育的社会功能》，载《华南师范大学学报(社会科学版)》，2014(4)。

行、合理产出的制度保障。随着经济与社会的发展，我国高等教育在功能定位上遭遇了趋同化、特色淡和实效差等问题，这些问题严重制约了高等教育为国家战略人才培养及经济社会发展提供有力支撑的能力。建立基于理性逻辑理念的高等教育功能定位，需要制度表达与人本表达的统一。高等教育的功能界定根植于政府层面的策略性框架构建，框架的灵活调整旨在顺应时代需求，其核心在于培育并塑造个体独特的个性化特质与融入社会的文化价值，同时激发并引导个人发挥主观能动性，进行理性抉择与逻辑选择。

结构功能定位。高等教育的功能定位与结构布局是驱动高等教育发展的两个维度，两者紧密相连。合理的高等教育功能界定，是构筑高等教育结构不可或缺的基石。高等教育的层次、级别、类别及特色划分，深刻影响着其功能效用的展现。这些划分在本质上是对高等教育结构的一次剖析，具体呈现为：层次化聚焦于教育阶段的纵向分布，涵盖从博士学位到学士学位的学术深度，以及博士研究生至高等专科生的学历广度；级别化则体现了管理归属的层次性，如中央直管、地方主管以及重点项目归属；而分类与分型，则是依据共性特征对高等教育机构进行的归类，囊括了综合型、理工类、艺术类、体育类、职业技术及成人高等教育等多种形态，共同构成了高等教育的多元化生态体系。①

指导理念定位。高等教育功能理念根植于多元的高等教育哲学土壤之中。依据布鲁贝克的理解，高等教育思想史中存在两大哲学观：其一，基于认识论，可称为认识论导向的高等教育哲学；其二，立足政治论，谓之政治论导向的高等教育哲学。自高等教育被赋予政治维度以来，其功能表达便与政治领域紧密相连，二者之间形成了不可分割的纽带。在政治的主导下，高等教育制度的构建得以推进，政治力量引领了高等教育功能的展现方向。同时，置身于高等教育体系中的人亦拥有其自主性。因此，高等教育功能的定位，实则是一个在引导性表达与自主性表达之间寻求平衡的理性逻辑进程。同时，高等教育作为一种针对广泛群体的准公共产品，其选择过程根植于一种深思熟虑的理性价值权衡之中。这不仅是高等教育受众个体内在多样化个性价值倾向的自发体现，也是在社会发展进程中，人类对于多元化社会角色与身份追求的深刻反映。只有高等教育自身和相关者保持价值自由、摆脱固有价值判断的束缚，高等教育功能才能定位清晰、表达明确。

---

① 黄景文、胡彰、闭富春：《高等教育功能定位的理性逻辑表达研究》，载《广西大学学报（哲学社会科学版）》，2015(6)。

主体观照定位。高等教育功能定位的理性逻辑根植于相关主体对高等教育价值的深刻评判之中。此理性逻辑犹如破冰之斧，能够穿透主观能动性与既有制度间的壁垒，为各方开辟出制定有效策略的路径。高等教育功能的展现，在本质上是一场价值的较量，唯有在思想的碰撞与实践的磨砺中，各类价值才得以显现，而个体对高等教育价值的抉择，亦在此过程中逐渐清晰。欲改革高等教育结构，优化其功能表达，必先转变高等教育价值导向。这要求我们将自我塑造的理性抉择权交还给学生，让每个学生都能基于自身进行价值判断。同时，教育管理者则需在外围精心构建制度框架与政策导向，以确保高等教育功能定位的全面与合理。尊重学生个体的独立性，激发其精神自主与思想自由，并鼓励其独立思考，是高等教育功能完善不可或缺的基础。构建一种非偏颇、包容并蓄的高等教育观念，是稳固高等教育结构、减少无谓竞争消耗的必由之路。在此过程中，对教育理性逻辑价值的深刻认识，无疑扮演着至关重要的角色。它不仅是引领改革的灯塔，更是确保高等教育功能合理定位的指南针。①

社会功能定位。高等教育功能体现在两重维度上：从宏观视角看，高等教育作为社会系统的重要支柱，在经济、政治、文化、军事等方面均发挥着不可或缺的支撑与维护功能；从微观层面看，高等教育则深刻影响着社会个体的成长与发展，扮演着关键的社会化引擎与个性化选择平台的角色。因此，高等教育功能的全面展现，势必依赖于政治稳定、经济发展、社会和谐与文化繁荣等社会子系统的协同作用。同时，社会成员通过高等教育，将政治智慧、文化精髓、经济理论及社会洞察等宝贵知识内化为自身素养的有机部分，不仅丰富了人格内涵，还促使不同社会个体凭借个人努力跨越阶层界限，实现社会流动，从而维系了社会整体的活力与稳定，这一过程对高等教育社会功能的彰显至关重要。尤其对后发型现代化国家及正处于转型期的国家而言，高等教育承载着推动国家繁荣富强、实现民族复兴的宏伟愿景，肩负着引领科技创新、建设科技强国的重大历史使命。它不仅是知识的灯塔，更是国家发展的引擎，对于塑造未来、引领变革具有不可估量的价值。②

经济功能定位。哈贝马斯认为大学是批判的殿堂，应超脱金钱与权力的工具性羁绊，矢志于政治社会的革新与文化生活的丰饶。布迪厄则断言在高等教育场域，最为珍贵的资本形态当属学术资本与科学资本，其核心价值内核在于知识与文化的

① 黄景文、胡彰、闭富春：《高等教育功能定位的理性逻辑表达研究》，载《广西大学学报（哲学社会科学版）》，2015(6)。
② 张砚清：《新时期高等教育的社会功能》，载《华南师范大学学报（社会科学版）》，2014(4)。

积淀，而非经济或政治的功利考量。尽管哈贝马斯和布迪厄在概念运用上各有侧重，但在审视高等教育之于社会、文化功能的深远意义上，二者的思想不谋而合，差异仅在于哈贝马斯更为强调大学作为政治变革催化剂的角色。回溯历史，高等教育的社会、政治及文化职能，在多数时期均凌驾于其经济功能之上，经济导向的过度凸显不过是历史长河中的短暂插曲。在高等教育经济功能的过分强调被普遍视为弊端时，其固有的社会与文化功能或将再次焕发光彩。巴尼特认为大学的独特魅力并不在于直接驱动经济增长，而在于其作为开放对话与交流的平台的角色，这种跨越国界的对话与交流旨在服务于全球社会的整体进步与发展。这一视角，进一步丰富了我们对高等教育多维价值的认识。①

三、功能选择

从资本的角度看，高等教育是助力个体迈向优质职业、丰厚收入与崇高地位的重要阶梯，然其深远价值远非单一维度所能概括的，亦不可因暂时的就业挑战而偏废其全貌。我们应秉持全面视角，深刻理解高等教育的多重功能。它不仅是经济资本积累的催化剂，更是社会资本拓展、文化资本积累乃至生活品质全面提升的驱动力。高等教育赋予个体的，不仅是物质层面的实利，更是精神与生活的全面富足。正如美国学者派拉斯所说，教育的光芒不应局限于成就与收入之间的直接关联，而应开阔视野，超越传统地位成就论的束缚，探寻教育在多元社会结构中留下的深刻烙印。他强调教育如细雨润物，深刻影响着家庭、职场、社会经济成就、知识与认知、政治与社会参与、价值观的塑造、闲暇时光的利用乃至身心健康等方面。这一系列连锁反应，彰显了高等教育对个体发展的全面、深远且综合的促进作用。因此，高等教育的影响是一个多维度、多层次的复杂过程。②

从影响因素角度看，高等教育发展受内外两种力量影响。内部力量是指高等教育内在逻辑力量，外部力量来源于政府、市场和社会。在实证研究中，高等教育发展的代理变量及其影响因素千差万别。黄榕、顾元媛在区域高等教育发展水平测度量表基础上，以 38 个指标和 2006—2020 年间的省级数据测算我国高等教育进入大众化阶段以来的发展水平，并将其分解为高等教育要素、能力和功能的不同表现。动态面板模型回归的广义矩估计（generalized method of moments，简称 GMM）证实了由高校、政府、市场和社会开放系统共同构成的高等教育动力机制：在内部力

① 蒋凯：《全球化时代高等教育若干基本问题的省思》，载《清华大学教育研究》，2015(6)。
② 向冠春、刘娜：《高等教育功能释疑》，载《黑龙江高教研究》，2010(11)。

量上，高等教育发展的当前状况取决于过去高等教育的要素积累和能力实现，但高等教育功能的发挥并没有滞后效应。在外部力量上，市场力量对高等教育既有正向推力，也有负向拉力，社会力量制约了高等教育发展，地方政府力量对高等教育有挤出效应。从影响机制来看，高等教育自身和第三产业形成促进发展的存量增量效应，高等教育对城镇化水平、政府投入、交通投入、固定资产投资等形成路径依赖效应，这在一定程度上制约了自身发展，信息通信和科技投入对高等教育发展形成利弊并存的合作竞争效应。①

高等教育功能映射着社会经济、政治文化的脉动，契合社会主体当下与未来的多元化需求。高等教育以积极主动的姿态投身于这些领域的变革浪潮之中，引领选择，激发创新。高等教育功能作为一个体系，囊括了基础功能和现代功能，并不断拓展其他功能。拓展功能主要表现为知识性功能、批判性功能和创新性功能。② 高等教育的基本功能深植于其政治、经济与文化三大领域。在高等教育功能体系中，政治功能居于核心地位，经济功能则展现出强大的辐射效应，而文化功能则是其固有的本质所在。高等教育的政治功能，在于其对社会政治稳定、变革进程及民主建设所发挥的积极作用，是塑造社会政治生态的重要力量。高等教育的经济功能是指高等教育系统对一定社会经济发展所起的作用。高等教育的文化功能指的是高等教育系统对文化保存、传播、改造、创造和发展所起的作用。

高等教育的现代功能集中在人才培养功能、发展科学功能以及社会服务功能上。在这一功能体系中，人才培养功能占据核心地位，是推动社会进步与发展的基石；发展科学功能则作为重要支撑，不断拓宽人类认知的边界；而社会服务功能则是高等教育影响力的直接体现，将知识与实践紧密结合。高等教育功能的持续拓展，并非对其基本与现代功能的否定，而是基于社会政治经济文化的深刻变革及高等教育自身发展规律所进行的一种继承、发扬、改造与创新的综合过程。批判性功能作为高等教育精神内核的重要组成，其本质在于扬弃而非单纯否定。它既包含对既有观念与实践的深刻反思与批判性审视，也蕴含对未来方向与目标的建设性构想与完善。在创新性功能方面，高等教育始终是知识创新与创意人才培养的摇篮。它对于激发民族创新精神、提升国家创新能力具有不可估量的基础性价值。高等教育不仅致力于提供高质量的教育服务，更致力于为国家可持续发展培养具备创新精神

---

① 黄榕、顾元媛：《我国高等教育发展的动力机制分析：基于高校、政府、市场和社会开放系统的实证研究》，载《江苏高教》，2023(6)。

② 张西方：《论高等教育功能的拓展》，载《山东师范大学学报(人文社会科学版)》，2010(6)。

与实践能力的人才资源。素质性功能也是高等教育不可或缺的一部分。在全球竞争日益激烈的今天，人才素质的高低直接关系到国家的兴衰成败。高等教育承担着培养高层次、高素质人才的重任，旨在通过全面提升学生的综合素质，以应对复杂多变的国际政治经济环境，以及来自资本主义价值观念和意识形态的挑战。①

随着时代变迁，高等教育所承载的功能及其重心展现出显著的多样性，并且高等教育功能边界持续拓展。在全球视野下，各国的高等教育社会功能是不同的。每一历史阶段，高等教育的发展重心均经历着深刻的变迁，总体趋势鲜明地指向高等教育日益摆脱象牙塔，积极融入社会，逐步由社会的边缘地带转向引领社会发展的中心。在信息爆炸的时代背景下，高等教育被赋予了提升与维护国家核心竞争力的战略使命。② 高等教育政策与实践双轨并行——全球视野与本土智慧交织互动。高等教育承载着多元化的社会文化愿景，其经济功能的彰显不应孤立或偏颇，而应作为间接驱动力来促进经济繁荣。知识，在本质上为公共财富之精髓。将其经济价值过度商业化，或将侵蚀公共福祉与知识本体的纯粹性。面对高等教育的改革与发展，发展中国家需坚守自主创新，确保不失本土根基，以独特路径探索适应自身国情的高等教育发展模式。③

国际竞争日益严峻，各国竞相在全球舞台中寻求优势或稳固地位，国家竞争力的提升成为普遍共识。竞争导向的政府愈发重视高等教育的经济功能，期望高等教育能深度融入并驱动经济发展，乃至直接转化为经济增长的引擎。多国政府纷纷出台政策，促使高等教育体系向技术型与应用型人才培养倾斜，鼓励高校增加应用研究项目的数量并提升其质量，同时相应减少对基础科学研究的财政支持，以加速技术转移与科研成果商业化进程。学费制度的调整，包括引入或提高学费标准，也成为缓解财政压力、激发高校自我发展动力的一环。部分国家积极探索教育国际化的新路径，如扩大自费留学生招生规模、设立海外分校及推广各类有偿跨境教育项目，并将教育视为重要的出口商品，予以政策扶持与激励。这一系列举措背后似乎隐藏着某种矛盾：一方面，政府强调高等教育对经济的直接贡献；另一方面，却削减公共教育经费、倡导资源优化与效益提升，以及强化评估与质量保证机制，对高校资源使用进行严格的监督与问责。政府削减公共高等教育经费的决策，既源于财

① 张西方：《论高等教育功能的拓展》，载《山东师范大学学报（人文社会科学版）》，2010(6)。
② 郭建如：《社会变迁、教育功能多元化与教育体系的分化：全球的视野》，载《教育学术月刊》，2010(11)。
③ 蒋凯：《全球化时代高等教育若干基本问题的省思》，载《清华大学教育研究》，2015(6)。

政紧缩的现实压力，也基于一种信念，即高等教育已具备"自我造血"能力，能够通过经济活动回馈社会。这种对高等教育经济功能的过度强调，不经意间模糊了其原本丰富的社会文化价值，可能对高等教育的全面发展造成一定影响。

20世纪80年代中期以来，英国政府先后发布多份高等教育白皮书，强调高等教育为经济发展服务的目标和为国家创造财富的指向。2003年，英国教育大臣克拉克宣称："我并不在意是否有中世纪研究的专家，那只有装饰的目的，国家没有理由资助这样的研究。"其发言人就此进一步阐述：大学存在的目的是使英国的经济和社会能够应对全球变化对国家所形成的挑战。也许有人会说，大学从根本上说是学者共同体，政府不应该以任何形式干预他们的活动，他们聚集在一起，自由思考，不受外在力量的约束。克拉克认为，这是对大学理想的合法界定。但是，这样的定义自身并不能解释和说明政府为什么要为大学提供资源。上述观点映射出国家教育行政人员对人文基础学科探究的轻视态度，以及对大学作为解决社会经济问题的工具的角色的大力提倡。高等教育的经济效用被置于聚光灯下，促使高等学校渐趋企业化，教师角色转型为知识生产者，乃至部分蜕变为学术界的"经济舵手"，而学生则相应地被视为知识消费的主体。经济导向的持续强化已悄然在高等教育界孕育出一种新型思维范式——经济理性主义。世界银行与联合国教科文组织均不讳言："由于市场力量占优势，高等教育对公共利益应负的责任被忽视了。"[1]

高等教育功能的多元化已成为全球趋势。简言之，当前高等教育肩负多重功能，包括知识的保存和传授、高深学问的钻研、高级人才的培养、社会公平的维护和促进、创新体系的构建，以及在终身教育和建构学习型社会中充当骨干等。其中，在增强国家和地区科研实力、加速科研成果转化、确保经济核心竞争力的道路上，高等教育被寄予厚望。这一期望在人才培养层面的体现，便是对学生创新意识与创新能力的日益强化与追求。[2]

我国正步入经济社会深刻转型与和谐社会全面构建的关键时期，面对纷繁复杂的社会思潮挑战，尤需警惕西方新殖民主义思潮的侵蚀，应保持清醒的头脑。首先，我们应当积极营造环境，激发高等教育功能的全面释放，构建高效运行的社会支持体系。首要之务，是优化人才市场生态，健全人才结构体系，建立人才中介机

① 蒋凯：《全球化时代高等教育若干基本问题的省思》，载《清华大学教育研究》，2015(6)。
② 郭建如：《社会变迁、教育功能多元化与教育体系的分化：全球的视野》，载《教育学术月刊》，2010(11)。

构并使其深度融入用人单位的人才管理体系。通过深化"双向选择"政策，赋予人才中介必要权限，精准对接供需，促进人才资源的合理配置与高效流动。其次，要促进用人单位与高校的直接对话与合作，构建以物质激励为纽带的互动机制。此举不仅能增强高校教育教学的针对性与实效性，激发教育改革的内生动力，而且能确保人才资源的精准投放与高效利用，既为高校带来发展资金，又有效避免人才错配与浪费。再次，国家需发挥宏观调控作用，精准把握人才供需动态，引导高校科学制订培养计划。在保障基础学科人才稳定供给的基础上，鼓励高校灵活调整专业设置，增设与经济社会发展紧密相关的急需专业，注重培养复合型人才，确保教育质量与市场需求的高度契合。最后，建立健全人才培养与使用的激励机制，淡化文凭色彩，重塑职业观念，充分激发科技人才的创新活力与潜能，让知识的能量能在社会实践中得到充分释放与有效转化。[①]

　　高等教育产出的成果涵盖毕业生这一人力资本以及丰富的精神文化产品。高等教育功能的结果除直接产生的功能效用之外，大多以毕业生人才和文化产品等"固态形态"存在。毕业生与文化产品融入社会系统并发挥其独特价值之时，便是高等教育功能的全面释放之时。从释放机制看，高等教育功能的实现与扩展可归结为两大环节：其一，高等教育产品的有效供给；其二，这些产品在社会中的充分应用。高等教育功能释放的成效，既取决于社会环境的支持，也依赖于教育自身的质量与特色。毕业生与文化产品在社会中得到广泛且有效的利用，便是对高等教育功能高效释放的有力证明，标志着教育与社会发展的和谐共进。从微观视角审视，就业不仅是高等教育功能释放的直接途径，而且是影响其释放效率的关键因素。为提升高等教育功能的释放效益，需双管齐下。一方面，提高产品质量，确保毕业生与文化产品的市场竞争力；另一方面，优化外部环境，减少阻碍因素，构建高效而顺畅的体制机制。具体措施包括：加速经济结构与产业布局的优化升级，特别是增强第三产业活力，为高等教育功能释放创造机遇；建立统一的人才服务平台，强化市场支撑；完善就业法律法规，保障毕业生权益；打破人才流动障碍，实施精准的岗位管理；摒弃短期应急思维，科学规划高等教育发展，精准对接社会需求；深化教育教学改革，增强毕业生的就业竞争力；引入经济激励，构建多元人才培养与使用机制；加大对西部与基层的政策支持，降低毕业生就业成本，促进人才均衡分布。[②]

　　① 钱强：《社会思潮对高等教育功能释放的影响》，载《西北师大学报（社会科学版）》，2007(5)。
　　② 李增华、杨申宣、黄海涛：《我国高等教育功能释放的问题、成因及对策》，载《学术探索》，2011(2)。

　　高等教育的宏观社会功能与当前我国社会发展的阶段性特征紧密相连。1999年高校扩招政策实施,特别是进入 21 世纪以来,"高等教育无用论"在我国被广泛讨论,部分人认为高等教育作用有限;而在高校扩招前,"高等教育全能论"曾被广泛接受。事实上,公众对高等教育价值的两极化认知——无论是"无用论"还是昔日的"全能论"——均根植于我国经济社会变迁与高等教育发展的现实土壤之中。虽然个别个体完成高等教育后未能获得预期回报,但这并不足以让人全盘否定高等教育的价值;同样,一国高等教育体系的完善与经济社会进步的同步实现,亦非高等教育全能性的绝对证明。因此,我们应以理性和辩证的视角审视高等教育,尤其需合理界定并平衡其宏观社会功能与微观社会功能。①

　　系统的支撑功能,体现在其对毗邻的政治、文化及社会子系统所施加的正向促进作用与协同影响上。高等教育子系统作为教育系统的关键组成部分之一,其核心价值不仅在于自我完善与壮大,而且在于精准助力政治、文化、社会子系统的和谐进步,共同推动高等教育子系统自身的稳健前行。评估高等教育子系统功能成效的关键标尺,在于其能否有效促进并平衡与相邻子系统间的正向互动,确保各子系统和谐共生、相辅相成。放眼全球,从互动功能看,国与国、民族与民族、地区与地区之间的交往与合作日益紧密,高等教育置身于这股洪流之中。在经济现代化、政治民主化、社会文明化趋势加速的今天,各国各地区亟须跨越国界,汲取全球智慧与文明精髓。尤为重要的是,任何被边缘化的个体都将错失共享人类文明进步果实的机会,难以实现长远的稳定与发展。

　　从系统内部的调适功能看,一个国家的高等教育子系统作为构筑人类社会不可或缺的基石,不仅肩负着支撑政治、文化及经济系统繁荣的重任,还积极吸纳国际高等教育领域的先进理念与实践,以促成本国高等教育质量的飞跃。最为重要的是,高等教育子系统还需进行自我革新与调整。一方面,致力于弥补自身短板,持续优化其架构与效能;另一方面,灵活应对社会环境的变幻,确保与外部环境维持动态平衡。从微观层面看,高等教育承载着两项基本功能:社会化与社会选择。在社会化功能方面,高等教育阶段是青年学子成长旅程中的关键一站,对其社会化的进程具有重要影响。在大学,身心渐趋成熟的青年学子不仅汲取着知识的甘霖、技能的精髓、经验的宝藏与实践的真谛,而且在潜移默化中接受政治智慧的启迪、社会规范的熏陶与法律意识的塑造,经历了从知识技能的积累到社会政治身份的建立

---

① 张砚清:《新时期高等教育的社会功能》,载《华南师范大学学报(社会科学版)》,2014(4)。

的过程。这一过程，不仅是大学生接受高等教育的核心追求，而且是高等教育本质功能的展现。

高等教育社会选择功能既包括对文化的选择，又包括对社会成员的选择。一方面，高等教育犹如文化的精炼器，对流行风潮与主流思潮进行审慎筛选与升华，确保文化的精粹得以薪火相传，而芜杂之处则被有效剔除。在这一过程中，高等教育扮演了文化创新的引擎，通过孕育新颖思想、推动科技进步及培育具备开拓精神的人才，为社会文化注入源源不断的活力。另一方面，高等教育作为社会成员的筛选工具，尤其针对大学生群体，通过构建多元化、竞争性的选拔体系，实现了社会成员分层的有序化，匹配个人潜能与社会需求，既促进了个人职业轨迹的变迁，也加速了社会整体的流动，保障了社会的开放性与发展动力。随着高等教育走向普及化，如今，大学生们踏入高等学校，不仅是为了完成个人成长的蜕变，更是怀揣着通过接受高等教育，获得国家与社会认可的学历资质，进而在广阔的职场舞台上找到属于自己的位置，实现职业梦想与社会价值的双重飞跃。①

多样化是高等教育发展的根本趋势和基本历史走向。高等教育多样化的核心内涵和根本特征在于其功能的多样化。这在高等教育发展史中表现为，通过高等教育组织机构的多样化，推动、促进高等教育功能类型的增加；通过高等教育融资渠道的多样化，推动、促进高等教育功能强度的增强。多样化有助于高等教育的合法化存在和发展，但是也有其效用限度，即多样化无法解决高等教育功能结构的优化和合理化问题。为此，必须以可持续发展的思想和原则为指导，坚持高等教育的多样化发展与政府的宏观统筹、集中调控之间的辩证统一。②

【思考练习】

1. 何为高等教育功能？
2. 高等教育功能与高等学校职能之间的区别与联系是什么？
3. 高等教育功能的特点有哪些？

【推荐阅读】

1. 布鲁贝克. 高等教育哲学[M]. 郑继伟，等译. 杭州：浙江教育出版社，1987.

① 张砚清：《新时期高等教育的社会功能》，载《华南师范大学学报（社会科学版）》，2014(4)。
② 陈伟：《高等教育多样化发展的哲学反思和历史溯源》，载《清华大学教育研究》，2003(5)。

2. 张应强. 文化视野中的高等教育[M]. 南京：南京师范大学出版社，1999.

3. 纽曼. 大学的理想[M]. 徐辉，顾建新，何曙荣，译. 杭州：浙江教育出版社，2001.

4. 克拉克. 高等教育新论：多学科的研究[M]. 2版. 杭州：浙江教育出版社，2001.

5. 潘懋元. 多学科观点的高等教育研究[M]. 2版. 上海：上海教育出版社，2001.

6. 徐小洲，等. 高等教育论：跨学科的观点[M]. 北京：人民教育出版社，2003.

7. 周光迅，方建中，吴小英. 哲学视野中的高等教育[M]. 青岛：中国海洋大学出版社，2006.

8. 雅斯贝斯. 大学之理念[M]. 邱立波，译. 上海：上海人民出版社，2007.

第五章　高等教育组织

>>> 章前导语

从历史的角度看,高等教育组织的基本形态没有发生本质变化,其内部学科专业结构的布局反过来可能影响社会分工走向与行业发展样态。[1] 随着大学管理复杂性的增强,这项工作只有受过专门训练的人才能胜任。到 20 世纪初,管理人员从教师中分离了出来,管理工作开始由专门的管理专家来承担。在学科分化和劳动分工的基础上,高等教育组织形式开始向结构化程度比较高的科层形式转变。第二次世界大战后,大学中管理人员的数量进一步增加,企业管理方法被应用到高等教育组织之中。[2]

理论模式是对实际状况的一种抽象,使用理论模式来研究高等教育组织的方法不断受到人们的关注。虽然每一种模式都无法反映组织活动的全部,但是每一种模式都有助于我们理解组织的某些特征。[3] 研究者们所概括的学院模式、科层模式、政治模式、文化模式、有组织的无政府模式从某种程度上只能部分地反映高等教育组织的特征,它们在一定程度上对大学组织有一定的解释力,但使用理念模式来研究高等教育组织的方法也有其局限性。只有从多视角来研究高等教育组织,才能准确把握其组织特征和活动规律。

第一节　基本认识

恩格斯指出:分工在工场手工业中实现了最高的发展水平。工场手工业把一种

---

① 康宁:《大学组织治理结构对高等教育制度选择的本质影响》,载《教育发展研究》,2004(6)。
② 褚宏启:《中国教育管理评论》第 1 卷,49 页,北京,教育科学出版社,2003。
③ 褚宏启:《中国教育管理评论》第 1 卷,50 页,北京,教育科学出版社,2003。

手艺分成各种局部操作，把每种操作分给个别工人，从而使他一生束缚于一定的操作和一定的工具之上。在涂尔干看来，一方面，社会集中的过程决定分工的发展；另一方面，分工会加强社会的集中化趋势。在这种相互作用的过程中，分工持续进步以社会密度增加为前提。事实上，分工是一种衍生出来的事实。社会越进步，其容量就越大，进而劳动分工就会越发达。他引用斯宾塞的表达加以佐证：社会如同活的机体，源于细胞，生于物质，这些物质从最初极其微小的颗粒变成了比较大的积团。社会经过演化后才变得非常庞大。①

高等教育组织是社会分工的产物，它主要围绕高深知识展开活动，其形态与知识活动紧密联系。从历史演变角度看，大学组织形式的变化与以下两方面因素有关：第一，大学的组织形式与学科的形成和发展是密不可分的。早期的大学以七艺为基础，随着科学知识不断进入大学，大学的组织形式发生了变化。19世纪末，大学的主要学科包括自然、精神和道德、古典语言、数学和现代语言。于是专业系和专业学院这种组织形式出现了。20世纪中叶以后，知识体系日趋成熟，在学科交叉处出现了新的学科生长点，综合与交叉成为学科发展的新特征，大学组织并成立各种研究机构来整合学科。第二，高等教育规模和功能变化对大学的组织形式影响深远，如大学入学人数增加、大学生来源多样化、大学的开放性增强、教学手段革新等。②

一、特征分析

全面把握高等教育组织特征对于理解高等教育组织十分必要，因为任何片面的认识都会导致对高等教育发展的误解，如果在误解的基础上决策，那将使高等教育蒙受巨大的损失。对高等教育组织本身的认识始终是我们的任务。高等教育组织已经从行会组织发展为近代社会相对独立的部门。传播高深知识成为高等教育组织的核心特征。从生存角度考虑，高等教育组织具有自我保护能力并形成了很强的凝聚力。随着高等教育规模的不断扩大，高等教育组织逐渐发展成一个专业化与行政化相结合的组织。高等教育内部包括高等学校类型、层次等的多样化，使高等教育组织的目标越来越模糊。概括高等教育的主要特征，有助于理解普及化的高等教育表

① 涂尔干：《社会分工论》，渠东译，217～218页，北京，生活·读书·新知三联书店，2000。
② 褚宏启：《中国教育管理评论》第1卷，48页，北京，教育科学出版社，2003。

现出的复杂性现象，从而为我们解决高等教育发展过程中的问题提供思路。

(一)近代社会相对独立的部门

高等教育已经"摆脱了家庭、社区和教会，并且在极大程度上比较摆脱了地方官员和地方外行人的控制"[①]。高等教育具有初等教育或近代中等教育所想象不到的自主权，其独立性特征最为重要的表现是学术自治和学术自由。学者们(学术共同体)在追求真理的过程中可以在较大的范围内享受自由。为争取自由，高等教育组织不断地争取自主权。高等教育组织有自己的生活方式、管理方式、运行机制和价值规范体系。它的主要功能是发现、保存、提炼、传授和应用知识，为社会直接服务。这个独立部门的工作材料是知识，采用的主要技术是教学和研究。高等教育组织由中世纪的行会发展而来，逐渐从社会边缘走向社会中心，已经成为全社会关注的焦点，其独立性特征越来越明显，并且不同的利益群体可以从它那里得到自己想要的东西。

(二)传播高深知识的机构

专门知识是学院与大学占支配地位的特征，学院和大学的组织与权力围绕在专门知识的周围。[②] 中世纪的大学正是为传播知识、组织教学而诞生的，它所传播的知识是当时社会最高深的知识。德国柏林大学的建立，在很大程度上引领了大学发展的潮流，其主要原因就在于它把科学研究引入大学，强调纯学术研究。威斯康星大学的实践，发展出高等学校直接为社会服务的第三种职能，这在一定程度上为社会提供了高深知识在社会生产和生活中应用的机会。每一个较大规模的现代社会，无论它的政治、经济或宗教制度是什么类型，都需要建立一个机构来传递深奥的知识，分析、批判现在的知识，并探索新的学问领域。换言之，凡是需要人们进行理智分析、鉴别、阐述或关注的地方，那里就会有大学。[③]

(三)具有自我保护能力的场域

大学组织之所以能在多年的风雨历程中保存下来，是因为它发展为具有保护性和凝聚力的组织以维持其智力活动的发展。欧洲中世纪最早创办的意大利北部的博洛尼亚大学幸存下来，而萨莱诺大学却消失了，其主要原因就是前者建立了保护性

① 克拉克：《高等教育系统论——学术组织的跨国研究》，王承绪等译，3页，杭州，杭州大学出版社，1994。

② 陈学飞：《当代美国高等教育思想研究》，58页，大连，辽宁师范大学出版社，1996。

③ 布鲁贝克：《高等教育哲学》3版，13页，杭州，浙江教育出版社，2002。

制度、加强了凝聚力，而后者缺乏的正是这两个方面。中世纪大学的历史表明，如果要使智力活动的契机得以保存，在取得学术成就之后，就必须从制度上给予保障。起初，无固定的组织也许能为自由探究提供机会，但是从长远和有控制的发展来看，只有通过制度才能保证智力活动的可持续性。① 大学在很长一段时间里，是通过获得特许而得以生存的。回顾大学发展的历史，如果处在教会和世俗政权的夹缝中生存的大学没有自我保护能力和凝聚力，那它何以生存？如果大学没有自我保护能力和凝聚力，如何能抵抗外界各种利益群体的侵扰而得以保存？

（四）以二元权力为基础的组织

学术权力与行政权力构成了独特的高等教育组织二元权力结构，这种二元权力结构是在高等教育的逐渐发展过程中形成的。高等教育组织原本是一个专业化的行会组织，但随着规模的扩大，"多元化巨型大学"形成之后，大学组织管理的专门化就显得特别重要。比如，学校发展规划的制定和实施、教育经费的筹措和合理使用以及各种教育资源的有效配置等，都需要专业管理人员的参与。在西方国家尤其是美国，高校管理的专业化特征十分明显，早期的经验管理已不能适应学校的发展。克拉克认为，行政管理的核心是协调、平衡与妥协，金字塔形的组织得以存在与发展的主要原因是秩序的构建可以使本来四分五裂的学科、单位和部门珠联璧合。行政权力的相对扩大趋势似乎已不可逆转，但这并不意味着它要超越学术权力。"大学行政管理的作用丝毫不能忽视，但不能因此就用行政权力代替学术权力。"②如果学校权力重心移向行政管理，学术权力就会受损，学术尤其是教授们在学术事务决策中的作用势必被忽视。③

（五）目标模糊的共同体

多数组织都知道自己在干什么，高等教育组织却很难说清楚自己在干什么。它们虽然都以知识为材料，以研究和教学为技术，但其目标是模糊的。在大学组织内部，各构成单位都有自己的目标，这些目标反过来以累积的形式成为规模更大的统一的操作目标。"在系科、讲座或研究所中，主要行动人员对其所做的事情的理由一般都有充分的认识。但和其他人一样，在被问及用一两句话概述整个机构的意义

---

① 克拉克：《高等教育系统论——学术组织的跨国研究》，王承绪等译，4 页，杭州，杭州大学出版社，1994。

② 张珏：《关于学术权力概念的界定》，载《高等教育研究》，2000(5)。

③ 谢安邦、阎光才：《高校的权力结构与权力结构的调整——对我国高校管理体制改革方向的探索》，载《高等教育研究》，1998(2)。

和目的时，他们也只能搔搔头皮，回到无足轻重的陈述上去。"①高等教育是一个巨型联合体，它由不同层次、不同类型的成分构成，它的使命广泛多样，所以很难用一个统一的目标来概括。这种目标的模糊性还在于大学或学院的操作层是相互分离的，专业的高度分化造成了学者之间的鸿沟愈来愈深，甚至同一个专业的不同方向难以沟通。尽管人们越来越重视专业的综合化，但要建立不同专业之间的共同话语体系似乎很难。高深知识的纵向发展使整个高等教育组织的分裂化程度越来越严重，它的目标更难以界定。

二、演进机制

高等教育组织随着社会的发展不断变化。从早期的行会性学术团体到封闭的大学庭院(象牙塔)，从单一的大学组织逐渐演变为多样化的高等教育组织，进而成为包含许多子系统的复杂的高等教育系统，涵盖高中后所有教育机构和教育形式。高等教育组织既有专门培养高级研究人才的大学和各种各样的专业学院，也有承载数十万学生并将三大职能融于一体的巨型大学。

至于分权，主要体现在政府管理权力的下放上。在西方国家公立教育的改革中，权力下放是重要的内容，包括实行校本管理，给予学校在财政、人事、课程发展等方面的权力。政府通过权力下放，使学校能够掌握一定资源，灵活处理与周围环境的关系，提高适应能力，以适应外界环境对其提出的多元化需求。在高等教育领域，在一些国家在削减高等教育财政支出的情况下，鼓励大学面向市场，从企业中获得科研合同等。②

分析高等教育组织的演进机制，有助于我们进一步认识高等教育的发展规律。基于高等教育发展的历史轨迹，高等教育组织的演进机制在于分化、移植和统合三方面。

(一)分化

从世界范围来看，教育体系或教育机构的组织分化是外界对教育资源需求多元化的结果。一般来说，存在两种基本的分化策略：一是外部增加。如美国，由于其

---

① 克拉克：《高等教育系统论——学术组织的跨国研究》，王承绪等译，23 页，杭州，杭州大学出版社，1994。

② 郭建如：《社会变迁、教育功能多元化与教育体系的分化：全球的视野》，载《教育学术月刊》，2010(11)。

私立院校存在发展惯性，无法适应工业革命的需要，政府就通过颁布《莫雷尔法案》并另建一套新的体系来增强大学社会服务的能力。二是内部分工。大学组织内部在无法改变现存内设机构时，通过另设机构，如本科学院、文理研究生学院和各种专业学院来强化其职能。三是院校分类。美国加州大学的高等教育总体规划，对社区学院、州立学院和研究型大学的职能、招生范围等进行了划分，让社区学院成为实现高等教育大众化的重要工具，保证传统的研究型大学不受较大冲击。在多数分权化国家中，高等教育体系内部的分化多是通过自发演变与有意识引导相结合来实现的。比如，德国的洪堡创办的柏林大学主要以研究为使命，而德国的工科院校是由自 18 世纪始的多科技术学校逐步发展而来的，到 19 世纪中叶以后成为工业学院，并在 19 世纪末发展为工科大学，取得了与传统大学同等的地位。第二次世界大战后，德国在 20 世纪 70 年代前期又创办了高等专科学校这类新型的高等学校。

中世纪大学把它们的合法地位建立在满足当时社会的专业期望上。[①] 为满足世俗和教会的管理及统治人才的需要，中世纪大学大多为职业性机构，培养了服务于国家机构的政府主要官员、王室顾问以及教会的牧师、主教、教堂的院长、教会团体的领导等，也包括世俗和教会法庭的法官等，还培养了学校校长，教区牧师、附属教堂牧师、家庭教师等。[②] 大学经过漫长的几个世纪的发展，变得越来越保守。19 世纪以前，英格兰仅有牛津大学和剑桥大学两所大学。17、18 世纪，这两所大学被卷入政治宗教的斗争漩涡中难以自拔，无法跟上工业变革时代的需要，变得越来越不合时宜。[③] 英格兰高等教育的真正复苏是在大学之外发生的，正如哈罗德·珀金所说，社会不能从原有机构中获得它所需要的东西，这将导致其他机构的产生。[④] 伦敦大学的创办适应了当时社会发展的需要，突破了传统大学教育模式，拓展了高等教育的功能。自此，高等教育组织开始出现真正的分化。分化在高等教育组织发展进程中是不可抗拒的。

(二)移植

国际学术模式的转移现象在高等教育的发展历程中比比皆是。中世纪大学在长

---

① 布鲁贝克：《高等教育哲学》3 版，3 页，杭州，浙江教育出版社，2002。
② 贺国庆、王保星、朱文富等：《外国高等教育史》，66~67 页，北京，人民教育出版社，2003。
③ 贺国庆、王保星、朱文富等：《外国高等教育史》，95 页，北京，人民教育出版社，2003。
④ 克拉克：《高等教育新论：多学科的研究》2 版，王承绪、徐辉等译，35 页，杭州，浙江教育出版社，2001。

期发展过程中形成了自身独有的特色，为欧洲乃至世界上其他国家的高等教育组织提供了可借鉴的模式。18世纪末到19世纪初的德国高等教育体制及办学理念受到当时许多国家的青睐，在英国、美国大学的血液中，都有德国大学的宝贵传统，而各国为适应本国的学术传统和社会风尚而对其加以调整。[①] 比如：俄国于1632年建立的基辅莫吉廖夫学院以西欧中世纪大学为蓝本；日本最早建立的大学则仿效欧美模式，东京大学设法、文、理、医四个学部，它早期的研究与教学实际上由来自英国、美国、德国、法国的30多位外国教师承担。[②] 俄国和日本注重学习他国的经验，美国、德国等国的高等教育组织也是通过移植而得以发展的。

从高等教育发展史来看，我国曾先后以日本、欧洲、美国、苏联等国家和地区的高等教育经验为样本并加以改良，形成了具有中国特色的高等教育组织形态。19世纪后半期，我国出现的新大学套用了日本的一系列做法，事实上对推进当时高等教育组织的发展没有多大的作用，也未形成我们自己的教育思想和管理手段。甲午战争前后，我国高等教育组织模仿过日、德、英、美等国的教育制度和内容，在一定程度上促进了自身的进步。这一时期所套用的外国高等教育体制主要由政府操控，实施的法令有鲜明的移植特点，如1904年颁布的癸卯学制，以及辛亥革命后的壬子癸丑学制。1952年的高校院系调整，教育部聘请苏联专家作为顾问参与高教设计与改革，应该说是当时我国全面移植苏联高等教育组织模式的典型举措。

(三)统合

在高等教育组织的发展过程中，其发展机制在不断调整。一些人发现了分化后的高等教育对高等教育整个系统的完善和发展的重要性，但不清楚它进一步发展的动力在哪里。移植在高等教育的发展过程中是必不可少的手段，可是移植面临本土化的问题，如果将一国的高等教育全部照搬到另一个国家，极有可能造成其水土不服之症。所以，统合机制在各国高等教育组织发展选择中得到了认可。统合机制是一种吸收与创新的高等教育组织发展机制，重在学灵魂而不是形式，注重灵活地学习而不是机械地照搬。高等教育发展的源泉在于不断创新，创新是高等教育发展的内在规律，学习和吸收精华是创新的基础。

19世纪，自由市场式的美国高等教育体制与德国的国家控制和国家提供经费

---

① 阿什比：《科技发达时代的大学教育》，滕大春、滕大生译，12页，北京，人民教育出版社，1983。

② 金龙哲、王东杰：《东京大学》，6页，长沙，湖南教育出版社，1992。

的高等教育体制有天壤之别。[①] 19 世纪末，美国著名大学的研究生院办得相当出色，但它们并没有放弃本科生教学，在美国的顶尖大学里形成了一种双层体制，一层是学院或本科生，另一层是大学或研究生。美国在向欧洲著名大学学习的过程中，主要吸收高等教育发展的内在机理，坚守大学精神，同时推进大学组织的发展。蔡元培先生在担任北京大学校长期间，其办学理念吸收了德国大学的核心精神。

从上面的分析中可以发现，高等教育组织的演进机制具有明显的时代性：分化、移植和统合等机制都是高等教育发展到一定的阶段才出现的。发展机制的变化需要一定的基础，它是在人们不断地对高等教育发展进行反思和探寻高等教育发展动力的过程中逐渐形成的。高等教育在各个时期的发展机制与其存在的合法性基础之间具有重要的关联性。

三、生态视角

生态系统是英国生态学家坦斯利于 1935 年提出来的，它指生物群落与其生存环境之间，以及生物种群相互之间密切联系、相互作用，通过物质交换、能量转换和信息传递而形成的占据一定空间、具有一定结构、发挥一定功能的动态平衡整体。生态系统所强调的是整个系统与生存环境之间的动态平衡，更为重要的是：它蕴含着要进行合理的路径选择才能成功完成系统的物质交换、能量转换和信息传递的思想。阿什比说，大学就像动物和植物一样进化，任何类型的大学都是遗传与环境的产物。[②] 高等教育系统的生态型特征加深了人们对高等教育系统的认识。在我国高等教育的大众化和普及化进程中，高等教育领域内各个利益主体的期望不同，又由于现实与传统的差距，出现了诸如精英化与大众化高等教育、数量与质量、公平与效率、政府调节与市场介入、趋同与特色、入学与就业、学术权力与行政权力、教学与科研等方面的问题。面对我国高等教育发展过程中的若干问题，转变观念，树立与我国高等教育发展阶段相适应的可持续发展观、整体协调观、教育产业观、教育法治观、以人为本观、多样化质量观，构建生态型高等教育系统十分必要。

---

① 克拉克：《高等教育新论：多学科的研究》2 版，王承绪、徐辉等译，41 页，杭州，浙江教育出版社，2001。

② 阿什比：《科技发达时代的大学教育》，滕大春、滕大生译，7 页，北京，人民教育出版社，1983。

(一)可持续发展观

从生态系统可持续发展来看，过去以破坏环境为代价来发展经济的道路使人类社会陷入困境之中。应从根本上改变人与自然的关系，使经济发展和环境保护保持协调，建立良好的生态系统。世界环境与发展委员会在《我们共同的未来》中提出，可持续发展指既满足当代人的需要，又对后代人满足其需要的能力不构成危害的发展。在一定时空范围内，高等教育资源总是有限的，要实现高等教育的可持续发展，就要限制高等教育的功利目标。基于此，生态型高等教育系统的内在意蕴是指：高等教育需摆脱短期功利性目标，建立可持续发展的高等教育系统，促进系统的良性循环，进而实现系统与环境之间的物质交换、能量转换、信息传递的常态化。可持续发展观强调的是当代高等教育的发展不能耗尽用于今后发展高等教育的资源，要克服高等教育发展的短视倾向。在大众化和普及化高等教育阶段，高等教育领域内的短期行为包括：第一，高校盲目扩大办学规模，超过自身承受能力，高风险运转学校，在入学高峰期尚能维持，一旦入学人数下降，将会造成大量高等教育资源的浪费；第二，只注重学校当前经济效益，忽视学生质量，这种有违高等教育办学规律的行为必然导致学校声誉的下降，影响学校的进一步发展。可持续发展观要求高等院校正确定位，合理规划，注重特色，形成品牌效应，占领人才高地，为获得一流教师努力创造工作条件、提供优厚待遇，进而形成核心竞争力。尤为重要的一点是，可持续发展观要求高等教育培养的人才具有可持续发展能力，这就要求高等院校要坚持以综合素养养成为目标，通过素质教育培养创新型人才，以适应社会对高等教育的需求。

(二)整体协调观

高等教育系统是学术组织、专业组织和行政组织的混合体。[①] 如此庞杂的组织系统，需要研究者、决策者与实践者以整体协调观来把握它。高等教育整体协调观指有关不同类型、不同层次的高等教育与经济发展在总体上相适应的看法。具体指：在布局上，各高校内部学科及专业设置应从整体出发，协调发展，满足社会需求；在性质上，公办高等教育与民办高等教育都应占据一定的份额，以保证高等教育的公平和高等教育资源的有效使用；在运行上，高校组织内部的学术权力应占据主导地位，强调行政权力的服务性，在此基础上保持学术权力与行政权力的平衡。

在普及化高等教育阶段，整体协调是指：第一，高等教育是保证一个国家的学

---

① 赵文华：《高等教育系统论》，19 页，桂林，广西师范大学出版社，2001。

术研究能力居于世界前列，在国际高精尖技术领域占有一席之地，进入世界教育强国的行列的重要途径。同时须将公平与效率保持在合理限度之内。第二，在普及化高等教育阶段，高等教育的高质量发展应以基础教育的充分发展为前提，否则教育高质量发展体系难以建立。第三，大学须采用跨学科机制，形成学科群，保证学科之间的相互支撑与相互促进。这就要求大学内部原有的院系结构不断优化组合，保证资源得到充分利用。第四，强调政府在高等教育领域内的宏观协调，"两只手"都要发挥应有的作用。总之，生态型高等教育系统是一个和谐的整体。

（三）教育产业观

在普及化高等教育阶段，教育产业观强调高等教育融入经济社会发展需要。教育产业观主张高校走出象牙塔，以保证高等教育系统与外界的无缝对接。高等教育产业观实质上运用了市场的经营思想，高校组织的教学、科研和社会服务活动应以社会价值的实现为基本旨趣。这至少有以下三个方面的含义：第一，绩效性，大学组织的高绩效成为社会问责的主要内容；第二，创新性，大学组织的知识创新是驱动社会发展的源泉；第三，适应性，大学组织应不断调整学科专业、人才类型，以满足社会需求。

随着我国高等教育规模的扩大，教育质量成为人们长期关注的热点。同时，办学资源尤其是经费不足是高校面临的现实问题。这就需要高校以经营思想为指导，运用市场规律来配置高校资源以提高办学效率。高等教育的产业观对国家、高等教育系统、社会、企业及个人的行为选择产生影响。值得警惕的是，高等教育的产业观不应专注于经济效益，而需要根据人才培养、科学研究和社会服务的效果，从整体上考察综合效益。教育是一种特殊的社会活动，应遵循其自身内在规律。"教育具有产业属性，但不能产业化"作为在教育产业问题上的定性，从根本上可以防止教育走上歧路。教育规律指导教育目的，教育目的引导教育实践，教育与产业的融合是教育的一种途径。不应将教育完全当成一种产业。在教育产业观的视域下，大学组织应当强化对大学生基本品质诸如伦理道德、职业道德、家国情怀的培养，培养堪当中华民族伟大复兴重任的时代新人。

（四）教育法治观

法治观要求高等教育依规则行事。国家对高等教育法律的健全和完善是高等教育健康发展的重要保证。依法治校、以法治校要求有关主体要以国家法律法规治理学校。美国依靠法律手段对高等教育进行宏观管理已经形成共识。1819年，美联邦高级法院以达特茅斯学院案为判例法，对美国高等教育产生的影响是：州政府不能强迫私立机构转公立，私立院校不受州法令的约束；公共部门有向私立高等院校补助拨款的责任。1862 年，美国国会通过的《莫雷尔法案》规定：联邦政府按各州在国会的议员人数，按每位议员三万英亩土地的标准向各州拨赠土地，各州应将赠地的收入用于开办或资助农业和机械工艺学院。该法案推动了美国综合性大学的改革。1958 年，美国国会通过的《国防教育法》规定：授权联邦政府拨款 2.8 亿美元分摊给州立学校以支持自然科学、数学、现代外语和其他紧要科目的教学计划，并向立志从事中小学教师工作的学生提供贷款。这一规定提高了中小学师资水平，增强了大学科学研究能力。[1]

在法治观视域下，举办高等教育应以法律法规为底线。通过法律法规来规范高等教育的办学行为是世界各国对其高等教育实行宏观管理的通行做法。1995 年 3 月 18 日，全国人大通过了《中华人民共和国教育法》；1998 年 8 月 29 日，全国人大通过了《中华人民共和国高等教育法》。这些教育法律法规为建立中国特色高等教育体系提供了基本准绳，为制定高等教育其他专项法律和配套的法规提供了法律依据。

（五）以人为本观

以人为本强调对人性的理解和尊重。个体是生态系统存在的前提。生态型高等教育系统中的以人为本观要求我们的制度设计应满足大学生成长成才的需要。一是设置多样化的教学内容。重点加强课程体系建设，建立起能满足学生个性化需要的"课程超市"。二是提升评价质量。高等教育应以综合素质教育为基础，建立科学的学生学业评价指标体系和评价方式，合理确定德智体美劳诸要素在评价体系中的比例；重点考查学生专业知识的掌握程度，知识获取、创新、应用等方面的能力，学习方法和学习习惯的养成，批判性思维能力的构建，等等。

大学组织应制定符合自身定位和适应劳动力市场的人才培养方案，充分利用现代教育技术手段，倡导采用线上线下、课内课外、主修辅修相结合等多种方式，满足学生综合素养养成的需要。在教育理念上，坚持学生中心、问题导向、持续改进的人才培养理念，通过反向设计、正向施工的方式，培养学生适应未来工作岗位的能力。在教育内容上，教师应将前沿知识融入教学之中，让学生用未来的眼光审视当下的学习，克服"用昨天的知识教今天的学生，他们去从事明天的工作"之局限。在学习方式上，探索弹性学分制，提升学生自主学习能力，给予其能力范围内的学习自由。在教育实践上，大学组织应优化学科专业结构，加强学科专业间的融合，

---

[1]　沈红：《美国高等教育的统一性》，载《高等教育研究》，1999(3)。

并通过各种社会实践培养学生的实践动手能力、组织管理能力、团结协作能力。[①]
以人为本观主张培养全面发展的人，尊重高等教育的消费者选择高等教育内容、学
习方式的自由，体现对人的充分关照，注重个性化、多样化的教育制度设计。[②]

(六)多样化质量观

多样化质量观强调高等教育质量评价标准的多样化，避免培养"单向度的人"。
在生态型高等教育系统中，坚持多样化质量观既有利于保护高等教育自身，又有利
于适应社会对高等教育的多种诉求。一把尺子不能衡量所有的高等教育，不同层
次、不同类型的高校应根据各自的培养规格制定相应的标准。美国一流的大学如哈
佛大学、斯坦福大学等以一流科研产出和一流人才培养得到社会的广泛认可；而主
要培养本科生的四年制学院、社区学院以培养社会不同岗位需要的人才为目的，同
样受到社会的欢迎。[③] 生态型高等教育系统中的所有高校各有其生态位，并在其中
发挥各自的功能，从未来的职业预测、创新发展出发，培养社会的有用之才，重视
原创性成果的产出。

多样化质量观为高等教育普及化提供了观念支持；而基于时代发展的质量鉴定
认可制度为高等教育办学主体规定了行为边界，高等教育的质量底线得到了保证。
技术理性社会在关注"物"的同时，将人的主体性丢失了，结果培养出了"以物为中
心"的异化人。在马尔库塞看来，"单向度的人"不具有否定、批判和超越的能力，
缺少理想信念追求，缺乏想象构建力，只能生活在忙碌而又没有目标的现实世界。
反思教育，由于功利性目标作祟，教育的整体价值未能充分展示，培养的人才无法
适应经济社会发展的需要。实施高等教育质量认可制度，能使高等教育的质量得到
基本保证。

构建生态型高等教育系统，是高等教育在观念上的突破。可持续发展观和整体
协调观从未来和现实两个方面表达了生态型高等教育系统的内在要求；教育产业观
从本质上反映了大学走出象牙塔的景象，大学唯有从外界获得物质、能量和信息资
源并为社会源源不断地提供知识和智力支持，才能确认其合法性地位；教育法治观
体现了外界对高等教育系统的规范性要求，有利于生态型高等教育系统内部以及内

---

① 季学军:《大学毕业生就业新特点及其思考》，载《南通师范学院学报(哲学社会科学
版)》，2002(3)。

② 张慧洁:《21世纪高等教育的发展与变化——兼论高等教育的主要矛盾》，载《煤炭高等
教育》，2002(1)。

③ 王英杰:《美国高等教育的发展与改革》2版，187页，北京，人民教育出版社，2002。

外部之间良序格局的建立；以人为本观和多样化质量观是构建生态型高等教育系统的出发点，高等教育系统中的人始终是最为活跃的要素，要从多样化质量观出发，建立符合人的发展规律的制度体系和运行机制。

第二节　变革探析

根据伯顿·克拉克的高等教育组织观，高等教育组织存在基层推动的革新、高层发起的改革、渐进的变革、边界渗透的变革、无形的变革五种类型的变革。[①] 有学者认为，高等教育组织的变革效果不显著，主要受到组织内外部两个方面因素的影响，而内部因素更具有基础性，主要包括动力不足、目标模糊、组织惰性、文化差异与资源依赖等。[②] 高等教育组织的变革是高等教育发展的动力源。

一、英国高等教育组织

在中世纪文化起源的研究中，西方修道院制度地位得到学者的高度重视，其原因在于，自古典文明衰落到 12 世纪欧洲大学兴起的 700 年间，修道院是这一历史长河中最为典型的文化组织。可以说，宗教通过修道院制度对这几百年的整个文化发展产生了直接、决定性的影响。[③] 7 世纪前后，英格兰产生了文法学校这类新式学校。文法学校作为面向未来传教士传授普通课程和专业课程的机构，成为人们进入教会的必经之路。大学组织机构形成之前，英国文法学校除教授文法外，还开设修辞学、辩证法等课程。8 世纪，文法学校集中学、大学和神学院于一体，几乎教授当时的全部课程。12、13 世纪，牛津大学、剑桥大学诞生后，文法学校收缩了课程教授范围，仅教授文法，成为大学组织的预备机构。[④] 牛津大学、剑桥大学一开始就处于既想独立，但又不得不依附于宗教和朝廷的矛盾之中。一方面，宗教给大学带来财政收入，同时决定大学教什么；另一方面，朝廷赋予大学许多特权以保护大学，同时限制大学变革。

---

① 朱迪：《克拉克高等教育组织变革观述评》，载《常州大学学报（社会科学版）》，2011(1)。
② 钱志刚、崔艳丽：《论大学组织变革的制约因素——内部的视角》，载《高校教育管理》，2014(5)。
③ 道森：《宗教与西方文化的兴起》，40 页，成都，四川人民出版社，1989。
④ 易红郡：《宗教文化与英国高等教育的变迁》，载《现代大学教育》，2008(3)。

1836 年正式成立的伦敦大学事实上只是一个考试机构，大学本部没有教学任务，唯一职能是办理伦敦地区大学所属几十个学院的学生考试事宜，以及英国国内以及殖民地大学学院的校外学位考试事宜，成为英帝国的学术中心。① 罗斯布莱特认为，19 世纪的伦敦大学史是一部新大学试图发现一种符合其自身独特的使命的历史，其特殊性足以使伦敦大学的形象在与牛津大学和剑桥大学的比较中避免遭人贬损。② 伦敦大学的诞生在英国高等教育史上具有标志性，形成了有别于牛津大学、剑桥大学的办学模式，为女子高等教育、科学教育等领域做出了创造性贡献。③

当时，伦敦大学对各学院的唯一控制手段是学位考试，学院在招生、教学、经济、管理上均独立自主。在这种模式下，其他的一些机构逐渐成为伦敦大学的附属学院。后来，伦敦大学衍生出校外学位模式，那些无学籍学生只要缴纳考试费，就可在伦敦大学报名参加学位考试，及格者可获伦敦大学的学位。该模式延伸到英联邦国家和地区，这为更多人创造了接受高等教育的机会。1900 年，伦敦大学本部开始招生，实行校本部和校外部分工制，校本部负责招生、上课和科研等，校外部负责监督教学质量和组织学位考试。这种大学组织模式传承了高等教育的既有模式。19 世纪中后期，英国城市学院兴起，其特点表现为：城市学院都设在人口聚集的工业城市，与地方工业有紧密联系，优先发展能给当地工业直接带来好处的学科；一般不采用寄宿制；设置涉及面宽的现代化课程。伦敦大学和城市学院的产生打破了英国高等教育的传统结构，在满足中产阶级高等教育需求的同时，有力促进了英国的科技和生产进步。④

伦敦大学的创办推动了英国 19 世纪中期"新大学运动"的爆发，各主要工业城市为培养社会需要的各类工业方面的人才，根据地区优势工业纷纷成立讲授实用课程、突破宗教限制的城市学院。尽管它们中的绝大多数并没有学位授予权，但因直接服务于城市工商业，满足了经济社会发展的需要而逐渐得到社会各方面的认可。这些新式城市学院均以宗教无甄别、课程讲实用为基本原则，以培养科技人才为主要目标。其中，有 11 所成长较快并在 20 世纪成为完全大学，著名的有曼彻斯特欧

① 王承绪：《英国高等教育发展的历史和现行体制述略》，载《教育论丛》，1983(2)。
② 罗斯布莱特：《现代大学及其图新》，别敦荣译，382 页，北京，北京大学出版社，2013。
③ 袁传明：《高等教育改革的妥协性——以 19 世纪伦敦大学的改革为例》，载《高教探索》，2020(3)。
④ 贺国庆、王保星、朱文富等：《外国高等教育史》，237～238 页，北京，人民教育出版社，2003。

文斯学院、利兹约克郡科学学院、利物浦大学学院与伯明翰梅森科学学院。① 作为一种新式大学，城市学院大力推行职业教育与科技教育，将伦敦大学的世俗主义原则与功利主义精神带到英格兰各重要城市。

这些新创办大学的共同特点有：第一，打破了牛津大学、剑桥大学的学院制，实行走读制。学生主要来自本城市，具有走读的条件。二是解除宗教信仰限制。主张大学教育不受宗教信仰和社会地位的限制，为不信奉国教的人提供学习机会。三是地方性。大学多由地方捐资兴办，与各城市生活、地方工业密切相关，主要为本地区培养专门工程技术员。四是由学院到大学。最初设立的学院本身不授予学位，它们的学生大多数由伦敦大学授予学位。在具备条件后，学院最终发展为大学。五是重视技术科学。设置工程技术专业的做法体现出其对技术科学教育的重视，这与英国教育思想界"科学技术教育不应与人文学科割裂开来"的看法有关。②

伦敦大学的创立及其后的创新与发展，不仅是 19 世纪英国高等教育改革的重要成果，而且是功利主义和世俗主义在英国高等教育体系中的成功实践。以伦敦大学为典范，功利主义和世俗主义不断向全国各地延伸，对整个英国高等教育产生了重大影响，同时给古典大学带来了巨大的压力，英国高等教育改革的浪潮终于冲破古典大学保守主义的防线。自 19 世纪 50 年代中期到 70 年代末期，英国议会通过了一系列有关大学改革的法令，对牛津大学、剑桥大学进行重大改革。这些改革不仅废除了古典大学在入学与学位授予方面的宗教检验，彻底取消了宗教甄别，实现了宗教与教育的分离，而且大力发展实用学科特别是自然科学和历史学科，并使之取得了与古典学科和数学同等的地位。总之，到 19 世纪末，牛津大学、剑桥大学两所古典大学以及曼彻斯特、伯明翰等城市学院都具有了现代大学的基本特征，既是世俗主义、平民主义的高校，又是课程实用、具备泛智特点的高校。经过长期努力，伦敦大学开启的"新大学运动"基本实现了英国高等教育的世俗化、平民化与泛智化，伦敦大学的理念最终延伸到整个英国高等教育体系之中。③

20 世纪初，英国大学不断扩张，新诞生的大学源于一些改组的机构和原来的城市学院。这些大学建筑采用红砖，被人们称为"红墙大学"。"红墙大学"出现的社会背景是英国人口增长和中等教育扩展。同时，当时主要资本主义国家的经济增长

---

① Edward Royle，*Modern Britain：A Social History*，*1750-1997*，2nd，London，Bloomsbury Academic，1997，pp. 382-388.

② 王承绪：《英国高等教育发展的历史和现行体制述略》，载《教育论丛》，1983(2)。

③ 邓云清：《伦敦大学与英国高等教育的近代化》，载《黑龙江高教研究》，2008(3)。

和科技进步引起了英国的反思。一个普遍的共识是新企业要立足于当地的工业需要，大学要为工业发展培养人才，传统的培养方法必须让位于专门的科学教育。"红墙大学"一方面帮助学生攻读伦敦大学校外学位，另一方面积蓄力量提升自身的学术水平。它们在"接地气"的过程中，找准了立足地方、服务全国的办学方向。独立大学运动开创了英国高等教育史上的一个新时代，使中产阶级甚至工人阶级的子弟有了上大学的机会，扩大了高等教育的受教育对象的范围，打破了传统的上层社会垄断高等教育的局面，使高等教育走出象牙塔，实行开放办学，并由此获得了无限的生命力。[①]

1963 年出台的《罗宾斯报告》被看作英国高等教育发展的分水岭，该报告将之前未获得广泛共识的高等教育扩张政策合法化，为英国高等教育的发展提供了一个清晰的架构。[②]《罗宾斯报告》是由罗宾斯委员会在对英国、美国、苏联、法国等国家开展大量调查研究的基础上形成的，系统阐述了英国高等教育的目标和原则、英国高等教育模式的现状、英国高等教育和其他国家相比较的情况，并提出了今后高等教育管理机制发展的预设和 178 条建议。[③]《罗宾斯报告》是英国高等教育从传统模式走向现代模式、从精英型走向大众型的转轨宣言书。[④]《罗宾斯报告》中的两个核心原则对大学拨款委员会发展产生了重大影响：一是支持高等教育扩张；二是高等教育扩张不能影响到大学的独立自治，需要教育中介组织在高校与政府间进行协调。正是由于《罗宾斯报告》的出台，20 世纪六七十年代，英国高等教育从办学方针、制度设计、发展策略到经费投入机制、管理运行机制以及大学的设置、规模、评价等各个方面均发生了深刻的变革。[⑤]

1965 年，英国教育与科学部大臣克罗斯兰德主张，大学与非大学应该平起平坐、共同竞争，统一的高等教育制度应按照阶梯原则实行分层，并正式宣布"两种高等教育"的原则。1966 年，英国教育与科学部颁布了《关于多科技术学院与其他

① 贺国庆、王保星、朱文富等：《外国高等教育史》，382～383 页，北京，人民教育出版社，2003。

② Michael Shattock, "Remembering Robbins: Context and Process," *Higher Education Quarterly*, 2014(2).

③ 许心：《变革与转型："后罗宾斯时代"的英国大学拨款委员会》，载《大学教育科学》，2014(6)。

④ 刘晖：《从〈罗宾斯报告〉到〈迪尔英报告〉——英国高等教育的发展路径、战略及其启示》，载《比较教育研究》，2001(2)。

⑤ 许心：《变革与转型："后罗宾斯时代"的英国大学拨款委员会》，载《大学教育科学》，2014(6)。

学院的计划》白皮书，将巴思等 8 所高级技术学院升格为大学，并将原有 90 多所独立学院合并为 30 所与大学平等的多科技术学院，成为"公共部门"。① 这标志着英国在高等教育领域"双重制"的开始。其主要内容是：将高等教育分为"自治部门"和"公共部门"两部分，其中，以大学为代表的"自治部门"可以获得大学拨款委员会的资助，具有学位授予权；以多科技术学院和教育学院为代表的"公共部门"归地方管理，经费由地方资助，自身没有学位授予权。②

从形式上看，"双重制"只是英国政府将高校分为"两种高等教育"的分层分类方案，但实质上是将英国高校划分为两个等级并辅之以相应政策的分类与定位的综合方案：大学处于高等教育系统的上层，由国家提供经费，具有自治权和学位自主授予权；非大学的多科技术学院、教育学院等处于下层，由地方提供经费，没有自治权和自主学位授予权。这是一个政府通过行政手段自上而下直接干预高校分层定位的经典案例。③

1991 年，英国高等教育白皮书《高等教育：一个新的框架》提出：废除大学与多科技术学院、高等教育学院等非大学机构之间的界限，建立统一的高等教育体系，从中央把大学基金会和学院基金会合二为一，用统一的标准拨发教育经费。1992 年，《继续教育和高等教育法》赋予多科技术学院授予学位的权力，允许达到一定标准的高等教育机构冠以大学的称号。自此，"双重制"被正式废除。④

二、德国高等教育组织

哈勒大学是德国乃至欧洲的第一所现代意义的大学。⑤ 在哈勒大学的创办和发展过程中，托马西乌斯、弗兰克、沃尔弗发挥了重要的作用，他们都曾在哈勒大学任教，共同发起了哈勒大学的现代化改革运动。⑥

托马西乌斯是一位伟大的思想家，被称为"启蒙运动之父"。他作为 18 世纪早期主要的大学改革家和启蒙运动中温和理性主义的代表，被认为是新大学学术的奠

---

① 张建新、陈学飞：《从二元制到一元制——英国高等教育体制变迁的动因研究》，载《北京大学教育评论》，2005(3)。
② 黄福涛：《外国高等教育史》，279～288 页，上海，上海教育出版社，2003。
③ 陈厚丰：《英国高等教育"双重制"分层政策案例分析》，载《比较教育研究》，2006(7)。
④ 贺国庆、王保星、朱文富等：《外国高等教育史》，555～557 页，北京，人民教育出版社，2003。
⑤ 鲍尔生：《德国教育史》，滕大春、滕大生译，79 页，北京，人民教育出版社，1986。
⑥ 王永强：《18 世纪德国大学改革运动及影响》，载《教书育人》，2012(6)。

基人，成为哈勒大学的"第一位教师"。他因倡导大学知识无用和过时的观点被莱比锡大学开除，也被禁止发表作品。1690 年，他来到柏林，当时的普鲁士国王腓特烈·威廉·冯·霍亨索伦非常欣赏他，准许他在哈勒大学私人讲学。后来在普鲁士国王等人的支持下，托马西乌斯顺利地把哈勒骑士学院升格为哈勒大学，并于 1694 年获得正式特许状。托马西乌斯在哈勒大学的开创性贡献主要有以下几个方面：第一，担任哲学教授和法学部主任一职，大胆摒弃经院主义课程，把哲学从神学中独立出来；第二，采用德语讲学，由此打破了拉丁语在大学课程中的垄断地位，彰显了大学的民族意识；第三，将自然权利理论引入德国大学，突出人人平等的理念；第四，增强大学教育的实用性，强调所学知识与日常生活的联系，学生所学科学知识须运用到实践中才有价值。托马西乌斯将哈勒大学作为德国 18 世纪启蒙思想的指导中心，对德国现代大学教育和大学发展产生了重要影响。①

弗兰克与托马西乌斯同时在哈勒大学任教，他是德国大学第一位讲授虔信主义神学的人。1695 年，哈勒大学将他聘任为东方语言学教授，自此年始到 1727 年逝世，弗兰克一直在哈勒大学任教。弗兰克最初讲授东方语言，后来讲授神学。他先创办了一所规模较小的贫儿学校，这所学校后来扩展为包括一所普通小学、一所孤儿院、一所寄宿学校和一所教师训练学校的综合性教育机构。他向普鲁士国王腓特烈一世提出关于国民教育重要性的建议，如其中实行强迫初等教育的建议得到认可并执行。②

作为启蒙哲学大师的沃尔夫，一生大部分时间都在哈勒大学任教，主要讲授哲学、物理学和数学。他被认为是帮助哈勒大学成为德国主要近代大学的重要人物之一。他认为德语比拉丁语更适合用于科学研究，并用德语讲课和写作，认为道德必须建立在有关人类生活和社会理性的知识之上。他的重要贡献主要有：第一，创建了以数学和自然科学为基础的现代哲学体系，并提出哲学应在假设中寻找真相，他成功地终结了经院哲学，其现代哲学取代了亚里士多德的理论而成为当时德国大学的主流。第二，沃尔夫哲学按自己的方式在所有普鲁士大学中独树一帜，沃尔夫的"理性观念"得到了法学和神学的认可。对于理性及新哲学的接纳，使科学得到了当时的重视，这成为德国大学发展史上的一个重要的转折点，使德国大学获得了

---

① 张雪：《19 世纪德国现代大学及其与社会、国家关系研究》，博士学位论文，华中师范大学，2012。

② 易红郡：《哈勒大学：现代大学的先声》，载《内蒙古师范大学学报（教育科学版）》，2005(1)。

新生。①

创办于 1737 年的哥廷根大学在汉诺威王朝领地之内。汉诺威选帝侯创设哥廷根大学的主要目的在于改变传统大学神学教育的不切实际，为王朝培养一批受过良好教育的官员。② 曾就读于耶拿大学和哈勒大学的明希豪森，在 1737—1770 年任哥廷根大学学监期间，以哈勒大学为蓝本，推行哈勒大学的办学理念与办学实践，确立"思想宽容"和"研究自由"等现代大学理念，以课程开设及讲授着力体现启蒙精神，以加强政治科学和历史科学教育、造就合格的政府管理者及政治家来实现哥廷根大学的培养目标。

以哈勒大学和哥廷根大学为代表的新大学不同于中世纪德国传统大学，它们开创了教学自由、研究自由等现代大学理念，推进了大学教育的世俗化进程。在教学内容上，开始传授现代哲学与现代科学知识，促进学科专门化和教授职业化。在大学管理上，建立现代大学制度，从制度上强调科学研究在大学事务中的核心地位，开启了世界现代高等教育发展之路。在举办主体上，18 世纪的德国大学主要由邦国政府设立，普鲁士等邦国政府以国家的名义办大学，因此国家成为哈勒大学诞生及其后来发展的坚强后盾。③

作为创办普鲁士新的柏林大学的先驱和功臣，施莱尔马赫、费希特被誉为柏林大学精神的缔造者，洪堡则被认为是柏林大学的实际创办者。1808 年，施莱尔马赫在《关于德国式大学的断想——论将要建立的大学》一文中主张大学应完全独立于国家，哲学院是大学的核心，主张思想自由和思想独立。费希特是先验唯心主义第一位主要代表人物，他于 1806 年受聘于埃朗根大学，讲授知识学、逻辑学等课程。他在《关于埃朗根大学的内部组织的一些想法》一文中指出，大学应是科学地运用理智的艺术学校，他对让听众在其中完全持消极态度的教学实践表示不满，要求"把阐述、解释的内容转变到生动的、活泼的认识中去"。受此影响，普鲁士政府决定建立一所开展科学认识教育而不是职业教育的大学，这推动了柏林大学的诞生。1871 年，费希特在《告德意志国民书》的系列演讲中强调德意志民族的优越感，以

①　张雪：《19 世纪德国现代大学及其与社会、国家关系研究》，博士学位论文，华中师范大学，2012。

②　王保星：《德国现代大学制度的发轫及其意义映射——基于哈勒大学和哥廷根大学创校实践的解析》，载《中国高教研究》，2018(9)。

③　Willis Rudy, *The Universities of Europe，1100-1914：A history*，Vancouver，Fairleigh Dickinson University Press，1984，p. 95.

激发起德意志民族的精神和意志,提出必须通过发扬国民的理性振兴垂危的国家,提出了"教育复国""教育救国""教育强国"的呼声。① 他认为,德国必须通过发展教育来振兴民族精神、完成民族的使命,只有教育才能使个人的道德、知识、体力、经济能力得到充分发挥。费希特提出的教育使命在洪堡那里得到了完成。

洪堡在参与柏林大学筹办过程中,根据新人文主义等思想确立了新大学的主旨和方向。洪堡提出的高等学校办学的三原则集中体现了他的办学思想。

一是学术自由。学术自由包括教学自由和学习自由。教学自由指向学者的自由探究权利,学习自由则表达了学生选择学习内容的应有权利。站在国家利益的角度,洪堡认为学术自由对大学的生存来说是必不可少的。国家应相信大学有能力完成它们的真正使命,大学除了为政府当下的需要服务之外,更应该在学术上不断创新,从而持续开创更广阔的事业基地。尽管洪堡提倡学术自由,强烈反对国家干预大学,但他相信办大学是国家的职责。②

二是教学与研究相结合。大学教师须以追求真理为最高目的,以创造精神、探索态度、科学的方式对所从事的学科进行研究。③ 教师应在研究的基础上传授知识,并与学生共同探求真理。洪堡认为大学教育是一种高层次教育,不同于低层次教育。低层次教育传授的是既定的知识。高层次教育中,教师不只为学生而存在,师生都有正当理由共同探求知识。④ 洪堡首次提出探索知识是大学的目标的观点,将传统大学由仅从事教学的机构转向既从事教学又从事科学研究的机构,科学研究开始在大学占有一席之地。同时,大学组织发生了变化,大学实行实验室与研讨班制度——"那些新的学术兴趣在两种逐步涌现的制度形式中,找到永久的体现和不断发展的支持,这两种制度形式是教学—科研实验室(teaching-research laboratory)和教学—科研研讨班(teaching-research seminar)。"⑤

三是确立哲学院的中心地位。在传统的欧洲大学中,传承知识是大学的基本职能。在最早的大学中,医学、法律、神学与哲学四个门类是它们的基本知识结构。

---

① 贺国庆、王保星、朱文富等:《外国高等教育史》,192~196 页,北京,人民教育出版社,2003。

② 贺国庆、王保星、朱文富等:《外国高等教育史》,198 页,北京,人民教育出版社,2003。

③ 陈洪捷:《德国古典大学观及其对中国大学的影响》,3 页,北京,北京大学出版社,2002。

④ 克拉克:《探究的场所:现代大学的科研和研究生教育》,王承绪译,19 页,杭州,浙江教育出版社,2001。

⑤ 克拉克:《探究的场所:现代大学的科研和研究生教育》,王承绪译,24~25 页,杭州,浙江教育出版社,2001。

哲学强调批判性思维（critical thinking），注重思考外部世界与人类社会本源、性质以及运行方式、社会与政治的道德目标。许多现代自然科学都脱胎于哲学，如物理学、数学、化学、生物学等先后从哲学中分化出来，成为独立的学科。由于自然科学成就的影响，科学方法被逐步引入社会问题的研究。19世纪后半期以后，社会科学各学科相继独立。以法国实证主义哲学家孔德为代表的实证主义直接推动了社会科学各学科兴起。社会学作为独立学科而出现；政治学运用社会学的方法分析政治问题，在19世纪末发展为独立的学科；研究纯粹史料的历史学在引入社会学方法后，成为具有分析特征的科学；19世纪以来，政治经济学过渡到了经济学，由此经济学成为独立学科，具有社会科学的科学性质。自19世纪以来，历史学、经济学、政治学、社会学、人类学五个基本社会学科相继从哲学中分离，成为独立的社会科学。[①]

洪堡的思想影响了德国现代大学的兴起，而德国现代大学为德国科学技术发展、民族复兴做出了重要贡献。从19世纪20年代到20世纪初，德国一直是世界科学研究的重镇。魏玛共和国时期（1919—1933年），德国高等教育改革与发展主要体现在三个方面：一是恢复并进一步落实洪堡为柏林大学确立的办学原则，重申大学自治、教学与科研相结合的原则；二是建立民众高等学校，为人们接受高等教育创造条件，并采取各种措施，为民众提供享受高等教育资源的机会；三是为女子提供更多接受高等教育的机会。高等教育改革后，除大学外，各种类型的高等技术学校在魏玛共和国时期纷纷建立起来。[②]

三、美国高等教育组织

在独立战争之前，美国的大学模仿了牛津大学、剑桥大学的办学模式，发展缓慢。后来，学习、借鉴和改造德国大学的办学模式。1850—1914年间，到欧洲留学成为美国学生的一道景观，这些留学生把从德国学到的授课制度、实验室制度、讨论课、博士学位制度、学期制度等现代大学制度基因和物理学、心理学、历史学、社会学、法学等先进知识带回美国，重塑美国大学，对美国高等教育组织产生了深刻的影响。

---

① 克拉克：《探究的场所：现代大学的科研和研究生教育》，王承绪译，20页，杭州，浙江教育出版社，2001。

② 贺国庆、王保星、朱文富等：《外国高等教育史》，492～493页，北京，人民教育出版社，2003。

首先，形塑大学组织教育价值观。罗宾在《现代大学的形成：知识变革与道德的边缘化》中基于道德教育的视角对现代大学的形成及其变革进行了详细考察，其主要考察对象是美国的著名研究型大学：哈佛大学、耶鲁大学、哥伦比亚大学、约翰斯·霍普金斯大学、芝加哥大学、斯坦福大学、密歇根大学和加利福尼亚大学（伯克利分校）。考察时间集中在19世纪晚期至20世纪早期，即世纪之交的60年。罗宾的考察主线是大学的道德教育，主要围绕宗教教育、科学教育、新人文主义的兴起与课外活动这一线索加以展开。一是宗教教育的主导地位阶段。在宗教教育阶段，人们对真理的一致性深信不疑。真理的一致性主要包含两个方面的内容：第一，它假定所有真理是一致的，并且最终能够在单一的体系中彼此关联；第二，它假定知识具有一个道德维度。① 二是科学教育受到重视阶段。正是科学的开放探究形式促使大学改革者将大学朝着科学的方向牵引。哈佛大学校长埃利奥特宣称，一所大学的管理机构可抱有的唯一目的是拓宽、深化、强化美国在所有知识分支方面的教育。1868年，康奈尔大学的目标是建立一个教育机构，任何人都能在其中获得任何学科的教育。② 三是重建道德教育阶段。虽然传统的学院宗教教育遭到了破坏，但人们还是在寻找一种可以替代它来对学生进行道德教育的教育形式。有人将科学理论作为宗教重建的工具。四是新人文主义兴起阶段。一个教师的力量，更多在于他是什么，而不是他教授什么。③ 具有乐观的性格倾向、友好的态度、幽默感、开阔的心胸的教师是好的教师。

其次，构建多元化高等教育系统。第二次世界大战后，美国社区学院的发展加速了美国高等教育大众化的进程，形成了由大学、学院和社区学院构成的三级高等教育结构体系。④ 在卡内基高等教育机构分类中，两年制社区学院、四年制本科文理学院等院校的功能相对单一，而博士学位层次的大学特别是研究型大学既研究高深学问，也培养从本科到博士阶段的各类人才，还提供社会服务，具有

---

① 罗宾：《现代大学的形成：知识变革与道德的边缘化》，尚九玉译，17页，贵阳，贵州教育出版社，2004。

② 罗宾：《现代大学的形成：知识变革与道德的边缘化》，尚九玉译，70页，贵阳，贵州教育出版社，2004。

③ 罗宾：《现代大学的形成：知识变革与道德的边缘化》，尚九玉译，284页，贵阳，贵州教育出版社，2004。

④ 刘建芳：《美国高等教育多样化的特点及影响》，载《黑龙江高教研究》，2004(4)。

多重职能。① 卡内基高等教育机构分类是根据所授学位的层次而对高等教育机构所进行的纵向分类，学校所属类型决定其所培养的学生的最高学位层次。② 事实上，一方面，单一的高等教育机构难以满足入学人数增多和多样化学习选择、学习方式的需求，因此高等教育机构分化就成为必然。另一方面，美国高等学校在相互竞争过程中需要获得特定的消费者，进而维护各自的消费市场，因此形成了不同类型的和不同层次的高等学校，从而促成了其多样性的高等教育结构，同时因制定的标准不同，在一定程度上避免了不同类型、层次高校目标的趋同。③

最后，独创多元巨型大学理念。克拉克·克尔提出的多元巨型大学观广受关注，他眼中的多元巨型大学是一个关于"群体"的画像：多元巨型大学主要涉及本科生与研究生、人文学者、社会科学家、科学家、各专业学院、所有非学术人员、行政管理者等若干个群体，甚至延伸到校友、立法议员、农民、商人，他们都关联到一个或几个这些校内群体。④ 克尔将多元巨型大学观的历史逻辑建立在大学发展史中的多元主义传统上，体现了多元巨型大学多元、异质、矛盾的特点，其类似一座充满无穷变化的城市。⑤ 其实，多元巨型大学不是无源之水，它孕育于大学"用"的历史之中，同时是当代的"用"的产物。⑥ 在克尔看来，多元巨型大学不仅有人才培养、科学研究和社会服务这三类传统之"用"，还有促进社会公平、提高生活质量，以及对青年的社会责任、关于社会未来进行思考的当代之"用"。⑦ 作为一种理念，多元巨型大学观给我们带来的启示是：第一，在知识经济社会，作为知识传播、生产中心的大学，对社会各领域、各行业的影响至关重要；第二，多元化巨型大学不仅是院校意义上的大学，更是一座智力城、思想城；第三，大学在满足社会现实需要的同时，还应彰显其"社会精神灯塔"的价值和作用。⑧

从大学的起源和发展历程中可以看到，大学组织的使命在不断发生变化，其功

---

① 史静寰、赵可、夏华：《卡内基高等教育机构分类与美国的研究型大学》，载《北京大学教育评论》，2007(2)。
② 沈红：《美国高等教育的多样化》，载《高等教育研究》，1999(1)。
③ 吕杰、杜瑞军：《高等教育系统的多元化——以美国加州高等教育系统为例》，载《黑龙江高教研究》，2013(6)。
④ 克尔：《大学之用》，10页，高铦、高戈、汐汐译，北京，北京大学出版社，2008。
⑤ 徐丹：《内在的崩溃：克尔"多元巨型大学观"述评》，载《清华大学教育研究》，2007(6)。
⑥ 熊华军、李伟：《克拉克·克尔："用"与巨型大学》，载《高教发展与评估》，2011(6)。
⑦ 克尔：《高等教育不能回避历史：21世纪的问题》，246~256页，王承绪译，杭州，浙江教育出版社，2001。
⑧ 蒋洪新：《克拉克·克尔的巨型大学观》，载《湖南师范大学教育科学学报》，2002(4)。

能在不断拓展，其结构呈现出越来越复杂的态势，内部机构在不断发展、变化和重组。大学内部的管理机构从最初的无到已经形成了一个庞大的部分，而且是现代大学必不可少的构成部分，其从事教学、科研活动的机构已经从少数的几个神学院、医学院、法学院、文学院发展到多个学院，形成了众多的研究机构。总之，大学组织在其发展中，形成了包括教学与科研机构、管理机构在内的一种架构形态。大学组织的架构在大学的使命、功能的影响下形成，而且随着内部机构的调整在不断发展位移——丢弃一些机构，生成一些机构。尤其是在大学从封闭走向开放的过程中，其跨边界性质的机构越来越多。

四、我国高等教育组织

许美德考察了我国大学的百年（1895—1995 年）经历。她的思路是从学术自治和学术自由两个维度来分析我国大学精神状况，其主题是三张分布图——一是性别分布图，二是知识分布图，三是地理分布图，即讨论我国大学里女性接受高等教育的情况、我国大学所传授的知识结构、我国高等教育的布局情况。

"中国大学的一个显著特点是具有高度的稳定性。"[①]这里的稳定性是指大学里各方面的变化比较少。比如，一位教师可能一生就在一所学校里从事教学、科研等活动，而一所学校的组织结构在很长时间内没有多大的变化。整个国家就是一所大学，所有的事统一行动、统一计划和统一安排。1952 年的院系调整，将各个学校的学科、专业进行重组，都是以全国一盘棋的思路在对高等教育的发展进行结构性的调整。这种统一性其实暗含了大学的稳定性。

我国的前大学史可以分为两条路径，一条是正统的，另一条是非正统的，许美德称其为两极：一是因为科举而成立的与知识有关的机构，如翰林院、国子监及太学，这是正统序列；二是书院，类似学者社团或学院的机构，它一般和官府没有直接的财政关系，属于非正统序列。正统序列的前大学机构是为了统治者选拔统治人才而设置的，而非正统序列的书院是由藏书楼或学者们讨论学术问题的场所发展而来，它可以不拘泥于儒家经典的正统学说。它既和科举相关联，又和科举相分离。无论是科举机构还是书院，都与学术自治和学术自由相差甚远。在学术自治方面，我国的传统学术模式是士大夫的学术垄断居于一端，书院的脆弱而又支离破碎的自治居于另一端。在学术自由方面，一方面，翰林院士大夫制定教材的内容和规范知

---

① 许美德：《中国大学（1895—1995）：一个文化冲突的世纪》，许洁英译，6 页，北京，教育科学出版社，2000。

识，是绝对的学术权威；另一方面，在书院发展的一些特定时期内，书院里的学者拥有十分广泛的学术研究自由，这些学者在做学问时极少把自己的研究和思想禁锢在某一个特定范畴内。[①]

(一)我国大学百年发展回顾

我国大学百年发展呈现出两个传统、三次转型和四项成果的整体样式。

两个传统。一是1952年前中国现代大学的传统，表现为观念层面的教育独立，制度层面的公立大学和私立大学并存的基本格局，操作层面对传统教育资源的尊重。二是1952年院系调整后的中国当代大学传统，表现为制度层面的公立大学绝对垄断地位，操作层面的长时期苏联高等教育模式。[②]

三次转型。以1922年新学制的颁布为标志的第一次转型，我国大学主要参照美国高等教育模式予以重塑；以1950年中国人民大学的成立和哈尔滨工业大学的改革为标志的第二次转型，我国大学开始全盘照搬苏联高等教育模式；以1985年《中共中央关于教育体制改革的决定》的颁布为标志的第三次转型，我国大学参照世界各国大学发展经验，自主探索和建设中国特色社会主义高等教育模式。我国大学在学习借鉴、起伏转折中发展，形成了从对国外大学模式进行借鉴到进行超越的总体脉络，最终走上基于国情的自主探索、理性选择的大学发展之路。[③]

四项成果。第一，民主革命先驱孙中山先生和宋教仁、黄兴等人在推翻帝制、建立共和的过程中亲手创建了为国家建设培养人才的高等学府；第二，在中国共产党正式成立之前，我国大学就有了共产党党组织和共产党员，中国共产主义运动的先驱李大钊先生直接培养的共产党组织出现在中国大学中；第三，在"一二·九"运动中，我国大学的中共党员教授黄松龄、吴承仕，学生党员黄毓华、黄诚等和左翼师生团结奋斗，使大学成为一片"净土"，北平学联及校外的一些中国共产党党组织在大学校内活动，大学成为当时北平学生革命运动的中心；第四，大学为抗日战争、解放战争、社会主义革命和建设培养了一大批人才，他们在国家各地各行业、各个领域做出了重要贡献。[④]

---

① 许美德：《中国大学(1895—1995)：一个文化冲突的世纪》，许洁英译，29页，北京，教育科学出版社，2000。

② 谢泳：《中国大学的两个传统》，载《清华大学学报(哲学社会科学版)》，2012(6)。

③ 孟中媛：《百年来中国大学的三次转型发展的历史回顾》，载《黑龙江高教研究》，2008(5)。

④ 赵振声：《革命洪流中的中国大学》，载《北京党史》，2013(2)。

(二)我国大学组织发展省思

从"舶来品"到中国大学。无论是太学、国子监还是书院,它们都有完整的建制,也有各自的思想、特色和传统。可以说,中国古代大学教育自成体系。但在近代民族危亡之际,在"西学东渐"的影响下,人们开始质疑传统大学教育思想和制度。19世纪后半期,中国的现代大学诞生了,这是一种"舶来品"。但另一个事实是,近代之后,中国大学人先后求学于日本、德国、英国、苏联、美国等,他们不甘于本土大学照搬西方大学体系的现实,从未放弃探索发展和创建"中国式大学"以形成独特的中国大学模式。[①] 邬大光等从大学迁徙的角度表达了同样的看法:尽管中国旧有的高等教育传统制约了本土高等教育自身变革的意愿,庚子之祸的亡国之虞迫使晚清政府的教育从固守传统到割裂传统,也使中国近代大学的诞生缺乏自身本土化根基,但百年前我国大学"以国家学问独立为原则而必求名实相符之堂堂'中国大学'出现于世界"的建设目标形态已经诞生。抗日战争期间的大学迁徙运动成为引导我国近代大学本土化转型发展的契机,让"在中国的大学"成为"中国的大学",初步构建起"中国大学"的话语认知和实践体系。[②]

从走出去到走上具有中国特色的大学发展之路。后发外生型的中国大学一直存在本土文化与外来文化、学术自主与外在控制、借鉴模仿与追寻特色、高深学问与名利声望等之间的冲突。现代中国大学须从内向外进行根治,回归大学的本性,遵循大学的逻辑探索具有中国特色的大学发展之路。[③] 改革开放以来,中国大学在科学研究方面取得了突出的成就,其中国际学术流动的实现与全球学术系统的整合成为中国大学崛起的关键原因之一。通过学生出国攻读学位、研究访问、从事博士后研究以及教师出国研修等形式,国际学术流动在中国大学的发展中发挥了跨国知识迁移、培养和储备师资、积累社会资本、构建学术网络、促进国际科研合作、实现与国际学术中心的联系、互动和整合等作用。[④] 大学形象是社会大众对高等学府的总体印象与评价。中国大学由于时代的不同而形成了自身的大学形象。从时间维度看,中国大学的形象可分为历史形象、现时形象和理想形象。历史形象是历史变迁

---

① 童顺平:《对中国大学模式形而上学的考察》,载《高教发展与评估》,2022(2)。

② 邬大光、张宇恒:《大学迁徙与中国近代大学的本土化转型》,载《北京大学教育评论》,2024(1)。

③ 杨天平、刘爱生:《精英化阶段的中国大学特色:回顾与反思》,载《复旦教育论坛》,2010(2)。

④ 沈文钦:《国际学术流动与中国大学的发展:逆全球化趋势下的历史审视》,载《北京大学教育评论》,2020(4)。

过程中产生的印象，现时形象是当下人们眼中的大学境况，理想形象是未来的大学面貌。中国的传统大学有翰林院、国子监、太学等教育机构和民间学术大师主持的书院两种基本形态，促进了我国历史和文化发展，维护了当时以社会为本位、以仁爱为核心的宗法等级制度。京师大学堂的建立成为我国近代大学制度的滥觞。要塑造新时代中国大学的新形象，须走多元发展的国际化合作道路，建设德才兼备的高素质教师队伍，构建新的教材体系，打造设施完善且生活舒适的校园环境，探索中国大学建设的创新路径。[①]

从儒家传统到融合创新。西蒙·马金森认为，儒家模式的大学主要具有国家在高等教育发展方面的主导权、重视教育的私人投入、具有统一的国家考试制度、不断增强对科研的投入四个方面的特点。[②] 一方面，在文明对话成为共识的今天，中国大学应该成为优秀传统文化的"发言人"，优秀传统文化应该是中国大学的"精神坐标"、通识教育改革的"思想库"、工具理性与价值理性博弈的"仲裁人"，以及中国大学参与世界文明对话的"发言稿"。[③] 另一方面，综合世界大学发展的基本规律、我国大学发展的基本历程和时代发展的重要命题，中国大学发展的历史逻辑为起源于书院传统，后经历了西学东渐，价值逻辑为系天下苍生、谋世界大同，理想逻辑为创中国范式、图民族复兴，实践逻辑为集中西文明、循教育规律。[④] 中国大学模式思维建构的真理性及其"人为客体"的转向，只有在中国的办学实践中才能得到验证和完成。中国大学人应坚持"守正出新"。在"守正"方面，办学要与中国基本的经济制度、政治制度、文化制度相契合，服务于社会主义现代化建设和人民幸福与中华民族伟大复兴，立足于中华优秀传统文化，尊重现代大学发展规律和办学规律，吸收国外高等教育发展的优秀成果和经验，形成中国特色大学思想体系、基本制度、运行机制和实践进路。在"出新"方面，紧随时代特点，着眼于技术前沿，通过整体设计与试点探索大学新的理念、制度、机制和途径，使中国大学模式更具有现实性和针对性。[⑤] 在以中国式现代化全面推进中华民族伟大复兴的历史进程中，

---

① 王明钦：《基本定位与创新路径：新时代中国大学的理想形象建设》，载《河南大学学报（社会科学版）》，2020(1)。

② Simon Marginson，"Higher Education in East Asia and Singapore：Rise of the Confucian Model,"*Higher Education*，2011(5).

③ 黄成亮：《儒家文化：中国大学的精神坐标》，载《教育学术月刊》，2009(2)。

④ 汪明义：《论当代中国大学发展的四重逻辑：根、魂、梦、路》，载《四川师范大学学报（社会科学版）》，2023(1)。

⑤ 童顺平：《对中国大学模式形而上学的考察》，载《高教发展与评估》，2022(2)。

中国大学要继承和弘扬优秀传统文化，并对其进行创造性转化和创新性发展，挖掘和阐释优秀传统教育思想，赋予其新的教育时代内涵和表现形式，激发其生命力，使之与现代高等教育相协调、相适应，化解大学近代以来在中西碰撞的文化危机中的迷茫、失落和混沌，在文化自觉中找到中国大学发展的方向感、认同感和归属感。①

(三)我国大学组织的演变

1862年，清政府设立的京师同文馆成为第一所新式学校。1902年，张百熙仿仿日本学制拟定了《钦定学堂章程》（又称"壬寅学制"）。壬寅学制作为中国近代教育史上第一个由中央政府颁布的独立的、系统的学制体系，是中国现代学制的开端，开启了中国现代学制的改革进程。《钦定京师大学堂章程》②规定："政治科第一，文学科第二，格致科第三，农业科第四，工艺科第五，商务科第六，医术科第七。"这标志着中国现代学术分科在制度上得以确立。1904年，清政府重新颁布了由张百熙、荣庆、张之洞三人共同制定的《奏定学堂章程》（又称"癸卯学制"）。《奏定学堂章程》的颁布标志着中国现代学校教育制度的正规化。1912年，南京临时政府教育部成立，蔡元培为第一任教育总长，在他的积极组织和探索下，壬子癸丑学制应运而生，成为中国教育史上第一个资产阶级性质的学制。作为辛亥革命的产物，它天然带有反皇权专制主义的历史胎记。③

我国近代重要思想家的蔡元培先生是我国现代大学的奠基人。1917—1923年，蔡元培先生在北京大学开展了一系列改革，推进了北大从旧式的封建衙门学堂向现代大学的转变。④ 一般认为，蔡元培的贡献主要包括建立了包括学术至上、学术自由等核心观念的中国现代大学理念体系，同时确立了现代大学的研究所、学术刊物、学术团体等学术制度。其中，学术自由被给予极大的关注，并被视为蔡元培思想及北大教育改革成功的核心。⑤ 蔡元培领导的北大教育改革赋予中国大学以真正的现代内涵，它既确立了大学"以教授高深学术，养成硕学闳才，应国家需要为宗旨"的教育目标，明确了大学的"学术组织"定位非官僚养成所，倡导"学术独立"，

① 李立国：《中国式现代化与大学的文化自觉》，载《清华大学教育研究》，2022(6)。
② 《钦定学堂章程》内分《京师大学堂章程》《大学堂考选入学章程》《高等学堂章程》《中学堂章程》《小学堂章程》《蒙学堂章程》六种章程。
③ 周洪宇、窦海元、赵婧：《我国现代学制百年演进历程与改革前瞻》，载《宁波大学学报（教育科学版）》，2023(1)。
④ 邢欢：《从分科之学到科学之学——蔡元培学术观的转变与北京大学改革（1917—1923）》，载《清华大学教育研究》，2021(1)。
⑤ 陈洪捷、蔡磊砢：《蔡元培：中国现代教育的奠基人》，载《苏州大学学报（教育科学版）》，2016(1)。

实行"思想自由、兼容并包"的办学方针，同时其教授治校制度确立了大学教授在大学管理中的核心地位。[①]

1922 年，北洋政府颁布了《学校系统改革案》（又称"壬戌学制"）。壬戌学制在高等教育方面的改革主要体现在三个方面：第一，将高等学校分为大学、独立学院和专科学校三类，区别于蔡元培时期的大学（当时大学分为以理论学科为主的大学和以应用性学科为主的专业学院）；第二，在大学中建立一个综合领导管理机构，主管大学的财政、规划和重大决策；第三，建立学分制，这明显受美国大学模式的影响。此外，赴法国、德国、英国及其他欧洲国家留学的学者回国后，大都担任了各大学的校长和系主任，对我国大学办学多样化模式产生了重要影响。[②]

南京国民政府成立后，政府与大学的关系发生了一定的变化。南京国民政府教育部试图加强对大学的控制，国民党还在大学内推行"党化教育"，建立"训育制度"，这在一定程度上影响了大学自治和学术自由。国民党试图通过教育立法和制度建设把大学教育纳入国民党一党专政的轨道。南京国民政府教育部在高等教育规划、指导、协调、控制等方面秉承这一意志，对大学的管理与控制比北洋政府时期更严格。[③]

1949 年前的解放区大学主要为战争时期服务，其主要任务是为边区培养各种干部。20 世纪 50 年代的院系调整初步构建了社会主义高等工科教育体系，加强了师范院校的建设，培养了一大批机械、电机、土木、化工、水利、矿冶以及农、林、师范等专业人才，充实了高教资源，支援了西部经济建设，促进了国家的建设。但全面移植苏联高等教育的经验与做法、过分强调工科院校而贬低综合院校自身的价值、轻视文科人才的培养，以及过分强调专业教育的指导思想与做法给中国的高等教育带来了很大的损失，成为 20 世纪 80 年代以来我国高等教育改革所要解决的问题。[④]

自 20 世纪 80 年代以来，我国大学发展的策略是将重点发展和一般发展相结合。重点发展是为了力争和国际接轨；一般发展是为了实现高等教育的大众化，为更多人提供接受高等教育的机会。从最初的重点大学建设到 20 世纪 90 年代初的

① 孔垂谦：《制度环境与大学组织的现代性——制度环境变迁与中国现代大学的曲折发展》，载《清华大学教育研究》，2004(2)。
② 许美德：《中国大学(1895—1995)：一个文化冲突的世纪》，许洁英译，70 页，北京，教育科学出版社，2000。
③ 张建奇、吕雅璐：《民国时期现代大学制度的生成及发展》，载《现代教育论丛》，2017(4)。
④ 刘海峰、史静寰：《高等教育史》，195 页，北京，高等教育出版社，2010。

"211 工程"再到 1999 年的"985 工程"的启动，都是以在学术上达到高水平为目标的政府行为选择。自 20 世纪末以来，高校的扩招速度很快，这是为了给大众化高等教育铺路，为人民提供更多的接受高等教育的机会。

2015 年，国务院印发的《统筹推进世界一流大学和一流学科建设总体方案》指出，坚持以中国特色、世界一流为核心，以立德树人为根本，以支撑创新驱动发展战略、服务经济社会发展为导向，坚持以一流为目标、以学科为基础、以绩效为杠杆、以改革为动力的基本原则，加快建成一批世界一流大学和一流学科。"双一流"建设以建成教育强国为总体目标，提升我国高等教育综合实力和国际竞争力，试图在目标与路径、借鉴与创新、标准与评价、质量与效益、顶天与立地、整体与局部六大关系方面进行系统性调整。

我国大学的发展经历了一条不同寻常的道路，大学在动荡中发展，在选择中前行。世界其他国家的大学发展模式对我国的影响来自两个方面：一是政府主导下的借鉴，二是在留学生及进步知识分子的极力主张下办大学。在政府主导下，我国大学借鉴国外大学模式，采用实用取向的办学理念，同时保留优秀传统文化；留学生及进步知识分子所引入的大学办学模式主要以知识为取向。这两种方式都对我国大学的变迁产生过不能忽视的影响。

第三节　发展趋势

从微观层面看，高等教育组织的发展必须遵从其内部发展逻辑，即促进高深知识的发展；从宏观层面看，它必须融入社会的大环境中去，在一定程度上满足当时社会政治、经济、文化和科学技术发展的需要；从历史的维度看，高等教育组织的发展脉络始终围绕其知识创造和知识应用的使命在延续；从现实的维度看，它在为发挥其高等教育功能而运行。所以，在历史的延续和现实的要求下，内部逻辑和外部逻辑的冲突要求高等教育组织在满足其变革主体的合理诉求时求得二者的协调。

一、逻辑基础

从混沌学来看，简单系统产生复杂行为，复杂系统产生简单行为，这似乎是矛盾的。斯泰西从人类行动中揭示了其中的奥秘：在行动之前，人类不可能对某种组织结构达成共同认识，只能根据不断变化的情形，通过调整解决问题的程序，选择某种行动模式，进而将组织结构稳固下来。① 高等教育组织发展趋势可以从宏观和微观两个层面、历史与现实两个维度对高等教育组织发展的内部逻辑与外部逻辑予以审视与判断。

(一)基于知识发展的内部逻辑

知识发展带来了大学组织的变革诉求。最初，大学探求神学知识，与宗教活动有关。大学开设医学、法学是实践运用的需要。随着人们对未知领域的不断探索，学科领域在不断扩展，不同的学科逐渐独立，知识谱系持续发展。同时，因学科间的裂缝和现实问题的复杂性，知识综合的诉求得到了强化。知识发展促进了知识分化。学科知识具有累积性，总是不断深化、细化。一门学科积累到一定程度时，就必然会延伸到已经细化的其他学科领域，新的学科就会被孕育出来。知识发展要求知识综合。各学科在独立发展过程中，会因知识性质、知识生产方法、社会问题解决的机缘等而形成具有不同学科特点的综合性学科。吉登斯认为，存在两种知识生产模式：一种是以学科为中心的学院派知识生产模式，批判性思考以及对于这种知识在某种意义上是否正确的检验是该模式的中心要素。② 这种知识生产模式主要遵循学科标准来生产知识，具有同质性、保护等级性等特点。另一种是以问题为中心的实践派知识生产模式，在这种模式下，来自不同的学科、不同实践领域的人聚在一起，试图解决一种特殊的、地域性的环境中的具体问题。由于现实生活中的问题具有复杂性，并且涉及多个学科领域的知识，因此单一学科的知识和方法难以解决这些历史上未出现过的问题，"小科学"时代向"大科学"时代的转变成为必然。通过对重大问题的解决，不同学科知识的交汇碰撞、不同学科研究方法的相互借用促进了知识发展。学院派知识生产模式追求真理，而实践派知识生产模式以当下有用为目的，两种知识生产模式共同促进知识发展。③

在知识发展过程中，新兴学科不断产生，随之而来是新机构不断出现。知识量和学生人数增加，讲座相应增多。不断出现的新机构不仅肢解了学院和大学，而且

---

① 富兰：《变革的力量：透视教育改革》，中央教育科学研究所、加拿大多伦多国际学院译，39 页，北京，教育科学出版社，2004。

② 亨克尔、里特：《国家、高等教育与市场》，谷贤林等译，201 页，北京，教育科学出版社，2005。

③ 胡仁东：《我国大学组织内部机构生成机制研究》，31 页，广州，广东教育出版社，2010。

使学科四分五裂。① 欧洲大陆国家的高等教育系统中的讲座制于 20 世纪六七十年代开始向系科制转变。在现代大学组织融入社会的过程中，大学组织内部机构不断增加，其构成发生了很大的变化。大学里虚、实或虚实结合的跨学科机构的产生已成为常态。围绕重大项目，相关学科的专家以某种合适的方式组成临时单位，项目结束，这种临时性单位解体。或者，大学搭建某种跨学科平台，提供基础设施和相应的条件，不同的研究者带着各自的课题汇聚于平台，开展合作研究和人才培养，课题完成后各自离开平台。上述两种组织形式的特点是来去自由，类似于联盟合作模式。传统的学院(系)、研究机构以一种固定的方式开展分散研究并且局限在一个狭小的领域，难以在学科知识发展上获得较大的突破，也难以培养出跨学科、解决实际问题的人才。知识生产模式在一定程度上决定着知识积累，知识发展所引发的高等教育组织发展是一种内在的变革，这种变革来自大学组织发展知识的内在诉求。②

(二)基于社会需要的外部逻辑

大学组织存在的合法性基础之一是社会对它的依赖，这就引发了高等教育组织发展的外部逻辑。

中世纪大学受宗教的影响较为深刻。为社会统治阶级培养人才是中世纪大学的重要使命，这为现代大学体系的形成奠定了基础。宗教在中世纪占据重要地位，神学在知识体系中具有崇高的地位。知识系统以七艺为主要内容，思辨成为当时知识生产的主要方式，社会精英中的有闲阶级子弟成为高级知识生产群体。当时的知识系统可以说是一个混沌整体，专门知识比较薄弱。大学组织处于宗教力量占主导、经济发展水平低下、总体文化层次不高且主要以手工技术为支撑的时代背景之中。随着世俗政权力量的增强，在蒸汽机时代之后，工业经济日趋兴盛，社会的文化品位得到了提升，这为大学组织变革创造了条件。文艺复兴时期以后，科学技术在整个社会发展中占据主导地位，科学理性主义的价值取向加速了高等教育组织的演进。20 世纪后半期以来，经济的发展，尤其是第三产业的持续发展形成了推进高

---

① 克拉克：《高等教育系统——学术组织的跨国研究》，王承绪等译，209 页，杭州，杭州大学出版社，1994。

② 胡仁东：《我国大学组织内部机构生成机制研究》，31～32 页，广州，广东教育出版社，2010。

等教育发展的动力。① 总之，发展科学、培养社会需要的人才为大学组织变革提供了理由。

19世纪初，洪堡、费希特等人的大学组织发展新思想加快了德国大学组织变革。他们强调科学研究在大学中的重要地位，倡导教学与科学研究相结合。柏林大学成为世界各国发展大学组织的新典范。各国派出大量学生前去"取经"，以推动本国大学改革和新型大学创建。19世纪50年代，牛津大学、剑桥大学仿效德国大学建立教授制。美国借鉴德国经验，建立了大学组织的本科生培养和研究生培养的"双重制"。日本大学模仿德国模式，建立学部和讲座制，讲座成为日本大学学术组织的基本单位。在一定意义上，柏林大学组织之所以引起人们的关注，是因为它适应了当时政治环境、经济发展、科学进步的需要。这告诉我们，大学组织变革要得到认可，就需要恰当把握复杂环境中的各种主要因素，顺势而为。

1806年，拿破仑打败普鲁士之后，对哈雷大学实施镇压，整个国家处在惊恐之中，威廉三世的"国家必须用精神力量去补偿物质上的损失"的发声警醒了人们。② 洪堡认为，大学是社会的道德灵魂所在，必须加强研究最纯粹和最高形式的知识。他眼中的知识不同于实际知识或应用知识，医学教授不应被允许给病人看病，工程类技术科目只能在专科学校中教授并且不能被列入大学课程。可见，洪堡将知识的界限划分得十分清楚。美国赠地大学在政府的推动下得以成形，源于当时美国政治、经济以及社会发展的需要。

尽管德国大学成了各国竞相模仿的典范，但各个国家在模仿的过程中都存在不同程度的创新和改造。英国的新老大学模仿德国大学的主要目的是提高大学在各学院中的地位。美国大学效仿德国大学，以实用取向为主。各国高等教育体制的差异使大学模式在移植过程中出现了变异。美国大学组织中的研究缺少纯学术味道，这是美国社会的主流市场价值取向所决定的。日本大学借鉴了德国大学的基层结构，但日本对国立大学教学的控制，不能充分体现大学的教学自由和学习自由。日本大学比德国大学更关心培养实用型人才，而不是从事学术研究的科学家。可见，高等教育组织样态需因各国政治、经济、文化及科学技术发展环境以及现实需要而异。

① 亨克尔、里特：《国家、高等教育与市场》，谷贤林等译，206页，北京，教育科学出版社，2005。
② 克拉克：《高等教育新论：多学科的研究》2版，王承绪、徐辉、郑继伟等译，杭州，浙江教育出版社，2001。

从各国对于德国大学的模仿中可以看到高度的选择性，这体现了各国大学组织发展与变革的灵活性与适应性。

通过对以上大学组织发展与变革的考察，我们认为，高等教育组织发展的外部逻辑是满足不同情境下的政治、经济、文化和科学技术发展的需要。[1]

(三)两种逻辑的协调机理

高等教育组织发展的内外部逻辑存在冲突，彰显出二者之间的张力。这种张力的平衡需要我们从高等教育组织的利益主体视角加以审视。

高等教育组织的相关利益主体包括政府、大学本身、大学内部的管理者、教师及学生等，他们对大学发展起到直接或间接的引导、促进或者阻碍作用。在大学组织的管理上，各国因国情而异，但都存在政府对大学组织的或强或弱的控制。克拉克的高等教育三角协调模式认为，国家权力是影响大学组织发展的重要因素。美国的联邦政府通过法律法规的手段以间接的方式对大学组织进行控制。比如，19世纪后期的《莫雷尔法案》、第二次世界大战后的《退伍军人权利法案》等对大学组织的调整起到了重要作用。英国的大学拨款委员会以及后来的高等教育基金委员会对大学组织发展也产生了重要影响。在我国，中华人民共和国成立后至"文化大革命"期间，高等教育组织经历了民办改公办、教会大学改社会主义大学、院系调整几个阶段。自改革开放以来，国家从政策、投入与管理等方面对大学组织的人才培养、科学研究和社会服务给予了充分的关注和支持。[2]

克拉克认为，现代政府对高等教育的控制是一个方面，不同知识群体组成的系统及其所属团体仍我行我素是另一方面，其往往以不同于其他社会活动的方式，通过前后不相连贯的、零星出现的、不为人察觉的行为来改革大学组织。[3] 大学组织总是在理想上遵循其自身的内在发展逻辑，开展知识生产和知识管理。英国的古老大学如牛津大学、剑桥大学在传统上以人才培养为主要目标，绅士教育成为其主要特点。柏林大学专注于纯科学，对实用科学不感兴趣。美国大学以独特的威斯康星思想为标志，促成了大学组织的第三大职能，为大学组织在社会大系统中求得合法

---

① 胡仁东：《我国大学组织内部机构生成机制研究》，33～34页，广州，广东教育出版社，2010。

② 胡仁东：《我国大学组织内部机构生成机制研究》，35页，广州，广东教育出版社，2010。

③ 克拉克：《高等教育系统——学术组织的跨国研究》，王承绪等译，208页，杭州，杭州大学出版社，1994。

地位找到了理由。从总体上来看，大学组织因为其与生俱来的行会的特点，骨子里藏着保守基因。行会的明显特征是自行其是、散漫、偏执和排斥变化。赫斯伯格一语中的，指出大学是所有社会机构中最保守的机构之一。① 大学组织结构和制度的产生大都是为了保护研究者和教师的正当利益，并且对组织内的主要专业领域加以保护，一旦这些结构和制度得以确立，它们可能会变得很难驾驭。大学的发展离不开大学本身对组织变革的作用，而且大学本身有能力进行自身的变革以实现发展。成熟的大学组织有较强的适应能力，因为其学科较多，学科的生长点也较多，而新学科本身就带有适应环境的新特点，所以具有深厚文化底蕴的大学组织更有能力促进自身的发展。②

"一位校长就是一所大学"的民间话语，表达出大学组织内部管理者对于大学组织的发展与变革的价值。这里的管理者不仅指校长，而且指以校长为首席的管理团队。改革大学的任何尝试都必须考虑不同领域的知识结构和十分不同的大学学系操作方式之间的密切关系。③ 不同的大学组织管理者对大学组织的理解有所不同，这就会在实践上产生差异。比如，如果管理以绩效为取向，那么大学组织效率、学术生产力、资源利用的有效性、绩效问责等经济学术语就会是大学管理活动中必不可少的要素，其制度体系中的奖与惩、晋升与降级、考核与聘用无不反映出大学组织的管理主义倾向，如典型的"非升即走"制，特别重视学术产出。大学组织中的合理的制度设计和管理行为在一定程度上可以激活大学内部主体的主动性、积极性与创造性。大学组织管理者为促进大学组织的变革，往往会采取一些策略。④

大学教师身处大学组织场域，其基本职责是学术研究和培育人才。学术研究具有探究性、不确定性，存在风险；教学的教育性无法用效率指标加以衡量。大学教师极力主张教学自由、学术自由和学术自治，不希望管理者对学术事务进行过度干涉，认为学术成果的量化考核可能助长重视数量而忽视质量的学术风气。教师个体和群体更多关注自己所在的学科领域，有时并不完全认可组织的行为，因而仍会坚

---

① 克拉克：《高等教育系统——学术组织的跨国研究》，王承绪等译，203 页，杭州，杭州大学出版社，1994。

② 胡仁东：《我国大学组织内部机构生成机制研究》，36 页，广州，广东教育出版社，2010。

③ 克拉克：《高等教育系统——学术组织的跨国研究》，王承绪等译，45 页，杭州，杭州大学出版社，1994。

④ 胡仁东：《我国大学组织内部机构生成机制研究》，33～34 页，广州，广东教育出版社，2010。

部结构发生变化，教授、行政人员及学生等各类群体在转型中形成新的结构，适应外界的变化。

表 5-1 中的五所高福利国家的大学，它们转型的原因都是国家财政困难，政府对大学的拨款减少，同时高等教育系统内的竞争日益加剧。这几所大学经过多年的努力，成了其所在国家或世界高等教育的成功典型。

表 5-1　五所大学组织的转型

学校	国别	成立时间	转型前	转型后
沃里克大学	英国	1965 年	强调科研以学科为中心，实行传统的学院模式。	成立沃里克制造业集团，致力于研究和开发；商学院对外发展；会议中心成立；沃里克科学园区成立；工业发展办公室成立；主要基层单位是 27 个主要的系和 30 个以上的研究中心。
特文特大学	荷兰	1961 年	属于技术大学，设置三个学院：机械工程、电机工程和化学工程。少数教授控制大学。	执行委员会取代旧的董事会和学术评议会的双重管理结构。成立实施临时安置计划的"转让"办公室，成立国际会议和学习中心、高等教育政策研究中心。
斯特拉斯克莱德大学	英国	1796 年	源于技工讲习所（实用工艺的培训机构），后发展为技术大学。50 个以上的委员会负责全校的领导工作。	系和学群合并为理学、工程、商学、文科和社会科学几个主要的学院，成立联合政策委员会、大学管理小组、研究和咨询服务办事处、药物研究所，聘请专业管理人员，如财务主任、知识产权专职人员和注册主任等。
恰尔默斯大学	瑞典	1829 年	源于工艺学校，是私立大学。	成为基金制大学，成立恰尔默斯创新中心、工业接触集团，校长和行政主任成为核心领导，成立创新中心、科学园区和卓越中心。
约恩苏大学	芬兰	1969 年	源于教师教育学院，是为地区服务的地区性大学。	成立卡累利阿研究所；成立理科、林学、社会科学、人文科学及教育五个学院；采取"一次总付的预算方法"；成立校部实验领导小组；强调对话，利用信息系统进行管理；减少专任终身制，增加临时性职位。

五所大学的这种转型给我们以下启示。

第一，大学无论历史的长短，都可能走出传统大学模式的包围圈，形成一条相对自主发展的道路。

第二，突出大学职能的变化。在新的时代条件下，大学的职能不断地变化，尤其是工业社会、信息社会的变化促使大学思考自身的出路。在发展面临危机的情况下，大学应选择变革。

第三，大学发生变革，其内部机构往往发生变化，这种变化是缓慢的。机构重组的目的是适应外界的需要，同时学科发展是一个重要的原因。管理机构改革的总的趋势是将管理权集中在顶层，将学术决定权交给学术基层单位。

第四，增设的机构主要和外界加强联系，尤其是工业界，突出知识的有用性。研究项目从社会和经济发展的现实需要中产生，科研成果的转化周期缩短了，其转化率提高了。外拓的机构实际上架起了大学和外界沟通的桥梁。

第五，主动思变是表 5-1 中五所学校的一个共同特征。比如，恰尔默斯大学主动退出瑞典国立高等教育系统，成为基金制大学。这种"置之死地而后生"的气魄相当于把学校逼上了绝路，只有变革才能从根本上走出困境。

【思考练习】

1. 如何理解高等教育组织的特征？

2. 高等教育组织变革何以可能？

3. 高等教育组织发展的主要影响因素有哪些？

【推荐阅读】

1. 陈洪捷，施晓光，蒋凯. 国外高等教育学基本文献讲读[M]. 北京：北京大学出版社，2014.

2. 涂尔干. 社会分工论[M]. 梁东，译. 北京：生活·读书·新知三联书店，2000.

3. 克拉克. 高等教育系统——学术组织的跨国研究[M]. 王承绪，等译. 杭州：杭州大学出版社，1994.

4. 贺国庆，王保星，朱文富等. 外国高等教育史[M]. 北京：人民教育出版社，2003.

5. 克拉克. 高等教育新论：多学科的研究[M]. 2 版. 王承绪，徐辉，郑继伟，等译．杭州：浙江教育出版社，2001.

6. 阿什比．科技发达时代的大学教育[M]．滕大春，滕大生，译．北京：人民教育出版社，1983.

7. 赵文华．高等教育系统论[M]．桂林：广西师范大学出版社，2001.

8. 钱志刚，崔艳丽．论大学组织变革的制约因素——内部的视角[J]．高校教育管理，2014(5).

9. 陈洪捷．德国古典大学观及其对中国大学的影响[M]．北京：北京大学出版社，2002.

10. 罗宾．现代大学的形成：知识变革与道德的边缘化[M]．尚九玉，译．贵阳：贵州教育出版社，2004.

11. 许美德．中国大学(1895—1995)：一个文化冲突的世纪[M]．许洁英，译．北京：教育科学出版社，2000.

12. 亨克尔，里特．国家、高等教育与市场[M]．谷贤林，等译．北京：教育科学出版社，2005.

13. 杜德思达．21世纪的大学[M]．刘彤，屈书杰，刘向荣，译．北京：北京大学出版社，2005.

14. 克拉克．建立创业型大学：组织上转型的途径[M]．王承绪，译．北京：人民教育出版社，2003.

15. 王孙禺．高等教育组织与管理[M]．北京：高等教育出版社，2008.

16. 南晓鹏，段世飞．发端与达成：高等教育的组织传奇何以可能？——基于中美比较的视角[J]．高等理科教育，2021(4).

第六章　高等教育制度

在 19 世纪后半叶，西方主要国家先后建立起公共教育制度，该制度几乎得到了所有国家的认可。公共教育制度的起源引发人们思考：为什么国家会用公共资金为普通民众提供一种正式的学校教育，并强制他们接受？这种制度建立的理由是什么？是否存在某种可以为世界各国的这种制度安排做出合理解释的系统的理论？[①]

历史制度主义的核心要义是构建侧重于影响制度变迁的宏观结构、路径依赖和动力机制三维分析框架，其具体途径是：第一，通过社会环境分析，寻求隐含在制度背后的深层原因结构，以解释特殊、复杂的制度的演化与形成过程；第二，通过路径依赖分析，强调行为主体的理性选择；第三，通过动力机制分析，强调制度变迁是社会环境诸多要素之间相互矛盾作用的结果。[②]

基于制度分析的视角，值得追问的问题是：制度生成的机理是什么？谁是制度制定主体？什么人可以决定参与制度制定？国家制定规则的权限与边界又在哪里？制度是内生的还是外部社会力量强加的？导致制度变迁的因素有哪些？制度变迁到底是为了什么？制约制度变迁的力量何在，是路径依赖还是别的原因所引发？

制度分析主要包括以下方面：第一，前提假设。有限理性、多元偏好和行动效用最大化是制度分析的假设，是制度对人的行为的约束、激励和引导作用的根源。第二，行动原则。效用最大化原则不仅适用于追求物质利益，而且适用于一切偏好或社会资源。第三，制度是对集体行为的调控，本质上表现为人与人的关系。第四，变迁影响，涉及为什么改变、由谁来改变、新制度是否能够实现预期的目的等

---

① 郑崧：《20 世纪国外有关公共教育制度起源问题的研究述评》，载《比较教育研究》，2003(8)。

② 施晓光：《历史制度主义视域下印度高等教育的制度变迁》，载《北京大学教育评论》，2021(3)。

问题。第五，变革成本，涉及如何使制度变迁更符合我们的价值理念，如何降低制度变迁的成本或代价的问题。①

第一节　制度解读

任何一项社会制度都体现了一定的价值理念，反之，任何一种成熟价值理念的客观存在都会反映在制度之中。制度是表层的行为准则，理念是深层次的行为信念。教育领域的制度理念不同于一般的教育思想。就高等教育制度理念而言，它对高等教育规则体系具有支配性和基础性作用。比如，终身学习观是高等教育的一个思想，只涉及学习者生命过程与其所处的社会、环境之间的相互作用关系，只是高等教育活动规则体系的一部分，但不是主体，与人才培养制度以及大学与政府、大学与社会的关系规则相比，居于次要地位。②

一、教育制度

制度分析以制度为研究对象，是一种研究方法与范式。人们通常运用制度分析范式审视高等教育现象与问题，提出可能的制度创新途径。制度分析以多学科方法为基础，从发生学角度对具体制度展开研究，追问制度安排的合法性，在理论上强调制度的内生性特点。基于此，高等教育制度分析可以从交易成本理论、组织理论、博弈论等理论出发，探讨高等教育诱致性制度变迁的可能性，进而揭示高等教育制度的双重性——既是重复博弈的内生产物，又独立于参与者的行动选择。③

顾明远主编的《教育大辞典》对教育制度的定义如下：指一个国家各种教育机构的体系，包括学校教育制度和管理学校的教育行政机构体系。有的国家把教育制度看作按国家性质确立的教育目的、方针和设施的总称。④ 这是从体制层面的理解。制度有别于体制，体制多指系统，而制度强调的是规范关系。因此，我们必须先明

---

① 林杰：《制度分析与高等教育研究》，载《北京师范大学学报（社会科学版）》，2004(6)。
② 邓周平、钱志发：《21世纪中国高等教育制度的价值取向与操作设计》，载《清华大学教育研究》，2001(2)。
③ 林杰：《制度分析与高等教育研究》，载《北京师范大学学报（社会科学版）》，2004(6)。
④ 顾明远：《教育大辞典》第1卷，798页，上海，上海教育出版社，1990。

确，纳入研究视野的教育制度应是规范意义上的制度，而非体制意义上的制度。①有学者认为，制度不仅是教育活动的外在既定条件，而且是影响高等教育发展的内在变量，它的本质是教育主体对其行为方式的选择及其选择结果。②

　　教育制度源于人的教育实践、教育交往实践，是处于教育交往实践过程、教育实践活动过程中的人的创造物。教育交往实践的需要、教育实践的需要是教育制度可变革的根本动力，并不存在超越于人之外的教育制度创造主体。作为一种历史的存在物，教育实践、教育交往实践的时间性与历史性决定了教育制度的现实性与合理性，决定了教育制度的发展是一个不断对自身进行扬弃的过程。布罗厄斯说："在剑桥，有一种书籍被称作'永恒之书'——数百年间剑桥积累下来的繁缛琐细的校规，清晰具体地界定着剑桥人的一举一动，似乎不可改变、不可抗拒。"③

　　有观点认为，所有的教育制度都具有单一化、制度化、特殊化和专业化四个特征。前两个特征反映教育与国家之间的关系，后两个特征反映教育与社会之间的关系。不同的教育制度在这四个方面所达到的程度并不完全相同。以限制的方式实现教育权转换的教育制度，往往具有明显的单一化和制度化的特征；以替换的方式实现教育权转换的教育制度，突出地反映了社会需求，带有强烈的分化和专业化特征。

　　郑崧在《20世纪国外有关公共教育制度起源问题的研究述评》一文中提出，公共教育制度的建立是现代教育制度产生的一个重要标志。20世纪，关于公共教育制度起源问题先后产生了自由论、修正论和后修正论三种论说。该文介绍了结构功能论者、冲突论者和社会控制论者关于教育制度的主要观点。结构功能论者认为，现代社会是一个高度分化的社会，有水平方向的劳动分工分化和垂直方向的阶级结构分层，公共教育的发展受到分化或分层的直接或间接推动。冲突论者认为，社会分层的结果是形成了相互竞争的社会集团，而社会集团之间争夺社会控制权则成为民众教育兴起的主要动因。教育能促进人在职业等方面取得成功，夺取教育的控制权能保证某些集团的文化霸权，因此教育成了角逐的场所。社会控制论者认为，城市化进程和劳动者的无产阶级化对教育产生的影响在于：其一，雇佣劳动的新形式及其所带来的家庭经济变迁改变了传统家庭和社区教育的效力，它使旧有的教育形

---

① 林杰：《制度分析与高等教育研究》，载《北京师范大学学报（社会科学版）》，2004(6)。
② 林杰：《制度分析与高等教育研究》，载《北京师范大学学报（社会科学版）》，2004(6)。
③ 李江源：《论教育制度的变革》，载《清华大学教育研究》，2011(4)。

式面临挑战，这就需要新的力量去创建新的教育样式；其二，工业化和城市化引发了一系列新的社会控制问题，公共教育被视为一种解决这些问题的重要手段。① 基于这些认识，人们围绕教育制度的本质、价值、设计与实施开展了讨论。

教育史学、教育法学、教育管理学、教育行政学、教育社会学等学科都将教育制度列入其研究范围。20 世纪 60 年代，西方教育社会学将教育制度研究作为其主攻方向之一，由此产生了制度教育学派。② 除此之外，不少研究基于新制度经济学的视角对教育制度进行了深入的探讨。

我国较为系统研究教育制度的论著当数康永久的《教育制度的生成与变革：新制度教育学论纲》，该论著试图回答关涉教育制度的五个问题：第一，教育制度在教育的发展与变革中的地位何在？第二，教育制度是由个人自身利益的理性计算决定还是由某种客观的社会力量决定？第三，究竟需要彻底批判和清除教育制度的利益背景，还是要把人们对教育利益的追求公开化、合法化？第四，现实的教育制度变革具有何种性质，制度变革的内在动力是什么，变革的方向主要表现在哪些方面？第五，人们关注的教育制度的主要问题是什么，如何摆脱现有的研究困境？

康永久在反思旧制度教育学、借鉴新制度经济学的基础上，提出了新制度教育学的分析框架和概念体系，并得出如下结论：第一，教育制度是极重要的教育资源，应关注现实教育制度；第二，教育制度具有内生性，产生于个人基于自身利益的理性计算，而不由某种客观的社会力量决定；第三，教育的利益背景不是需要彻底批判和清除的对象，问题的关键是在各种教育利益之间达成协调；第四，教育制度有自在性、强制性和自主性三种基本制度形态；第五，人们对教育制度的批判和干预基本上出于理性自负和道德义愤，带有一种强烈的浪漫主义、理想主义和权威主义心态，因而基本上属于旧制度教育学的阵营，摆脱现有的研究困境的出路在于更新思想方法，采用新制度教育学的分析方法，真正从现实的人出发考察教育制度问题。③

综上，关于教育制度的多视角透视、多维度把握、多视野分析有助于我们全面理解教育制度的特征。从既有研究看，教育制度具有以下特征：一是内生性与外源性的统一。教育既有自身的规律，也被置于一定的时空范围内。教育制度一方面要

---

① 郑崧：《20 世纪国外有关公共教育制度起源问题的研究述评》，载《比较教育研究》，2003(8)。
② 林杰：《制度分析与高等教育研究》，载《北京师范大学学报（社会科学版）》，2004(6)。
③ 康永久：《教育制度的生成与变革：新制度教育学论纲》，摘要Ⅱ页，北京，教育科学出版社，2003。

以教育内部为基础，另一方面须对接社会大系统的规则体系。二是理论性与实践性的统一。教育制度既要接受教育管理学、制度学、组织行为学等理论的指导，也须立足于实践运行条件。唯有二者结合，才能有效规范教育行为。三是整体性与局部性的统一。就教育系统内部而言，不同类型、不同层次、不同学段的教育是服务教育体系的组成部分，具有各自不同的特点。教育制度的设计既要倡导整体性，也要有针对性。高等教育制度具有教育制度的特征，同时有自身的特殊性。

二、本质要义

2004 年，张俊宗出版了《现代大学制度：高等教育改革与发展的时代回应》一著作。张俊宗以大学是以学术为本质的特殊社会组织，是以人才培养为主线而将其他学术活动有机联系起来的学术机构为立论基础，分析了大学及大学制度的生成过程。张俊宗按照历史与逻辑相统一的思想，从大学制度的内在变化出发，提出大学发展所经历的五个主要阶段以及相应的大学制度的特点和形成原因，并对 20 世纪以来大学制度建设所面临的主要问题进行分析，阐明大学制度进一步改革的必要性。张俊宗认为，我国大学制度的主要缺陷表现为：高等学校实体性地位的缺失、高等学校自我行为目标的缺失、高等学校间公平竞争机制的缺失、高等教育系统开放性机制的缺失、学术权力与行政权力平衡机制的缺失。基于对现代大学的理性认识和问题判断，张俊宗提出了我国现代大学制度建设的基本框架：分离三种权力、政府宏观管理、社会广泛参与、市场适度调节、高校自主办学与民主管理学校。

王如哲主编的《各国高等教育制度》是国内较早汇集多个国家高等教育制度的著作。王如哲介绍了美国、英国、法国、德国、日本、俄罗斯、加拿大、澳大利亚、西班牙、荷兰、爱尔兰、芬兰、挪威、瑞典及丹麦 15 个国家的高等教育制度，综合归纳了各国高等教育制度的情况，并对这 15 个国家的高等教育发展与经济增长率及高等教育失业率之关系进行了分析。[①]

以上两本著作为我们把握高等教育制度的本质要义、设计理路以及研究视角提供了基本线索，也为我们审视高等教育制度的实践与创新奠定了基础。关于高等教育制度内涵的理解，由于时间、背景、学科等方面的差异，在表达上各有不同。从已有研究看，大体包括以下几种理解。

---

① 王如哲：《各国高等教育制度》，408 页，上海，华东师范大学出版社，2010。

(一) 一维论

从广义上看,高等教育制度是高等教育的内部因素和外部因素相互关联所形成的对内和对外的制度性关系的一个约束体系。[①] 高等教育制度指国家为发展高等教育事业、对高等教育活动实行有效管理而制定的法令、规定。[②] 总体上,施加于高等教育的正向制度是能够推动高等教育健康发展的有力制度,反向制度是因阻碍高等教育发展而被诟病的制度。[③] 广义视域中的高等教育制度可以解决一个国家如何规范高等教育整体发展的问题,引导各高等教育实施主体开展人才培养、科学研究和社会服务等活动。

从狭义上看,大学本身就是一种制度的存在。[④] 大学制度指以实体组织形式存在的大学为主体,以大学自身的精神特质为前提,遵循高等教育规律,以促进大学的发展,实现大学的教学、科研及社会服务职能为目的而制定的一系列规则体系。同时,对大学的学术机构、科层行政机构及其他服务机构的建立和大学内外部直接相关的人、财、物等各种社会关系进行规范和协调。[⑤] 狭义视域中的高等教育制度基于大学组织特性及其生存环境,对大学组织中的机构、人及其行为选择等做出规定,确保大学组织的有序运行。

(二) 二维论

基于词源阐释的视角,大学制度可以分解为大学与制度两个词。在汉语语境下,大学的指称有两个来源。一是源于我国古籍《礼记》的阐述:“大学之道,在明明德,在亲民,在止于至善。”二是源于对大学的英文 university 的翻译,指移植近代西方模式而设立的大学。两个来源不同,但均意指高等层次教育机构。关于制度,《商君书》中记述,“凡将立国,制度不可不察也……制度时则国俗可化而民从制”。此处的制度指制定法度,以建立秩序达到立国之目的。在英语语系中,制度一词分别为 system 和 institution,前者有我们语言习惯中的制度之意,后者有公共机构之蕴。总之,制度表达出组织系统及其机构运行规则两个方面含义。[⑥]

---

① 梁念琼:《论高等教育制度创新与现代大学制度的价值取向》,载《湘潭师范学院学报(社会科学版)》,2003(2)。

② 曾羽:《中国高等教育制度变迁及创新研究》,14~25页,上海,复旦大学出版社,2015。

③ 许祥云、钱宇航、贾凌昌:《高等教育制度供给不及与弥补路径选择》,载《高教探索》,2015(8)。

④ 雅斯贝尔斯:《大学之理念》,邱立波译,108页,上海,上海人民出版社,2007。

⑤ 白娟:《"大学制度"再认识》,载《现代教育科学》,2019(8)。

⑥ 白娟:《"大学制度"再认识》,载《现代教育科学》,2019(8)。

从不同层面看，大学制度大体包含宏观与微观两个层面：在宏观层面，大学制度被认为是一个国家的高等教育制度，它包括办学体制、投资体制和管理体制等；在微观层面，大学制度指一所大学的组织结构和体系，它为大学运行与履行职能提供制度保障。①② 有学者认为，现代大学制度包括制度的文化和价值形态的内隐制度和外部制度体系的外显制度两个层面。③ 大学制度发展的轨迹表明，微观的大学制度在先，宏观的高等教育制度在后。从一所大学的制度的建立到一个国家高等教育制度的形成的过程，也就是完整的大学制度体系形成的过程。④ 宏观与微观的二维论表明，宏观层面高等教育制度指导微观层面高等教育制度的制定，而微观层面高等教育制度是宏观层面高等教育制度的落实。

从制度内容的视角看，高等教育制度指高等教育系统中各有关利益主体须遵循的规则、程序和行为的伦理规范，既包括成文的正式制度，也包括社会意识形态、高等教育价值观念和习俗等不成文的非正式制度。张应强指出，20世纪50年代以来，我国高等教育制度多次变革，在制度结构和制度安排上采取与计划经济相一致的政府主导型办学模式。⑤ 以制度内容的视角，二维论分别基于国家总体观和组织实践观论述了高等教育制度的形成与发展。

(三)三维论

按照普遍性原则，高等教育制度作为一种具体的社会制度，与任何其他社会制度一样，具有三方面的系统：第一，思想理论系统，即概念系统，用以说明高等教育的目的和价值，包括各种观念、学说和理论，即我们通常所说的教育观念、教育思想；第二，规范系统，用以规范高等教育内的各种角色与地位、权利与义务等相互之间的关系及行为模式，包括法律、条例、规章、制度，以及不成文的习俗、惯例、伦理等规范；第三，组织系统，用以推动、保障和检查高等教育制度的运行。⑥

按照特殊性原则，大学制度分为根本制度、一般制度和具体制度三个层次。根本制度基于理念层面；一般制度是处理大学内部事务必须遵循的原则，是体现大学

---

① 田联进：《中国现代高等教育制度反思与重构——基于权力关系的视角》，博士学位论文，南京大学，2011。

② 邬大光：《论建立有中国特色的现代大学制度》，载《中国高等教育》，2006(19)。

③ 张应强：《新中国大学制度建设的艰难选择》，载《清华大学教育研究》，2012(6)。

④ 邬大光：《论建立有中国特色的现代大学制度》，载《中国高等教育》，2006(19)。

⑤ 张应强、马廷奇：《高等教育公平与高等教育制度创新》，载《教育研究》，2002(12)。

⑥ 厉以贤：《高等教育观念、高等教育发展改革和社会文化》，载《高教探索》，1996(1)。

组织基本属性的制度；具体制度是大学内部自我发展、约束的运行机制。① 吴文俊指出，在把高等教育制度这一概念与高等教育经济学所要解决的基本问题相联系时，高等教育制度其实是一个社会针对高等教育培养什么样的人和如何培养、为谁培养等问题所确立的组织及其规则体系。它包括实施高等教育活动的组织制度系统、支配高等教育这一活动的规则体系两方面内容。②

从新制度经济学来看，高等教育制度包括非正式高等教育制度、正式高等教育制度和高等教育制度的实施机制。其中，正式高等教育制度指与高等教育实践活动直接相关的成文规定，非正式高等教育制度指高等教育实践活动中涉及的观念、习俗、惯例以及有形或无形的高等教育规则，高等教育制度的实施机制指为落实高等教育制度而制定的有关制度的制度或元规范。③

(四)四维论

从高等教育活动的范畴看，现代高等教育制度包括组织系统、规范系统、器物以及象征性的标识四个基本要素。从作为活动规则体系来看，现代高等教育制度包括高等学校制度、资源配置制度、产权制度、分配制度四个要素系统。④ 有学者基于现代高等教育制度的特征提出，高等教育制度是一种对高深专门知识和社会价值进行权威配置的制度，是社会合作的产物，对物具有依赖性，是个人理性与集体理性相结合的产物，具有相对的宽容性。⑤ 两种观点分别从抽象和具象的角度指出了高等教育制度内涵的四个方面。

(五)六维论

第一种观点认为，高等教育制度即整个国家各种高等教育机构的体系，而现代高等教育制度基本框架包括坚定正确的大学教育目标、科学的学制系统、完善的终身教育体系、均权型的领导管理模式、法治化的管理制度、健全的教育科研机构与信息网络等。⑥ 第二种观点认为，大学制度是由组织机构、决策、激励、资源配

---

① 宋旭红：《我国现代大学制度建构的三个层次》，载《辽宁教育研究》，2004(10)。
② 吴文俊：《高等教育制度功能的经济学分析》，博士学位论文，华东师范大学，2006。
③ 李晓勤、邓雪芬：《从制度经济学视角研究我国高等教育的制度创新》，载《重庆社会科学》，2007(11)。
④ 吴文俊：《高等教育制度功能的经济学分析》，博士学位论文，华东师范大学，2006。
⑤ 吴文俊：《高等教育制度功能的经济学分析》，博士学位论文，华东师范大学，2006。
⑥ 李化树、杨璐僖：《论知识经济时代的高等教育制度创新》，载《辽宁高等教育研究》，1999(6)。

置、工作和制度创新六个方面构成的。① 第三种观点认为，现代大学制度的基本内涵为自治自由、自主发展、自我约束、结构合理、权责明确与管理科学。② 第四种观点认为，我国现代大学制度的基本框架包括分离三种权力、政府宏观管理、社会广泛参与、市场适度调节、高校自主办学与民主管理学校六个方面。③ 这些观点围绕政府—大学—市场、大学的内部与外部、人—关系—方法等不同方面进行描述性阐释，从不同侧面呈现了高等教育制度的基本框架。上述对高等教育制度含义的不同理解为制度设计提供了参考。

三、设计理路

高等教育的稳健发展需要有效的制度支撑和制度供给。然而，高等教育制度供给的功利化、区隔化、空场化、单一化、去实践化降低了制度对高等教育的保障性价值。制度供给功利化表现为在制定高等教育制度时以实现高等教育的外在价值为旨趣。制度供给区隔化反映了高等教育的不同制度之间的壁垒、冲突与矛盾。制度供给空场化大致表现为制度的供给不足和制度悬置两种情形。制度供给主体单一化指制度设计主体相对集中，不够多元。制度供给去实践化指制度的存在流于形式或制度处于空转状态，这与制度执行者的制度意识不强、在心理上排斥制度有关。在高等教育制度之中渗透人文内涵，使制度制定主体从单一走向多元，使高等教育制度建构和演进适当结合又恰当分离，加强制度供给后的执行支持等，是弥补高等教育制度供给不足的有效路径。④ 辛鸣认为，制度设计有性本善、性本恶、有善无恶或无善有恶三类人性假设，有经济人、政治人、道德人三种行为假设，有无限理性、有限理性、非理性与反理性三个理性假设。⑤ 他主张，无论是制度变革还是制度创新，无论是破旧还是立新，都要落脚于制度建设，并用正确的世界观和方法论引导制度建设，建议我们应走出制度神话、培育制度意识并建设制度

---

① 潘懋元：《走向社会中心的大学需要建设现代制度》，载《现代大学教育》，2001(3)。

② 许承光：《中国高等教育的制度发展与制度创新》，载《科技进步与对策》，2002(6)。

③ 张俊宗：《现代大学制度：高等教育改革与发展的时代回应》，264~286 页，北京，中国社会科学出版社，2004。

④ 许祥云、钱宇航、贾凌昌：《高等教育制度供给不及与弥补路径选择》，载《高教探索》，2015(8)。

⑤ 辛鸣：《制度论——关于制度哲学的理论建构》，139~160 页，北京，人民出版社，2005。

文明。① 这为我们思考高等教育制度设计理路提供了参考。

(一)一般性与特殊性

在一般性上，世界各国现代大学制度的设计和安排有两种基本模式：一种是早发内生型，现代化国家通过大学自身长期的历史演变而自然形成大学制度；另一种是后发外生型，现代化国家通过国家和政府的主动干预，由政府领导而建构大学制度。在特殊性上，以我国为例，我国大学制度的建立有两个来源。一是向外借鉴西方国家和苏联的大学模式，二是继承我国共产党人在革命战争环境下探索出的高等教育模式。② 由于制度惯性和路径依赖，我国在建立具有中国特色的现代大学制度方面将经历一个较长的过程，并且可能经历反复。作为后发外生型现代化国家，我国高等教育体制改革须发挥国家动员的作用。从世界范围来看，建设现代大学制度的关键在于三方面：一是以管办评分离为抓手，转变政府职能，正确处理政府与大学的关系；二是基于我国国情施以变革，以渐进式改革推进现代大学制度建设；三是以文化创新、技术创新推进大学制度创新。③

(二)外部性与内部性

在外部性方面，布迪厄关于高等教育制度的理论是把知识、权力、社会化和教育联系起来的一个全面的文化传授理论的一部分。通过社会化和教育，比较持久的文化气质便内在化了，而这些文化气质又反过来以有助于再生现行阶级关系的方式来组织个人和团体的行为。在一个分成各阶层的社会制度中，统治的集团和阶级控制着全社会最宝贵、最正统的文化意图。通过教育进行反复灌输以后，这些意图就会使从属集团赞同并尊重这一社会制度。象征性的意图可以调和社会集团和阶级之间的权力关系。文化就其最基本的意义来说，不是没有政治内容，而是政治内容的一种表达方式。④ 在内部性方面，学术性是大学制度的内在根据，反映大学学术性本质的大学自我管理和学术自由是大学制度的重要基石。⑤

(三)有序性与无序性

在有序性方面，高等教育制度通过规范高等教育系统内各要素之间的相互关系

---

① 辛鸣：《制度论——关于制度哲学的理论建构》，286～290页，北京，人民出版社，2005。

② 张应强：《新中国大学制度建设的艰难选择》，载《清华大学教育研究》，2012(6)。

③ 刘铁：《我国现代大学制度的演进及特征》，载《中国教育政策评论》，2012(0)。

④ 斯沃茨、夏孝川：《皮埃尔·布迪厄：社会不平等的文化传授》，载《外国教育资料》，1979(3)。

⑤ 吕红军：《民办高校可持续发展的路径选择》，167页，北京，中国商务出版社，2013。

来减少不确定性和降低信息成本，明确产权归属、获利行为，以有效地保障、激励参与高等教育的主体的寻利动机与行为，使效用最大化，也为他们参与高等教育活动提供平台，为有序合作与竞争创造条件。① 作为高等教育行动的价值指针和指示标志，制度既推动经济社会发展也促进高等教育发展，它为高等教育行动划定界限，还为高等教育选择提供实践区间，并协调高等教育场域中不同主体之间的关系，同时保障高等教育稳步推进、预防高等教育功利化、维护高等教育秩序等。② 从无序性看，高等教育秩序表征为高等教育价值、高等教育结构和高等教育制度，如果教育制度供给不足、过度或重叠，可能引发社会成员人性中的恶，导致教育失序。以经济学的效率规则主导高等教育制度变革所产生的教育制度失范，将带来高等教育不公平和高等教育质量降低的风险。③

　　一般性与特殊性的视角主张高等教育制度设计既要遵循高等教育发展的基本规律，又要依据不同国家高等教育发展的社会外部规则。外部性与内部性的视角表明，高等教育制度设计需要从系统与个体、整体与局部的视野加以考察。有序性与无序性的视角阐明了高等教育制度是发挥高等教育功能与价值的规则体系，同时是限制高等教育行为选择的约束体系。无论是哪种视角，都内含高等教育内外部规律的特征。但是，高等教育制度并非一成不变，也不是铁板一块，人们还需要随着时代变迁，在理论与实践、历史与现实、确定性与不确定性中对高等教育制度设计进行深入研究，以有力推动高等教育的发展。

四、研究视角

(一)科学理性视角

　　克拉克的《高等教育系统——学术组织的跨国研究》与布劳的《学术组织》从科学主义的研究规范出发，试图揭示作为学术组织的大学的存在状态。前者运用演绎法构建理论体系，呈现大学组织整体状貌和图景；后者通过对各种问题的认识、求证、归纳与概括来揭示作为整体形态的大学组织的基本特征。二者均以科学的方法论为准则。就研究的目的而言，二者都将大学这种客观存在的实体性组织作为认知对象，以获取知识、揭示大学内在逻辑为目的。虽然这种理性科学探究线路体系严密，有助于我们认清概念间的逻辑关系，以及了解高等教育系统和大学组织的确证

① 贺武华、高金岭：《高等教育发展的制度变迁理论解释》，载《江苏高教》，2004(6)。
② 许祥云、钱宇航、贾凌昌：《高等教育制度供给不及与弥补路径选择》，载《高教探索》，2015(8)。
③ 陈先哲：《我国社会第二次转型与高等教育秩序重建》，载《高等教育研究》，2012(1)。

性事实知识，但难以让我们在深层上理解和把握大学的意义。显然，对大学的纯然客观的、价值无涉的自然解释无法深入主体的内心深处，对大学的意义的深刻感受需要深度融入个人情感、人生体验和自我的价值评判等。经济学家的理性人假设不能演绎出由知识与人构成的大学组织的整体意义，也不能借助于量化工具来准确地把握由无穷丰富性和多样性的人构成的大学组织的内在文化特质。①

（二）组织文化视角

组织文化视角的研究看似与高等教育制度不相关，实质上隐含了高等教育制度形成的文化基因。一般认为，制度是文化的载体。高等教育制度在文化个性、文化样态和文化管理等方面反映了高等教育组织的文化意象。

第一，文化个性。阎光才对已有的关于学术组织自然解释的科学话语以及名校记事的感受性和抒情性叙事话语的研究并不满意，进而开辟了另一通道，即从组织文化的视角透视大学景观，这关涉大学组织的理性解释与感情体验的双向互动、人的情感归属与组织的价值追求等文化意义的整体性认知与涉入。② 如果对大学象征的文化意义构成没有充分解读，人们难以把握大学组织的本质与特性。③ 组织文化的主要构成因素包括观念形态、符号、规范与结构四类，以此为基本分析框架，阎光才描述和分析了大学组织既有的种种文化现象，以此来揭示大学组织的特质、内部运行样式及其与外部环境间的互动特征。④ 现实中的大学，无论是有形的具象组织结构形式还是无形的抽象精神状态，都可以从历史进程中找到源头。阎光才勾勒了组织文化传统生成、塑就和演变的基本过程，简要谈及事件、时空背景，重点从精神层面挖掘超越时空的组织文化的个性。阎光才认为，大学虽进化缓慢，但沉淀下了相对稳定的、独特的组织文化个性和精神品格。组织的文化个性表现为大学对自我使命的认同、组织的精神价值传统与社会责任。当然，对历史的解读必须基于具体的历史时空背景。⑤

第二，文化样态。文化样态通过组织气氛来体现。组织气氛是个体为了理解其周围环境而形成的一种内部图式，相关研究均非常注重领导者、教师和学生群体。

① 阎光才：《识读大学：组织文化的视角》，7页，北京，教育科学出版社，2002。
② 阎光才：《识读大学：组织文化的视角》，8页，北京，教育科学出版社，2002。
③ 克拉克：《高等教育系统——学术组织的跨国研究》，王承绪等译，83~86页，杭州，杭州大学出版社，1994。
④ 阎光才：《识读大学：组织文化的视角》，14~15页，北京，教育科学出版社，2002。
⑤ 阎光才：《识读大学：组织文化的视角》，25页，北京，教育科学出版社，2002。

伯格奎斯特非常关注组织的具体背景，并且采用实证分析和质的研究相结合的混合方法论，沿袭高等教育组织文化的组织气氛研究思路，将高等教育组织文化归纳为学院文化、管理文化、发展文化、协商文化四种类型。① 梁燕玲在借鉴国内外高校组织气氛研究的基础上，认为领导形态、管理体制、教师行为等是测评我国高校组织气氛的三个要素。②

第三，文化管理。马斯兰德指出，从研究的角度看，大学的正式规则和命令等直接控制，以及专业分工和科层制等含蓄控制都将影响组织生活。如果组织中这两种控制都处于弱势，那么组织文化的力量就会变得非常重要。大学或学院就是直接控制与含蓄控制机制比较薄弱的组织。研究、了解、掌握组织文化，有利于管理者更有效地对组织进行管理。从实践的角度看，研究组织文化可以帮助人们解释一个组织从哪里来到当下。文化可以解释过去的决策和行为，为组织行动提供理论支撑，进而为管理者的科学合理决策奠定良好的基础。③

(三)组织特性视角

第一，学术性。作为一个正式的社会组织，大学组织是人为建构的结果，它是以学科和专业为基础，以实现高深知识的生产、传承和应用为目的的社会单元，是社会组织的一种特殊形式，也是一个复杂的专业性组织和文化性组织。学术性和科层性通常被认为是大学组织最重要的两个既对立又统一的特征。很明显，大学组织是一种学术组织，学术性是大学组织中最重要的根本特征，没有这一特征，大学便不再是大学。④

第二，精神性。大学精神是大学师生的理想价值追求，也是大学办学宗旨和办学特色的最直接体现，它成为凝聚全校师生最深沉的精神力量、联结海内外校友最紧密的精神纽带。大学精神反映出不同高校的历史传统、文化特色、发展内涵及价值表达，体现了大学源远流长的文化底蕴和独特鲜明的精神气质。大学精神与大学文化教育具有润物无声、深远持久的育人效果。⑤ 大学不会因为技术革命而衰落，

---

①　William Bergquist，"The Four Cultures of the Academy: Insights and Strategies for Improving Leadership in Collegiate Organizations,"*Choice Reviews Online*，1992(2).

②　梁燕玲：《路径、框架、模型：高等教育组织文化研究综述》，载《现代大学教育》，2008(2)。

③　Ted Youn and Patricia Murphy, *Contemporary Higher Education: Organizational Studies in Higher Education*, London, Routledge, 1997, pp.152-153.

④　潘小明：《大学的组织特性与教师教学发展》，载《教育探索》，2014(2)。

⑤　苏国辉：《大学精神与文化特质的凝练、创新与培育》，载《中国高等教育》，2019(22)。

它绝不仅仅是一个提供教学和研究服务的场所，更是一个人类社会永远不可缺少的精神和文化象征；它塑造人的精神、思想，拓展人的想象空间；它为师生提供面对面的知识、精神、情感交流，让人们真切感受知识。①

第三，有界性。由于大学诸利益相关者对自身效用最大化的追求，因此几乎所有大学组织都有无限拓展的冲动和欲望，拓展了组织边界的大学会为其利益相关者带来更多切实的利益和效用。而且，一旦大学因拓展而增加的总资源存量或社会能量突破其所居社会能级的上限，就会跃迁至一个更高的社会能级，从而增强其社会影响力。但在特定的社会场域中，大学组织边界不可能无限扩张。一般而言，在组织边界扩张能够使大学组织总资源增加时，大学便会趋于扩张；而一旦在大学组织所拥有的总资源无力支撑其进一步扩张组织边界时，大学扩张的进程就会在某一节点上停下来。假若以此停滞点为分界线，大学在社会场域中的组织边界就形成于此。②

第二节 制度创新

熊志翔等于 2002 年出版了《高等教育制度创新论》，通过回顾我国高等教育制度的变迁，基于高等教育大众化背景，提出"制度创新是高等教育发展的不竭动力"的观点，并从理念革命、结构优化、学分制、高等教育信息化、产学研合作等几个方面分析了高等教育创新的基本路径。这为探讨高等教育制度创新提供了基础。

一、逻辑起点

(一)政治学视域中的公平与正义

罗尔斯曾提出平等和差别两个正义原则。第一个原则是每个人对与所有人所拥有的最广泛平等的基本自由体系相容的类似自由体系方面，都应有一种平等的权利。第二个原则是社会的和经济的不平等应这样安排：①在与正义的储存原则一致的情况下，适合于最少受惠者的最大利益；②在机会平等的条件下，职务和地位向

所有人开放。① 两个正义原则以"原初状态"和"无知之幕"两个假设为前提。②

(二)经济学视域中的成本与收益

新制度学派的科斯等认为，如果一项制度带来的预期净收益超过预期的成本，这项制度就会被创新。也就是说，能够使制度创新主体获得潜在利益的现存制度变革会引发制度创新。通过制度创新来建立高等教育事业健康发展的激励约束机制，以促使高等教育持续发展，已经成为高等教育改革的基本路径。③

在可供选择的高等教育制度设计中，存在两种不同的制度安排：生产性制度安排与非生产性制度安排。两种制度安排之间存在一个连续的制度谱系。一般而言，一种制度安排既可以带来适应性的效率也可以带来非生产性的效率损失。制度决定知识的产生，而由此产生的知识为人们争取资源从而为获得生存与发展机会提供了凭据。具有内在激励性的制度安排会鼓励人们采取非对策性自利行为或机会主义行为。其中，斯密的那只"看不见的手"对人们的非对策性自利行为加以协调，属于生产性制度安排，它具有扩展性；而机会主义代表非生产性制度安排，这种制度安排将导致竞争力的缺乏。在一个具有生产性的高等教育制度安排中，有限理性的个体依据自身的偏好、资源禀赋和环境条件寻求教育、社会中一切可能的潜在利润，进而动态地演化出高等教育领域内的人共同遵循的行为规则、交换规则与利益规则，从而既实现个人知识的发现、传播与集结，又实现市场的分工与扩展。可见，知识与制度同样重要，而个体在生产性制度安排中的行动选择也很重要。一种有效的制度安排需要考虑周全，尽量避免"理性的狂妄"。④

(三)管理学视域中的有序与无序

自发秩序与社会干预是保证高等教育可持续发展的统一体，二者相互补充、相互作用，彼此之间并不存在不可调和的冲突。自发秩序的适度、社会干预的恰当是发展高等教育的两条边界线，其实践要义在于：政府、市场和大学各自按规则行事，不越界、不推责，相互协作，形成推进高等教育发展的合力。⑤ 自发秩序的存

---

①　罗尔斯：《正义论》，何怀宏、何包钢、廖申白译，56页，北京，中国社会科学出版社，1988。

②　房欲飞：《从罗尔斯的正义原则看我国高等教育制度的正义性》，载《高教探索》，2006(5)。

③　熊志翔等：《高等教育制度创新论》，43页，广州，广东高等教育出版社，2002。

④　刘芳、雷鸣强：《一个生产性的高等教育制度安排如何可能》，载《高教发展与评估》，2006(6)。

⑤　李枭鹰：《走出自发秩序与社会干预偏废的误区》，载《中国高教研究》，2009(8)。

在为高等教育活动的开展提供了创新实践的空间，适当的社会干预保证了高等教育的行为选择符合国家、社会和公民的利益。

以美国为例，其高等教育制度创新既体现了对传统高等教育制度的继承，如沿袭传统模式的文理学院、大学外部控制模式、学术自治与政府不干涉主义等特征，又体现了适应经济社会发展的制度变革，如引进现代科学技术来服务于经济社会、重视研究生教育和科学研究、以社区教育促进高等教育普及化。美国高等教育制度崇尚自由竞争，发挥市场机制，尊重学术自治，完善政府调控[1]，主要体现为自治制度（大学自治、教授自治、学生自治和行业自治），办学国际化（教师国际化和学生国际化），以募款方式获取办学经费等。[2] 美国高等教育制度的有序与无序的平衡为美国高等教育的世界地位奠定了基础。

二、尺度把握

（一）基于宏观与微观的视角

高等教育制度创新包括宏观与微观两个方面的制度建设。从宏观方面看，要优化政府的组织机构和管理职能，要加强间接决策咨询、信息服务、政策指导、评估监督等，引导和促进学校面向社会自主办学；从微观方面看，高等学校成为自主办学的法人实体，应处理好与政府、社会之间和自身内部的各种关系，增强学校主动适应社会需要及其变化的能力。[3] 我国高等教育制度创新的发展方向在于：从宏观和微观两方面改革高等教育管理体制；不断优化我国高等教育资源配置体制；改革教师管理制度，赋予教师更多的权利与自由；赋予学生更多的选择权。[4]

（二）基于传统与现代的考量

面向未来的大学改革，应当继承我国优秀思想文化传统，继承百年以来现代中国大学独立自主的学术追求。一方面要立足于我国的优秀思想文化传统，使其成为现代人在政治、经济、社会诸方面的基本观念；另一方面要立足于中国式现代化来

---

[1] 韩梦洁、张德祥：《美国高等教育制度的传承、变革与启示》，载《中国高教研究》，2014(1)。
[2] 张广冬、周海、郝昕玉：《美国高等教育制度浅析——以弗吉尼亚大学为例》，载《教育探索》，2016(7)。
[3] 李化树、杨璐僖：《论知识经济时代的高等教育制度创新》，载《辽宁高等教育研究》，1999(6)。
[4] 李晓勤、邓雪芬：《从制度经济学视角研究我国高等教育的制度创新》，载《重庆社会科学》，2007(11)。

把握西方的观念和制度传统，审视其与我国国情的内在关联。我国大学学术传统的现代化，应当置于中西两个传统视域中予以考量，既考虑世界性的问题，也考虑我国独特情境中的根本问题。这意味着我们既要将我国优秀思想传统深深地刻印于现代学术，也要学习世界其他国家的优秀思想。一个国家成熟的学术传统，既应具有世界的内容也应具有源于自身历史的内容，否则一个国家的大学制度将难以成为沟通学术、教育与政治、社会的枢纽，无法在思想层面上回应我国人民现实生活中的基本问题，也无力阐述那些关涉人类生存与发展的根本问题。只有将家国情怀与世界眼光加以融合，培养出堪当中华民族伟大复兴重任的优秀人才，我国大学才有可能产生原创性科研成果，解决技术难题。高等教育制度创新既要从长远考虑现代学术制度的构建，也要在思想传统的基础上进行学术突破，进而为未来的学术发展提供空间。①

（三）基于经验与成就的积累

我国高等教育制度创新理论的主要特征有：第一，四次教育思想大讨论提高了人们对教育的认识与理解水平，成为高等教育制度创新理论产生的重要土壤；第二，传统教育经典理论的现代阐释成为高等教育制度创新理论研究的最大亮点；第三，改革主体同时作为研究主体身处高等教育制度创新场域之中，这是高等教育制度理论研究的主要特点；第四，高等教育制度创新理论的发展过程嵌入整个社会"摸着石头过河"的探索之中，制度创新理论的所有研究成果都可能是阶段性的，但这些成果构成了高等教育制度变迁的全过程；第五，主要基于本土同时兼容并蓄的研究旨趣，是高等教育制度创新理论在方法论上的突破；第六，高等教育制度创新理论的发展过程体现了开创、认知、演进、改革的主要路线。②

（四）基于目的与手段的反思

我国高等教育制度创新的直接目的是通过高等教育体系的优化重构、布局调整与实践探索，建立起与我国经济社会发展相适应的现代大学制度，全面推进中国式高等教育现代化。人的德智体美劳全面发展是高等教育的最终追求，人的成长成才是高等教育现代化的永恒主题。制度创新与现代化转型都只是高等教育现代化的一种中介手段与工具，我们应通过制度创新来完成现代化的转型，从而为人的全面发

---

① 李猛：《大学改革与学术传统》，载《读书》，2004(1)。
② 康宁：《改革开放以来我国高等教育制度创新理论研究特点》，载《国家教育行政学院学报》，2005(9)。

展本身提供制度保障。高等教育制度创新需要我们有自我革命的精神,促进高等教育的公平正义的进一步实现。①

(五)基于主体与选择的审视

根据美国著名经济学家诺斯的研究,制度变迁包括制度架构的规则、规范及执行体系中的各种情形,可用二极化的分析方法予以阐释,二极指诱致性制度变迁与强制性制度变迁。② 高等教育制度创新是推进高等教育发展的重要方式。任何制度的建构及创新,都会受到教育的价值理念与价值取向的支配和制约。依照制度创新主体的不同,制度创新可分为诱致性制度变迁和强制性制度变迁。诱致性制度变迁是由个人或群体在响应获利机会时自发倡导、组织和实行的,是对现行制度的变更、替代或创造。强制性制度变迁的主体是国家和政府,政府制定法律法规条例并予以实施。无论是诱致性制度创新还是强制性制度创新,都是为获取那些在已有制度安排结构中所无法获取的利益。

我国高等教育制度变迁和高等教育总体发展密切相关。在主体上,强制性制度变迁发挥着主导作用,期间也伴随着诱致性制度变迁;在方式上,高等教育制度的创新以渐进式改革为主线;在效果上,社会对高等教育的制度安排越来越认同。③我国高等教育制度创新的走向应遵从以平等开放、自我管理、高等教育准市场化等理念为主的现代大学制度价值取向,让高等学校成为根据其自身发展定位和办学类型而进行自主办学、自我发展、自我约束的办学主体。④

三、呈现样态

高等教育制度创新的呈现样态反映了高等教育制度变迁轨迹。高等教育制度创新在各国都有不同的方式和手段,因此呈现出多样化样态。社会需要对高等教育机构不断提出要求,而社会需要逐渐呈现多样化的趋势,这就需要用高等教育制度的多样化来回应社会需要的多样化,从而促进高等教育人才培养、科学研究、社会服务功能的发挥。从生态系统的视角看,高等教育机构类型如同生态系统中的

---

① 王全林:《高等教育的制度创新代价论略》,载《清华大学教育研究》,2004(5)。

② 诺斯:《制度、制度变迁与经济绩效》,刘守英译,36~75页,上海,上海三联书店,1994。

③ 朱艳:《中国高等教育结构变迁的基本特征分析》,载《国家教育行政学院学报》,2012(2)。

④ 梁念琼:《论高等教育制度创新与现代大学制度的价值取向》,载《湘潭师范学院学报(社会科学版)》,2003(2)。

物种一样，数量不断增加，各机构通过竞争实现发展，由此促成高等教育制度的多样化。

多样化既是建设现代化高等教育制度的必要举措，也是现代化高等教育制度的基本特征。一方面，现代高等教育制度应满足现代社会发展对不同层次和不同类型人才的复杂需求；另一方面，应满足人民对高等教育不同的、个性化的复杂需求。高等教育机构内部多样化表现为差异化，包括机构使命、学生来源、教师来源、学术组织设立、学科专业设置、管理制度等方面的差异化。高等教育机构外部多样化则主要指高等教育机构的多样化。高等教育机构内部和外部多样化表现出一个明显特征，即随着高等教育机构内部多样化的增强，外部多样化有可能减弱。美国教育家佩斯指出，如果每所院校都增加自己的专业数量，它可能增强了自己顾客的多样化，但同时减少了自己与其他院校间的差异。

(一)美国高等教育制度

美国著名高等教育学家斯泰德曼认为，多样化是美国高等教育的宝贵财富，是美国高等教育最有价值的特色。美国多样化高等教育制度的价值主要有：满足学生不同需求、为美国青年提供社会流动的可能性、满足劳动力市场的多样化需求、将精英高等教育与大众高等教育有机结合、降低所有院校创新试验的成本等。

从层次-类型看，美国多样化高等教育制度是在其市场竞争制度、政府的法令规制和非政府机构等不同主体的共同作用和相互制约下形成的。第一，美国高等教育机构通过市场竞争建立起多样化高等教育制度，以满足社会、政府及其他组织对不同层次和不同规格人才的需求；第二，政府根据经济社会发展需要而制定的法令引导美国多样化高等教育制度的形成；第三，美国的教育中介机构助推多样化高等教育制度的建立和发展。[①]

从类型-模式看，美国高等教育制度的多样性特征既表现为美国高等教育机构纵向层次与等级的多样化，又表现为每一层次高等教育机构类型的多样化，还表现为高等教育的办学主体、资金来源、学位类型、办学模式、办学职能等方面的多样化。多样性特征对美国高等教育制度建设而言，其价值主要有：第一，赋予美国高等教育制度强大的生命力与创造力；第二，为美国学院或大学组织的学术自由提供了体系保障；第三，呈现出美国实用主义教育的价值与活力；第四，展示了

---

① 王英杰：《刍论多样化高等教育制度建设》，载《比较教育研究》，2019(5)。

美国个人主义文化价值观崭新的教育意义。①

(二)日本高等教育制度

自明治维新至今,日本高等教育制度在政府强制性政策导向与市场诱致性教育诉求的牵引下,历经了高等教育制度的统合、再统合、分化、再分化以及统合与分化并存的复杂过程,高等教育制度的变迁先后经历了国家模式、民主模式、市场模式和全球模式。以大学为主体的高等教育机构围绕着学术自由与大学自治等核心利益,成为引导高等教育制度统合与分化的重要力量。日本高等教育制度变迁的路径是日本由从属于西方到脱离西方自立并本土化的过程,同时体现了后发型国家高等教育制度变迁的某些共性。②

在 20 世纪的百年发展中,日本高等教育形成了较为鲜明的特点:第一,从发展模式看,少数高水平的大学由国家举办,通过私立大学实现高等教育的规模扩张;第二,从发展方式看,日本高等教育以逐步递增、渐进发展的路线为主;第三,从改革流程看,咨询机构通过调查研究形成咨询报告,政府根据咨询报告建议修改或制定法律法规,实施改革。③ 天野郁夫在考察日本高等教育制度时指出,高等教育制度的创建必须做到以下两点:一是要从多样化的欧洲大学中选择适应日本环境的模式;二是要让这样的大学模式所孕育的欧洲遗传性状适应新的环境,形成独特的变种。④

20 世纪 90 年代,日本高等教育改革以修改《大学设置基准》为起点。主要从三个方面进行了修改:第一,下放课程设置权限。将《大学设置基准》的条文删繁就简,将有关大学办学的规定改细为粗。其中,最突出之处是大学课程设置取消了关于课程种类的具体规定,用大学课程设置方针取代,大学享有课程设置的全部权限。第二,实行自我评价制度。《大学设置基准》要求大学进行自我评价,这表明日本高等教育发展转向以提高质量为核心的时期。自我评价的实施为建立健全大学评价制度奠定了坚实基础。第三,重视终身教育。为跟上时代发展的需要,《大学设

---

① 王保星:《美国高等教育制度的多样性特征分析》,载《河北大学学报(哲学社会科学版)》,2004(2)。

② 卢冬丽、董维春、刘晓光:《日本高等教育制度统合与分化的机制分析——基于政府、市场与大学的视角》,载《学术论坛》,2014(11)。

③ 胡建华:《百年回顾:20 世纪的日本高等教育》,载《南京大学学报(哲学·人文科学·社会科学)》,2001(4)。

④ 天野郁夫、陈武元:《高等教育制度论:日本模式的摸索》,载《大学教育科学》,2005(4)。

置基准》增加了一系列促进终身教育发展的条款，对正规高等教育之外的各种非正规高等教育的开展予以制度上的保障。[①]

（三）我国高等教育制度

2019 年，中共中央、国务院印发的《中国教育现代化 2035》提出：建立完善的高等学校分类发展政策体系，引导高等学校科学定位、特色发展。持续推动地方本科高等学校转型发展。加快发展现代职业教育，不断优化职业教育结构与布局。这一指向表达了我国高等教育在未来的制度安排上将走多样化的道路。

从纵向—横向的视角看，在纵向上，高等教育机构层级增加的趋势明显，其主要原因在于全球高等教育市场竞争激烈、各种大学排行榜助推、高等教育大众化进程加快、政府政策引导等，这些促进了我国以学术声誉为基本内核的高等教育在纵向上的多样化。在横向上，随着社会对高等教育的需求的复杂化和多元化，新型高等教育机构不断涌现。高等教育机构类型的增加表征了高等教育制度在横向上的多样化，不同高等教育机构的价值取向对于满足社会的多元需求具有独特性和不可替代性。同时，追求卓越成为每种高等教育机构的目标。卓越的标准以当初所确定的目标为基础，只不过不同类型高等教育机构的参照系有所不同而已。纵向多样化以横向多样化为前提。[②]

从选择—结果的视角看，我国多样化高等教育制度的政策选择体现为：第一，政府、事业单位和国有企业要率先改革用工制度。不唯学历，通过用工制度和奖酬制度的变化，逐步把社会对人才的多样化需求转化为学生和家长对高等教育的不同需求。第二，通过法律的形式明确建立我国多样化高等教育制度，明确各类高等教育机构的边界和使命。第三，政策的调整应该把横向多样化作为核心理念，使政策具有连续性和一致性，支持各类院校在自己所属的高校类型中竞争发展。第四，政府要在让"院校在学术纵向阶梯上攀爬"和"打开学生多次选择的通道"之间做出明确的政策选择，这两种政策所体现的价值取向不同。前者以"高等教育机构从属于不同的层级"为价值取向，这从基础上颠覆了高等教育横向多样化的制度；后者则以对学生的人文关怀为价值取向，学生可以获得多次选择和试错的机会，不会危及多样化的高等教育制度。第五，政府须制定政策并完善高等教育机构的市场，使这个

---

① 胡建华：《百年回顾：20 世纪的日本高等教育》，载《南京大学学报（哲学·人文科学·社会科学）》，2001(4)。

② 王英杰：《刍论多样化高等教育制度建设》，载《比较教育研究》，2019(5)。

市场竞争有序。这有利于院校质量的提升，有利于或者最起码无损于多样化高等教育制度的发展和完善。①

从历史—现实的视角看，20 世纪 80 年代中期以来的改革使我国高等教育制度得到了优化和调整。在高等教育管理体制上，"以块为主、条块结合"取代了"条块分割"的体制；在高等学校的类型上，通过各高等学校自身的学科专业的发展与扩张，尤其是 20 世纪 90 年代后期以来的大规模高校合并、重组，原来以单科院校为主、少数文理综合大学的格局，转变成以多科性综合大学为主的新格局；在所有制形式上，民办（私立）高等学校的快速发展、学生数量不断增长，改变了单一的公有高等学校所有制格局；在教育经费来源上，财政拨款、社会举办、受教育者成本分担等多渠道经费来源结构，改变了过去基本上仅由国家财政承担教育经费的状况；在办学自主权上，《中华人民共和国高等教育法》明文规定，高等学校在调节系科招生比例，设置和调整学科专业，制订教学计划，组织实施教学活动，开展科学研究、技术开发和社会服务，开展与境外高等学校之间的科学技术及文化交流与合作，教学、科学研究、行政职能部门等内部组织机构的设置和人员配备等方面拥有自主权，这为高等学校依据自身定位、未来目标开展办学提供了保障。②

四、路径探索

21 世纪，我国高等教育的制度理念坚持平等开放、大学自我管理和市场化。大学、政府、市场三者之间的规则关系以大学自我管理为基础，以政府间接指导为辅，以市场配置资源为导向，这是高等教育改革的根本目标和必然选择。从未来看，高等教育普及化面临的各种矛盾不能只通过转变理念来解决。在西方国家，国家危机论、高等教育民主论、高等教育轴心论和人力资本论成为其大众化和普及化时代的高等教育理念。借鉴西方发达国家大众化的历史经验，我国应建立旨在促进高等教育普及化的高等教育制度。改革高等教育制度，教育行政部门的职能转变是关键。实现大学自我管理的前提是教育行政部门强化指导与监督，大学内部事务由大学自己去解决。政府应着重关注大学的办学质量，指导并评估，根据评估结果配置办学经费及其他办学资源，鼓励大学根据其历史积累、地域特点、现实基础，培

---

① 王英杰：《刍论多样化高等教育制度建设》，载《比较教育研究》，2019(5)。
② 胡建华：《从"无序"到"有序"——高等教育改革的发展方向》，载《教育发展研究》，2002(12)。

养高质量人才、进行科研创新，服务于国家战略需要和地方经济社会发展需求。①

(一)价值评价

高等教育制度评价指以相关社会群体或个体为价值主体，对高等教育制度满足价值主体需要的程度的主观价值评价。高等教育制度评价反映的是高等教育制度主、客体之间的价值关系。从伦理角度看，高等教育制度评价体现了高等教育的价值主体对高等教育活动效用的判断。当然，不同的价值主体所做出的效用判断存在差异，只有那些反映高等教育的客观规律以及体现社会大多数人高等教育利益的高等教育制度评价才具有公正性和合理性。从需求的角度看，任何对高等教育有需求的个体都有资格依据现行的高等教育制度，评估该制度在满足其个人高等教育需求方面的表现。也可以说，谁有资格对高等教育制度的实施和执行效果进行价值评判，谁就可以成为高等教育制度评价主体。在性质上，高等教育制度评价主体可以分为官方和民间两种评价主体，即国家和社会两种评价主体，其中社会评价主体又可分为团体和个人两种评价主体。在类型上，有由专门高等教育制度评价机构做出的正式性评价和由其他机构或个人对高等教育制度做出的非正式评价，两种不同的评价类型蕴涵着不同的伦理价值选择取向。②

(二)环境变量

从某种程度上说，环境对高等教育行为决策、资源配置与办学效益起决定性作用，因此是高等教育制度的重要外部变量。在生态视域下，高等教育生态规律是以生态学观点来研究高等教育与外部生态环境之间，以及高等教育内部各个环节、各个层次之间本质的必然联系的。根据生态系统的平衡原理，要实现高等教育生态系统与制度生态环境的生态平衡，在基本内容和要求上需要满足以下三个方面的条件：一是适应平衡，即高等教育系统与制度生态环境之间相互适应以达到平衡状态；二是协调平衡，即高等教育生态系统内部(即高等学校内部的结构和功能、组织与管理制度之间)实现相互协调的平衡；三是流动平衡，即高等教育生态系统与各子系统在物质、信息与能量的输入和输出过程中的平衡。③

(三)选择思路

高等教育制度的基本形态和基本特征往往由特定社会的生产力发展水平和文化

---

① 邓周平、钱志发：《21世纪中国高等教育制度的价值取向与操作设计》，载《清华大学教育研究》，2001(2)。

② 朱平：《高等教育制度评价的伦理审视》，载《广西大学学报(哲学社会科学版)》，2009(1)。

③ 贺祖斌：《高等教育制度生态环境及其优化》，载《现代大学教育》，2004(3)。

传统决定，而高等教育制度的形成路径和发展方向在很大程度上由高等教育制度主体的主观选择决定。任何形式的高等教育制度都必然反映出某种价值诉求。可以认为，有什么样的高等教育价值观，就会出现什么样的高等教育制度选择，高等教育制度主体的主观选择取决于其高等教育价值观。也就是说，高等教育制度选择的结果是高等教育制度主体根据某种高等教育价值观，对高等教育制度做出的追寻和取舍，选择行为取决于高等教育制度主体的价值取向。价值取向反映了高等教育制度主体对特定高等教育制度的需要和追求。这样，高等教育制度的选择问题在实质上就成了高等教育制度的价值问题。从高等教育发展的历程看，教育有社会本位和个人本位两种价值取向，社会本位的高等教育制度以实用价值为教育价值取向，而个人本位的高等教育制度以健全人性为教育价值取向。[①]

(四)应对策略

首先，知识传播是推动高等教育制度产生的底层逻辑。其次，社会控制是驱动高等教育制度发展的实践逻辑。最后，行动文化是保障高等教育制度运行的行动逻辑。[②] 从技术的视角考量，高等教育制度的发展存在多重模式：第一，技术赋能在制度理念层面发挥规范性同构效用；第二，技术赋能在制度框架层面发挥强制性同构效用；第三，技术赋能在制度运行层面发挥模仿性同构效用。资源共享对高等教育制度创新的推动作用主要体现在四个方面：一是有助于全面落实以学生发展为本的办学理念；二是增强高等教育的包容性，提高高等教育的开放程度；三是促进高等教育办学方式的变化，增强高等教育面向社会、面向市场自主办学的活力；四是促进高等学校管理模式的变化，加快建立高等学校的公共治理结构。[③]

(五)模式构建

我国高等教育制度的产生通常起始于政府系统内部特别是专家的认识，他们通过分析、研究、调查而将其所认定的社会最广大人民的政治要求输入教育政策中去。有学者将这种代表人民进行利益表达的过程叫作"内输入"。[④] 之所以通过渐进

[①] 朱平：《高等教育制度选择的价值诉求》，载《教育与考试》，2009(1)。

[②] 徐丹丹、冯锐：《技术赋能高等教育制度发展的内在逻辑、现实困境及其路径选择》，载《中国电化教育》，2023(5)。

[③] 宋旭峰：《资源共享：高等教育制度创新的重要契机》，载《教育发展研究》，2005(3)。

[④] 赵映川：《中间扩散型：高等教育制度变迁的新路径——以"独立学院"的产生为例》，载《黑龙江高教研究》，2008(9)。

式改革来推进高等教育结构变迁，是因为这种先试点后推广、先局部再整体的改革模式有利于改革者获取结构变迁中的知识和信息，从而降低信息的不完全性和不确定性，减少制度变迁中的试错成本和变迁中遇到的各种阻力。这种以渐进式方式为基础的制度变革过程，也是改革者寻求利益最大化的过程，理想结果是预期收益大于预期成本。高等教育结构变迁的过程始终伴随着我国高等教育制度的变迁。特别是在 20 世纪末以来的高等教育结构变迁中，我国高等教育领域的一系列改革虽然仍然带有政府计划色彩，但是这一时期的改革赢得了社会的广泛认同。当然，我们需要进一步完善高等教育制度，通过制度构建来激发高等学校和市场的活力，从而为高等教育结构走出现存困境创造良好的外部环境。①

第三节　制度变迁

樊华认为，制度环境的改变是高等教育制度创新的外部动力，他基于市场化经济改革的背景提出：扩大高校自主权，使高校成为制度变迁需求主体；制度需求与供给的不平衡是高等教育制度变迁的内部动力，其规定了高等教育制度变迁的路向。②

周晓蕾等提出，要想突破高等教育制度变迁中的路径依赖束缚，实现制度创新，就要创新高等教育理念，重新定位政府角色，健全多元监督机制，并赋予高校更多的办学自主权。③

雷晓云在其专著《中国高等教育制度变迁及其文化透视》中致力于解决如下问题：从古代高等教育到近代高等教育，究竟什么发生了变化？又有什么在延续着？作为一种移植物，是什么原因支撑着我国高等教育制度以自己特有的方式在变迁中保持延续？该专著以天人合一为基本线索，从思维方式和价值观念两方面入手，基于文化的视角来分析高等教育制度变迁，探究文化特质与高等教育制度变迁之间的内在联系，并提出如下观点：我国古代文化的"取象比类"整体性思维特征和以"和"为核心的基本价值观所形成的"天人合一"整体性思维，导致了高等教育制度变迁中认知理性和实践理性的缺失；从我国文化自身近代变迁的复杂性中，可以看出我国

---

① 朱艳：《中国高等教育结构变迁的基本特征分析》，载《国家教育行政学院学报》，2012(2)。
② 樊华：《中国渐进式高等教育制度变迁的动力机制研究》，载《黑龙江高教研究》，2005(12)。
③ 周晓蕾、樊平军：《中国高等教育制度变迁的路径依赖分析》，载《中国高教研究》，2011(6)。

文化具有"天人合一"整体性思维的一贯性。①

樊华、周晓蕾等人分别从环境变化、历史惯性角度讨论了我国高等教育制度变迁的具体路径。雷晓云则从我国古代文化的视角揭开了我国古今高等教育制度外观相异却保持了内在的一致性的秘密。我国高等教育制度变迁有自身的历史与环境，其变迁过程和问题呈现在一定程度上反映了我国高等教育创新的特殊性。

一、探索与变革：中华人民共和国成立前的高等教育制度

我国近代的高等教育发轫于洋务学堂的兴办。为了适应外交和军事上的需要，洋务派官僚创办了三十多所新式学堂，京师大学堂尤为典型。兴办洋务学堂是为了培养洋务人才，同时洋务学堂对高等教育的发展和近代社会的变革产生了深远影响。京师大学堂为我国近代中学和西学、旧学和新学、科举和学校之争的产物，标志着我国近代大学教育的开始，其主要功能是培养人才。

鸦片战争之后，我国从闭关锁国到被动开放，从器物学习到文化改造，有识之士在探索中前进。在高等教育制度层面，儒家的思想传统、太学与书院的机构组织是我们重构制度的基础。面对西方大学的学术导向和系科设置等制度，我们应当选什么、如何选？教育改革者做出了各种努力。我国现代高等教育制度的摸索与调适、借鉴与重构，经过了从中心到边缘、从引进到改造的过程。我国将外部制度的吸收融入内部发展需要之中，设计了引导大学发展的高等教育制度。高等教育制度的变迁引起了大学的变动，从国立北平大学的变迁中可以看出，我国高等教育制度建设，无论是主动改革，还是被动调整，其最终指向始终是构建适应我国经济社会发展需要的大学制度结构。② 周瓦认为，我国晚清高等教育制度是在"旁采泰西""取日本学规"的基础上逐步建立起来的，尽管不甚完美，但毕竟为我国近代高等教育制度的建立开启了大门。③

1904 年初，清政府颁布了我国近代第一个正式实施的学制——癸卯学制。癸卯学制把高等教育分为三级：高等学堂或大学预科、大学堂和通儒院。这标志着我

---

① 雷晓云：《中国高等教育制度变迁及其文化透视》，4 页，武汉，华中科技大学出版社，2007。

② 张强：《缔造与消失：高等教育制度变迁视野下的国立北平大学》，载《现代大学教育》，2019(4)。

③ 周瓦：《"旁采泰西"、"取日本学规"与晚清高等教育制度的产生》，载《高教探索》，2005(2)。

国高等教育制度的正式确立。当时的高等教育以"中学为体，西学为用"为办学宗旨，提出了"端正趋向，造就通才"的培养目标。[①]

辛亥革命后，1912 年，南京临时政府教育部先后公布了《专门学校令》《大学令》。《专门学校令》规定专门学校以教授高等学术、培养专门人才为宗旨。《大学令》规定大学以教授高深学术、养成硕学闳才、应国家需要为宗旨。这些要求反映了新兴资产阶级发展实业、重视科学的进步要求。

1916 年，有丰富教育经历的教育家蔡元培被任命为北京大学校长。他于 1907 年去德国留学，先后入莱比锡大学、柏林大学就学。当时德国高等教育的理论和实践给蔡元培留下了深刻的印象。他提出如下大学改革主张：一是大学应以科研为指针，"大学者，研究高深学问者也"。大学不是贩卖毕业文凭的机关，也不是灌输固定知识的机关。他推崇和重视纯粹的科学研究，坚持大学以研究基础理论为中心，主张将发展应用科学的功能赋予专门学校。大学是研究高深学问的地方，教师的学问要新，造诣要高。在教学上，大学的学生应该在教员的指导下，主动研究学问，而不应硬记教员讲义。二是提出"兼容并包，学术自由"的办学原则。北京大学倡导师生形成研究学问、独立思考、探索真理的精神，并吸纳百家思想，倡导教师改革教学内容。三是实行教授治校和学生选科制度，这体现了自由、民主、尊重个性的思想。蔡元培改革北大的理论和实践深刻影响了我国高等教育的发展。

1898 年京师大学堂的建立、1904 年《奏定学堂章程》的颁布是我国近代高等教育制度建立的标志。清政府颁布《奏定学堂章程》，确立了我国近代由中央政府颁布并首次得到施行的全国性法定学制系统。该学制主系统为三级七段，第三阶段的高等教育分为三级：高等学堂或大学预科（3 年）、大学堂（3～4 年）、通儒院（5 年）。虽然该学制有待进一步补充和修正，但在当时使高等教育制度保持了相对稳定。[②]

从历史的角度看，我国近代高等教育发展具有如下特征：一是借鉴多国高等教育模式，先是日本，后为欧美国家，对我国近代本土化高等教育模式的探索不充分；二是发展不平衡，高等教育机构更多集中于东部沿海经济发达地区，而中西部地区相对较少；三是女子高等教育发展未得到足够的重视；四是教会高等教育机构在教学内容、管理方式等方面对我国近代高等教育的发展具有重要影响；五是为适应革命斗争的需要，中国共产党领导下的高等教育积累了独特的经验。[③]

---

① 朱有瓛：《中国近代学制史料》第二辑上册，770 页，上海，华东师范大学出版社，1987。
② 薛二勇：《中国近代高等教育的制度变迁分析》，载《高等农业教育》，2006(5)。
③ 朱宗顺、刘平：《中国近代高等教育论纲》，载《大学教育科学》，2003(1)。

新制度主义社会学认为，任何制度的变革总是在旧制度出现危机并被瓦解的过程中发生的。因此，任何制度的变革实际上都包含旧制度的去制度化和新制度的构建与维系两个动态发展过程，前者为后者提供了必要的制度变革环境。总体上看，制度输入是我国近代高等教育制度建设的总体特征。在制度变迁上，我国高等教育制度经历了从开放多元到封闭单一再到开放多元的循环过程。①

二、借鉴与融合：中华人民共和国成立后的高等教育制度

1949—1965 年，我国高等教育制度以苏联模式为蓝本而建立：一是形成以单科院校为主、单科院校与文理科综合高校并存的国家大学体制；二是设立系内设专业、教学研究组的"大学—系"内部组织结构；三是建立以专业为中心的统一的教学计划的教学制度。② 但是，因基础薄弱和苏联模式的影响，我国高等教育发展出现了偏颇，高等教育的功能没有得到全面发挥。"文化大革命"结束后，随着改革开放的进行，高等教育有了较大的发展。为了适应经济和社会发展的要求，大学的育人、科研、社会服务等各项功能日益丰富，从此进入新的发展阶段。③

1985 年，《中共中央关于教育体制改革的决定》指出了我国原有高教体制的弊端："在教育事业管理权限的划分上，政府有关部门对学校主要是对高等学校统得过死，使学校缺乏应有的活力；而政府应该加以管理的事情，又没有很好地管起来。"1993 年，《中国教育改革和发展纲要》为高等教育体制改革指明了方向，就是"逐步建立政府宏观管理、学校面向社会自主办学的体制"，即"在政府与高校的关系上，要按照政事分开的原则，通过立法，明确高等学校的权利与义务，使高等学校真正成为面向社会自主办学的法人实体"，"学校要善于行使自己的权力，承担应负的责任，建立起主动适应经济建设和社会发展需要的自我发展、自我约束的运行机制"。

改革开放时期，我国高等教育的市场化激发了社会对高等教育的需求乃至供给，但同时引发了高等教育的公平问题。根据我国高等教育领域的改革和试验，至少可以形成以下两个方面的判断：第一，制度的设计与安排是为了促进高等教育公

① 罗燕、杨钋：《中国高等教育的制度正义：在扩张与平等之间——新制度主义社会学的分析》，载《清华大学教育研究》，2011(6)。
② 胡建华：《关于建国头 17 年高等教育改革的若干理论分析》，载《南京师大学报（社会科学版）》，2000(4)。
③ 徐小洲等：《高等教育论：跨学科的观点》，4～6 页，北京，人民教育出版社，2003。

平正义目标的实现，但高等教育规模的增长与公平之间并不存在必然联系。第二，如果过于限制高等教育机构的管理权和办学自主权，就会降低高等教育的整体竞争力。[1]

各类研究试图解释我国高等教育制度在不同的时空环境中的样态。既往研究大致可分两大类：一类是静态的制度分析。比如，海因兹的研究以特定的时空环境为范围，对教育制度做出了特定解释。这种对既定的教育制度的考察，有助于研究者了解高等教育制度与环境的联系，却无法真正帮助其认清高等教育制度的本质、演进与发展方向等，只有助于静态的区别与分析。另一类是某一时期制度变迁的画像研究。比如，李立匡研究中华人民共和国成立初期的教育制度演变。这类研究有助于分析特定时期的高等教育制度面貌，有助于厘清高等教育制度的内涵，但无法从宏观的角度开展系统性的研究，也难以解释演化与制度变迁的原因，也就无法提出整体性和综观性的看法与主张。[2]

自 21 世纪以来，关于高等教育制度的研究成为人们关注的热点，主要有两个原因：一是高等教育作为社会的中心已是事实，社会对高等教育的依赖越来越强烈；二是高等教育制度对经济社会发展进程产生重要影响。在世界高等教育的发展史上，以英国为典型的学院型高等教育制度奠定了传统制度基础，以德国为典型的政策引导型高等教育制度衍生出政府制度样板，以美国为典型的实用型高等教育制度体现出制度的创新效用。三种不同的高等教育制度逻辑在世界高等教育中成为经典，这表明高等教育制度逻辑存在多种可能，多种可能之间的差异性，是由不同国度、不同民族、不同文化、不同历史等方面的差异造成的。同时，三者也具有共同特征：高等教育制度体系的确立以大学最核心、最根本的学术自治制度为根本，抓住现代高等教育制度中大学独立批判性精神的本质特征，充分运用大学的自组织机制，强化外部政治保障制度、外部财源供给制度、外部质量保障制度，准确把握学术自由、学术自治的外部干预，等等。

我国现代高等教育制度的历史轨迹呈现出摇摆姿态，即从被迫开放到单一的价值选择，在多元化尝试之后再回到单一的价值取向，之后又进入完全封闭状态，后来形成全面开放、多元化的格局。基于对我国现代高等教育制度的反思，田联进提出：第一，高等教育制度的重构既要观照高等教育内部重构与高等教育外部重构的

① 罗燕、杨钋：《中国高等教育的制度正义：在扩张与平等之间——新制度主义社会学的分析》，载《清华大学教育研究》，2011(6)。
② 顾佳峰：《制度变迁与中国高等教育发展实证研究》，载《黑龙江高教研究》，2007(11)。

统一，也要注重高等教育内部逻辑与外部逻辑的统一。第二，高等教育制度的重构是对人与制度的互动关系的调整与优化。一方面，制度决定着人们从事高等教育事业过程中所表现的观念和行为；另一方面，人在制度的建构中发挥作用，人与制度之间始终存在双向建构关系，制度决定、影响、规范人们的观念和行为，人们新的观念和行为可以创造新的制度、建构新的规范。①

无论是从大学的理念、理想或愿景的角度，还是从大学教育的目的、功能、结构与管理的角度讨论大学这类学术性组织，都关注应然与实然层面之间紧密的联系。在应然层面，应关注以下几方面：第一，大学的本真状态是什么？在对大学的本真状态进行把握时，应把大学视为一个有其自身的内在逻辑并具有相对独立的精神和性格的实体，关注大学组织所特有的、相对稳定的特质。第二，基于实然的大学理想化状态又是什么？在对大学的理想化状态进行把握时，应把大学视为一个受环境影响并依赖于环境而求生存的变体，关注组织存在的社会职能内涵。② 在实然层面，处于转型时期的我国高校普遍面临内部体制机制优化的现实问题，如高校自身如何定位、内部管理体制从哪里改进、如何处理与外部的关系等。回答这些指向实践性的问题之前，应当先弄清楚大学组织的应然状态，即大学究竟是什么性质的组织，组织自身的内在特质是什么。对这些前提性问题的把握有助于我们回答实践何以可能、何以合理的问题。③

奥斯本在其《未来的大学》报告中指出，"大学之所以为大学的理由就在于它的教学以富有想象力的思考，把青年人与老年人结合在一起，维持着知识与生命热情间的联系。大学传递信息，但它是富有想象力的传递。至少，这就是大学的功能，一种对社会有所为的功能。如果在这一方面大学失败了，那么它就没有理由存在下去"④。

三、高等教育制度变迁的问题检视

从改革的角度看，要进行有序、有效的改革，须遵循高等教育发展的自身规律，并且改革政策的制定应当有一个科学、公开、民主的程序。根据其他国家的经

① 田联进：《中国现代高等教育制度反思与重构——基于权力关系的视角》，博士学位论文，南京大学，2011。
② 阎光才：《识读大学：组织文化的视角》，3～4页，北京，教育科学出版社，2002。
③ 阎光才：《识读大学：组织文化的视角》，5页，北京，教育科学出版社，2002。
④ Michael Osborne：《未来的大学》，载《开放教育研究》，2001(3)。

验与教训，改革政策的制定应以立法为主要形式，相关咨询机构应成为政策改革的参与者。① 大学改革的真正目标，是塑造学术传统，并建立传承和发展这一传统的制度体系。第一，建立基于国情的高等教育制度。以我国现代学术传统为基础，吸纳来自世界各国的学术营养，为我国学者产生原创性研究成果的学术创新提供保障。第二，我国的高等教育制度既要与国际接轨，又应在教育、学术乃至思想上都成为引领者。同时，一个真正强大的国家不能丢弃自身学术传统，只在精神上仰赖他人。②

从冲突的角度看，发展中国家需要从以下方面对"为什么要发展高等教育"这一问题加以澄清。第一，在学习发达国家高等教育先进经验的同时需要防止它们的文化霸权，通过高等教育来增进学生的民族认同本身就是反对西方文化侵略的一种手段。借鉴并不意味着完全照搬国外高等教育发展模式，而是为了更好地发展本国的高等教育。第二，通识教育和科技教育谁更重要的问题。通识教育有利于培养学生的综合素养、家国情怀，科技教育有利于使本国科技自立自强。把国外通识教育的内容和方法与本国优秀传统文化有机融合，将更有利于培养学生的国家认同感。科技教育和通识教育都应成为发展中国家高等教育的重要组成部分。③

从公平的视角看，高等教育作为教育的龙头，事关国家发展全局、社会经济发展水平与个人发展前途，这就需要我们在有限的教育资源条件下实现公平和效益的平衡。理论上的公平要成为高等教育实践中可接受的现实，需要高等教育制度创新和政策调节。④ 高等教育机会增多并不意味着公平就会自然实现。要促进高等教育公平，就应当在制度设计上下功夫，保证高等学校的办学自主权。⑤ 随着高校办学自主权的逐步落实、高等教育机构的多样化、社会对高等教育的积极参与，公平正义的高等教育制度供给的基本格局初步形成。同时，高等教育制度改革以政府供给为主，这对于保障弱势群体的利益和平等参与高等教育机会竞争的权利具有基础性作用。⑥

① 胡建华：《从"无序"到"有序"——高等教育改革的发展方向》，载《教育发展研究》，2002(12)。
② 李猛：《大学改革与学术传统》，载《读书》，2004(1)。
③ 郑富兴：《发展中国家高等教育发展的目的问题》，载《外国教育研究》，2007(5)。
④ 张应强、马廷奇：《高等教育公平与高等教育制度创新》，载《教育研究》，2002(12)。
⑤ 罗燕、杨钋：《中国高等教育的制度正义：在扩张与平等之间——新制度主义社会学的分析》，载《清华大学教育研究》，2011(6)。
⑥ 张应强、马廷奇：《高等教育公平与高等教育制度创新》，载《教育研究》，2002(12)。

【思考练习】

1. 高等教育制度是什么?

2. 如何确定高等教育制度创新的主要依据?

3. 我国高等教育制度变迁的特征有哪些?

【推荐阅读】

1. 施晓光. 历史制度主义视域下印度高等教育的制度变迁[J]. 北京大学教育评论, 2021(3).

2. 林杰. 制度分析与高等教育研究[J]. 北京师范大学学报(社会科学版), 2004(6).

3. 李江源. 论教育制度的变革[J]. 清华大学教育研究, 2011(4).

4. 康永久. 教育制度的生成与变革:新制度教育学论纲[M]. 北京:教育科学出版社, 2003.

5. 曾羽. 中国高等教育制度变迁及创新研究[M]. 上海:复旦大学出版社, 2015.

6. 白娟. "大学制度"再认识[J]. 现代教育科学, 2019(8).

7. 田联进. 中国现代高等教育制度反思与重构——基于权力关系的视角[D]. 南京:南京大学, 2011.

8. 邬大光. 论建立有中国特色的现代大学制度[J]. 中国高等教育, 2006(19).

9. 张应强, 马廷奇. 高等教育公平与高等教育制度创新[J]. 教育研究, 2002(12).

10. 吴文俊. 高等教育制度功能的经济学分析[D]. 上海:华东师范大学, 2006.

11. 潘懋元. 走向社会中心的大学需要建设现代制度[J]. 现代大学教育, 2001(3).

12. 张俊宗. 现代大学制度:高等教育改革与发展的时代回应[M]. 北京:中国社会科学出版社, 2004.

13. 辛鸣. 制度论——关于制度哲学的理论建构[M]. 北京:人民出版社, 2005.

14. 陈先哲. 我国社会第二次转型与高等教育秩序重建[J]. 高等教育研究, 2012(1).

15. 阎光才. 识读大学:组织文化的视角[M]. 北京:教育科学出版社, 2002.

16. 韩梦洁、张德祥. 美国高等教育制度的传承、变革与启示[J]. 中国高教研究, 2014(1).

17. 王英杰. 刍论多样化高等教育制度建设[J]. 比较教育研究，2019(5).

18. 徐丹丹、冯锐. 技术赋能高等教育制度发展的内在逻辑、现实困境及其路径选择[J]. 中国电化教育，2023(5).

19. 雷晓云. 中国高等教育制度变迁及其文化透视[M]. 武汉：华中科技大学出版社，2007.

第七章　高等教育管理

>>> 章前导语

在我国，对高等教育管理的系统性研究肇始于 20 世纪 80 年代初期，并且在高等教育研究体系中形成了一个比较热门的领域。高等教育管理的研究趋势呈现出两个特点：一是从最初照搬企业管理理论并套用在高等教育管理实践中，逐步发展到探索高等教育管理自身的特点；二是从总结高校管理的工作经验（融合一般管理理论），逐步发展到构建高等教育管理学的学科体系（当前这一体系尚未完善成熟）。随着我国高等教育事业的蓬勃发展和教育体制改革的深入，高等教育管理中的大量问题涌现出来，不仅需要在实践中加以解决，更需要在理论方面予以解释和澄清，这种从实践问题研究上升到形成系统的高等教育管理理论的过程，是一个逐步进行探索的过程。[1]

我国第一本专门研究高等教育管理学的著作是李冀主编的《普通高等学校管理》。在这一著作中，学校组织管理对象的现象及其规律被确定为高校管理学的研究对象，并被落实到普通高校的管理上。[2] 20 世纪 90 年代，林正范出版了《高等教育管理新论》，该著作基于当时的背景，就如何制定既有足够的挑战性又有充分的可行性的高等教育发展战略与规划、如何为高等学校的改革与发展筹措足够的经费、怎样保证高校享有充分的办学自主权、怎样有效地运用教育评价的手段来强化对高等教育的管理并提高教育质量四个问题，试图从战略规划、经费、自主权与评价等方面予以澄清并提供思路。[3] 自此以后，相关著作围绕理论和实践对高等教育管理进行理性反思。

---

① 姚启和：《高等教育管理学》，1～2 页，武汉，华中理工大学出版社，2000。
② 康翠萍、邓锐：《高等教育管理新论》，18～19 页，北京，科学出版社，2020。
③ 林正范：《高等教育管理新论》，1 页，太原，山西高校联合出版社出版，1994。

第一节 基本范畴

教育管理是人类社会所特有的一种社会现象。人类产生了有组织的教育活动后，便有了教育管理的需求，目的是使教育活动更有效率、更有规律、更令人信服。正是在教育管理的加持下，人类的教育活动才一代一代地传承下来，发展成了具有广泛影响力的社会现象。教育管理学发展成社会科学，成为人类思想智慧结晶中的重要组成部分。高等教育管理是教育管理系统中的重要组成部分，不仅表现为它所代表的教育管理的一个类型，还表现为其衍生出了普通教育管理所不具备的一些特征，如高深知识的管理、以学科专业为基础的运行模式等。随着时代的发展和人类认识能力的增强，无论是教育管理还是高等教育管理，都走过了一条逐步完善组织体系、逐步强化自身理论体系构建的道路。人们对高等教育现象的认识还在逐步深化，对高等教育的社会性反思还在不断推进。

一、教育管理

对教育管理本质的认识在深度和广度上呈现出明显的差异，康翠萍等在梳理已有研究的基础上从三个方面进行了分析。

第一，在对教育管理的归属和定位问题上，主要存在两方面认识：一是将教育管理定位在管理上，如黄兆龙在论述现代教育管理的特征时，提出教育管理和其他一切管理活动一样，也是一种特殊的实践活动；二是将教育管理定位在教育和管理两者的结合上，如安文铸和孙绵涛都从教育和管理两个方面提出教育管理活动的两重性。

第二，在对教育管理概念的种差表述上，根据形式逻辑的有关规则，种差反映的是对象的基本属性，由于对象的属性是多样的，按照属加种差定义法，教育管理的定义可分为性质定义、过程定义、功能定义等不同类型。例如：黄兆龙对教育管理的定义体现了过程取向，属于过程定义；孙绵涛对教育管理的定义则体现了功能取向，属于功能定义。

第三，在具体研究方法上，学者有相同的出发点，但是具体研究方法有差异，即他们都是从马克思关于管理两重性的讨论出发展开讨论的，但是具体研究方法各有不同。黄兆龙和安文铸都把马克思关于管理两重性的论述理解为自然性和社会性，并将其移植到教育管理的本质属性上，从而把教育管理的本质属性理解为自然性与社会性的统一。孙绵涛认为，马克思对于管理两重性的相关论述可以作为教育管理本质研究的依据，我们需要在准确理解马克思相关论述的精神实质的基础上，对教育管理的本质进行研究，认识到教育管理现象是由教育管理体制、教育管理活动、教育管理机制、教育管理观念这四个范畴组成的完整的统一体。[①]

在管理学视域中，宏观层面的教育管理对象是国家的教育事业，微观层面的教育管理对象是教育资源和学校等。这里所提到的教育资源涵盖了由教育相关的人、财、物、空间、时间、信息等构成的系统，系统的核心是人，包括教师和学生。教育管理具备计划、组织、指挥、协调、控制等一般管理所具有的职能。教育管理的过程就是履行上述职能的动态环节。教育管理的目的是满足培养人和发展科学技术文化的需要，对有限的教育资源进行合理配置和协调的动态过程。教育管理活动不同于教育、教学、生产、科研活动的根本点，就在于管理活动是对这些活动进行组织、协调、控制和指导的活动，是为这些活动的开展和正常运转创造良好的外部环境，提供各种资源条件和"人和"氛围，并使各种资源条件、内外部环境有效结合、充分发挥效能的动态过程。[②]

二、高等教育管理

高等教育在人类社会中已经存在了三千多年，从萌芽状态逐渐发展为较为复杂的社会活动之一。与人类社会的高等教育现象相伴生的是针对这种现象的管理活动。高等教育管理与高等教育现象一样，是一种很古老的人类社会活动。高等教育管理的内涵、特征、原则、历史发展等都是高等教育管理学的重要研究内容。一般来说，研究者们把第二次世界大战结束以来的高等教育管理称为现代高等教育管理，以便区别于中世纪和近代的高等教育管理。有研究者认为，现代高等教育管理具有以下三个共同点：首先，高等教育管理的均权化。国家逐步下放高等教育的管理权，采取分权的高等教育管理的国家通过间接的途径加强了对高等教育的控制。其次，高校内部实行分权、分级管理，分工明确，管理规范，教授参与程度高，决策科学化、民主化。最后，建立了许多咨询、协调和评估机构，注重协调高校与社

---

① 康翠萍、邓锐：《高等教育管理新论》，101页，北京，科学出版社，2020。

② 姚启和：《高等教育管理学》，18～19页，武汉，华中理工大学出版社，2000。

会之间的关系，吸收社会力量参与高校日常管理工作。[①]

就高等教育管理研究内容而言，有研究者认为：在高等教育管理一般原理方面，主要包括高等教育管理的本质特征、基本规律和原则；在高等教育发展方面，主要包括高等教育发展方针、战略与规划；在高等教育宏观管理方面，主要包括高等教育体制、市场机制对高等教育管理的作用、政府对高等教育的宏观管理；在高校管理方面，主要包括高校面向社会自主办学、高校内部管理体制改革、高校领导与决策、高等教育管理者的职责和素质。[②]

关于高等教育管理的概念，大体上有以下几种表达方式。

一是系统论。高等教育管理是一个系统，系统是由若干要素组成的有机整体。要素以其特有的功能保证高等教育管理系统功能的发挥。[③] 高等教育管理可以分为宏观高等教育管理和微观高等教育管理。宏观高等教育管理主要以一个国家或地区的高等教育系统为管理对象，又被称为高等教育行政管理，关注高等教育系统与社会发展的适应与协调；微观高等教育管理以大学组织为分析单位，又被称为高等学校管理，关注大学的环境、目标、技术、结构、人员和过程。[④] 有学者认为，高等教育管理的本质就是通过管理使各系统之间、系统与子系统之间最优化地联系起来，更高的质量、效率与效益是高等教育管理的本质追求。正如在微观层面审视一所高校的管理，就是要看其管理是否能够将高校的管理体制、经济和社会效益、教学管理、实验室管理、图书资料管理、人事管理、后勤管理和思想政治工作管理等系统最优化地联系起来，从而实现以管理求质量、求效益、求效率，不断地进行自我完善。[⑤]

二是规律论。高等教育管理规律指高等教育管理活动的内在的、稳定的、必然的、本质的联系。这种联系不断重复出现，在一定条件下对高等教育管理起作用，并且决定高等教育管理必然向着某个方向发展。高等教育管理的基本规律是客观存在的，是不以人们的意志为转移的，人们能够通过对高等教育管理现象的研究或者高等教育管理实践来认识它、接近它、利用它。[⑥]

① 康翠萍、邓锐：《高等教育管理新论》，14页，北京，科学出版社，2020。
② 姚启和：《高等教育管理学》，前言3页，武汉，华中理工大学出版社，2000。
③ 康翠萍、邓锐：《高等教育管理新论》，140页，北京，科学出版社，2020。
④ 康翠萍、邓锐：《高等教育管理新论》，162页，北京，科学出版社，2020。
⑤ 金家琅：《高等教育管理的本质、任务与原则初探》，载《黑龙江高教研究》，1987(2)。
⑥ 康翠萍、邓锐：《高等教育管理新论》，147页，北京，科学出版社，2020。

三是矛盾论。在高等教育管理中，存在"高等教育的相对稳定性与高等教育适应市场的经常性变化以及追求办学高效益"之间的矛盾。① 同时，存在"对高等教育系统有限的资源投入与高效益实现高等教育系统目的"之间的矛盾。② 在高等教育管理中，个人与个人之间的矛盾、个人与整体之间的矛盾，是需要从根本上协调、处理和解决的两大主要矛盾。人是高等教育系统的核心要素，由于教育资源的有限性，个人与个人之间在学术观点、工资福利、奖励表彰、提级晋升等方面无可避免地存在多重竞争，进而会产生多种矛盾。同时，个体的发展目标有时与高等教育系统整体目标并不完全一致，导致个人与整体之间的矛盾。解决个人与个人之间的矛盾，需要高等教育管理秉持平等、公正的原则；解决个人与整体之间的矛盾，需要处理好个人发展与整体发展之间的辩证关系，即整体目标的实现是个人目标得以实现的前提，整体目标的实现可以通过个人目标的实现来达成。③

四是权力论。从权力分布角度对高等教育管理概念的理解主要包括五方面：一是高等教育管理权力结构是一个国家高等教育管理的核心，表现为高等教育管理权力在中央政府与地方政府之间的分配关系、在各级政府中高等教育管理部门与其他部门之间的配置关系、在高等教育管理机构与各级各类高等教育机构之间的划分关系、在高等教育管理机构内部各组成部分之间的分配关系，是一个从宏观到微观的权力配置结构体系；二是高等教育是一项不断发展变化的社会事业，高等教育管理要随着高等教育事业的发展与进步而不断变革，具有动态发展的特征；三是国家政治、经济、文化传统和高等教育事业所获得的投资、办学体制等因素综合作用，生成了国家高等教育管理的复杂系统和表现形式；四是国家各级各类高等教育管理机构职能的正常发挥、管理活动的规范开展，要依靠完善的高等教育管理制度体系，这是各级各类高等教育管理机构发挥职能、正常运转的基本保证；五是国家高等教育管理的组织形态，具体表现为国家设立的各级各类高等教育管理机构，同时隐含着国家高等教育管理权力的结构。④

五是生态论。作为社会发展的重要组成部分，高等教育管理是教育生态、社会生态系统中的组成部分，生态圈的要素分布和资源供给直接关系到教育管理的质效。从群落组织角度加强高等教育管理生态圈的建设，不仅要明确生态圈的建设方

---

① 侯定凯：《市场——高等教育管理本质的新视角》，载《上海高教研究》，1994(4)。
② 薛天祥、房剑森：《试论高等教育管理的本质和规律》，载《上海高教研究》，1995(6)。
③ 姚纬明、余达淮、曹菱红等：《高等教育管理》，5页，南京，河海大学出版社，2004。
④ 王迎：《高等教育管理与教学创新研究》，2页，哈尔滨，黑龙江科学技术出版社，2023。

向，打造自然成熟的系统，形成充分组合的完整主体、周期相对一致的结构，而且要以组成要素的有效集聚、群落架构的完善、动态运行中的平衡为主要抓手，加快生态圈的主体层级化设置、资源空间布局设计、品质不同导向研究，从而真正构建要素完备、结构合理、运转良好的高等教育管理生态圈。[1]

六是人本论。人性假设是高等教育管理的重要出发点。董立平等在比较分析管理学中的各种人性假设的基础上，提出了"学术人是高等教育管理人性假设"的观点，并分析了学术人所具有的真理性、公共性、超功利性、自律性、创新性、自由性等本质特征。[2] 刘卫平认为，人本性是柔性管理的本质体现，是实现柔性管理的思想精髓和核心理念。传统高等教育管理模式是刚性的，以制度为中心，而高等教育柔性管理则以人本化为标志，是一种更符合时代语境的实践范式，更是对传统管理模式的超越，成为一种具有现代性的思维范式。高等教育柔性管理是以认识论和政治论为基础的高等教育管理，是向以生命论为基础的现代高等教育管理范式转换的应然选择。推行高等教育柔性管理有赖于正确处理柔性管理与刚性管理之间的关系、坚守和践行人本管理理念、优化管理组织结构与形式、培育良好社会资本等几个实践维度。[3]

七是话语论。毋庸置疑，我国教育管理思想源于西方并从西方引进，因此高等教育管理中的很多表达都借鉴了西方话语，缺乏本土化的学术话语。因此，有必要建立理论自觉，在认识论场域中，重新提炼和总结西方的教育管理思想，融入我国高等教育管理的核心价值理念，构建起符合规范、能够得到认可的高等教育管理学说和学术成果。与此同时，对我国高等教育管理的现实话语进行洞察，从管理的各种活动中找寻语言的根系，整合"他理论"话语与"自我管理实践"话语内涵，以再现我国高等教育管理话语共同体发展进步的要求。当前，我国高等教育管理研究存在管理理论与实践相脱节的问题，我国高等教育管理丰富的实践内涵、重大的现实意义、深厚的文化背景都缺乏充分的话语展示，需要学者们发挥学术话语的力量，以科学的精神和方法，通过有思想学术深度的认知模式和方法论，聚焦于高等教育管理的实践，解决相应的问题。在此背景下，提炼我们自己的学术话语，构建我国高等教育管理学学派就成为学者的当务之急。要想形成我国的高等教育管理学学说，学者需要根据我国高等教育管理转型的基本特点，将高等教育管理理论与我国高等

---

① 李丽军、桑璐：《高等教育管理生态圈的建设路径探究》，载《教育理论与实践》，2020(3)。
② 董立平、周水庭：《学术人：高等教育管理的人性基础》，载《江苏高教》，2011(2)。
③ 刘卫平：《高等教育柔性管理范式及其实践策略》，载《大学教育科学》，2014(3)。

教育现代化的具体实践相结合，总结、归纳和创造出我们自己的术语、概念和范畴，建立自己独特的话语体系，同时根据我国高等教育管理文化发展的现实，建立自己的价值标准。[①]

把握高等教育管理本质应坚持历史与现实观点相统一、经济效益与社会效益相统一、政府管理与大学自我管理相统一、一般性与例外性相统一的原则。[②] 基于此认知，结合有关高等教育管理的理论与实践研究，可以将高等教育管理理解为：在高等教育目的指导下，管理者以认识、研究和掌握高等教育规律为基础，综合运用理论、政策、法规等多种工具，有意识地调节高等教育系统内部与外部的关系，科学有效地协调高等教育系统的内部与外部的资源，从而对高等教育活动进行计划、组织、领导和控制，以便实现既定目的的过程。

关于这一定义，我们可以从三个方面进一步理解：一是高等教育管理的依据，就是高等教育的目的。任何管理活动都是人类有目的的活动，目的既是出发点，也是终点。高等教育目的具有自然属性和社会属性，自然属性就是促进人的全面发展，社会属性就是为社会培养各级各类高级专门人才。二是高等教育管理的任务，就是对高等教育系统内外的关系与资源进行科学的调配和调节。这蕴含了将高等教育系统作为整个社会大系统的一个子系统来认识，将高等教育系统确定为开放系统的理念。完成任务的基础是对高等教育规律的把握。对规律的把握越准确，管理的质量就越高。三是高等教育管理的工具。高等教育管理的工具是多方面的、多维度的、多元化的，国家颁布的关于高等教育的法律法规，教育行政部门颁布的关于高等教育的政策、规章、意见等，乃至被人们广泛认可和接受的教育理论，都是人们在进行管理活动时可以采用或者依赖的工具。

三、高等教育管理学

从范式变迁角度讲，学科形成包括前科学时期、学科形成、科学确立三个阶段。张天雪认为，经过多年的经营，高等教育管理研究初步进入了学科形成阶段，基本形成了自己的学科范式。学科范式形成的标志包括研究对象的明确、学术共同体的确立、研究成果显著并具有自身的研究工具和研究方法论等方面。我国高

---

① 蒋园园：《追寻与建构：开启我国高等教育管理学术话语的新视域》，载《现代教育管理》，2014(10)。

② 康翠萍、邓锐：《高等教育管理新论》，86～88页，北京，科学出版社，2020。

等教育管理要重建理论体系，奠定方法论基石，整合研究队伍，强化学术规范，使研究具有本土性、战略性和实践性。① 有学者认为，高等教育管理学是依据高等教育的规律和特点，运用管理科学的理论和方法，研究高等教育事业的宏观管理和高等学校管理的客观规律及其应用的科学。② 作为一门学科，必须建立起反映高等教育管理客观规律的理论体系。我国高等教育事业的飞速发展呼唤着高等教育管理理论的指导，而丰富的高等教育实践成果为形成新的高等教育管理理论、研究高等教育客观规律准备了条件。高等教育管理理论与实践的丰富与发展，促使高等教育管理学成为一门独立的学科。③

薛天祥在科学方法论指导下，运用从具体到抽象的基本逻辑方法，构建了有别于经验体系的高等教育管理学理论体系。这一理论体系的逻辑起点是高等教育系统，逻辑终点则是高等教育管理效益和提高效益的方法、技术。在起点与终点之间，则存在高等教育目的(中介概念)、高等教育管理(中心概念)、高等教育管理原则(过渡性概念)、高等教育管理基本规律(后继概念)。在这一理论体系中，除了高等教育系统是从全部的高等教育管理活动中抽象出来的以外，其他概念和逻辑终点都是以逻辑分析的方式层层推演出来的。在这一理论体系中，高等教育系统与环境、系统与系统、系统与个人之间的矛盾，是在推动高等教育管理实践的三对基本矛盾，解决了这三对矛盾，就可以提高高等教育管理的效益。这一理论体系开启了我国高等教育管理自主知识体系构建的征程。

我国第一部高等教育管理专著于 1982 年由李冀主编出版，此后到 20 世纪 80 年代末，朱九思等主编的《高等学校管理》、陶增骈主编的《高等教育行政管理》、余立主编的《大学管理概论》、王亚朴主编的《高等教育管理》等陆续出版。④

改革开放后的第一次全国教育工作会议在 1985 年 5 月召开，颁布了《中共中央关于教育体制改革的决定》，强调高等教育体制改革的关键是改变政府对高等学校统得过多的管理体制，在国家统一的教育方针和计划指导下，扩大高校的办学自主权。这一政策文件的颁布有力地推动了我国高等教育管理理论研究的进展，一系列关于高等学校办学自主权的研究成果不断出现。比如，苏步青等四位大学校长、书

---

① 张天雪：《我国高等教育管理研究的范式变迁与发展进路》，载《清华大学教育研究》，2010(2)。

② 姚启和：《高等教育管理学》，11～12 页，武汉，华中理工大学出版社，2000。

③ 姚启和：《高等教育管理学》，21 页，武汉，华中理工大学出版社，2000。

④ 彭志越、刘献君：《我国高等教育管理研究的百年回顾》，载《现代教育科学》，2002(1)。

记联名在《人民日报》上发表题为《给高等学校一点自主权》的文章，为我国高校办学自主权的全面讨论提供了支点。

1985 年 12 月，中国高等教育管理研究会在柳州召开学术讨论会，提出要建立有中国特色的高等教育管理学。为了实现这一设想，一批学者开始编写《高等教育管理学体系》，大家确定的内容包括：高等教育管理学的研究对象与范围、体系与内容、概念与范畴、理论基础，高等教育管理学的研究方法，高等教育管理的本质与特点，高等教育管理的基本原则，高等教育管理者，高等教育管理的现代化，对中外高等教育管理理论的评价。[1] 1987 年 4 月，"全国高等教育管理学理论体系研讨"在华东师范大学召开。这次大会对建构我国高等教育管理学体系具有重大的推动意义。会上争鸣不断，关于高等教育管理学体系有多种不同的设想。比如，余立、薛天祥注重学科自身逻辑框架的体系构想，陶增骈融高等教育行政和高校管理于一体的体系构想，王端庆在哲学思想基础上寻找建立高等教育管理学体系的构想，魏贻通从一般管理学的逻辑体系出发构建高等教育管理学体系的构想，等等。这些讨论和争鸣极大地促进了我国高等教育管理学学科体系的构建。在这些争鸣中，标志着高等教育管理研究走上学科体系化道路的一个里程碑式的成果就是薛天祥主编的《高等教育管理学体系》。[2]

高等教育管理学的发展经历了多个春秋，高等教育管理学体系建构的相关研究成果丰硕，大多沿用了广义的实践体系，如从工作、职能到原理、方法等层面的建构，对狭义的理论范畴体系关注不够。2020 年，康翠萍、邓锐的《高等教育管理新论》反响很大。该著作尝试构建一种全新的高等教育管理学体系，主要在学习和借鉴前人研究成果的基础上，从高等教育管理的定位、本质、要素、规律、实践、环境、效能等具有逻辑关联的基本范畴着手研究，展现了高等教育管理学体系研究的新图景。

在高等教育管理学的学科性质上，有分支说和跨学科说两种表述。

第一，分支说。一种观点认为，高等教育管理学是高等教育学的分支学科。高等教育学以高等教育现象为研究对象，重点研究教育者与受教育者之间的矛盾现象和运动规律，探索、发现和揭示教育规律。高等教育管理学则在高等教育领域内，以管理者对教育活动的管理现象为研究对象，重点研究管理者与被管理者（人、财、

---

① 康翠萍、邓锐：《高等教育管理新论》，20 页，北京，科学出版社，2020。
② 彭志越、刘献君：《我国高等教育管理研究的百年回顾》，载《现代教育科学》，2002(1)。

物等)之间的特殊矛盾现象和运动规律。因此，高等教育学是"母学科"，高等教育管理学是高等教育学的分支学科。陶增骈在其主编的《高等教育行政管理》中提出高等教育管理在广义上包括高等教育事业管理和高校管理两方面。陶增骈以高等教育的系统管理为研究对象，根据理论与实践相结合的原则研究了高等教育管理和行政工作的特殊规律，并重点论述了高等教育行政管理，认为其属于教育学科的分支。王亚朴则更进一步，他在《高等教育管理》中提出高等教育管理的研究对象有两类：一类是国家对高等教育事业的行政管理，另一类是普通高校、成人高校领导者对学校的全部管理。他认为高等教育管理学既是高等教育学的分支学科，也是教育管理学的分支学科。[①] 另一种观点认为，高等教育管理学是管理学的分支学科。19 世纪末 20 世纪初，一些学者把企业管理的理论逐渐迁移到教育管理上，形成了高等教育管理学的理论基石。此后，美国的企业管理理论发展较快，但是教育管理在第二次世界大战后才逐步发展成一门独立的学科。毋庸置疑，高等教育管理学是管理学的分支学科。高等教育管理是　种管理，就必然具有管理学的一般特点，存在管理的共性。

第二，跨学科说。一种观点认为，高等教育管理学是交叉学科。有学者认为高等教育管理学既可以纳入教育科学的范畴，归为教育学和高等教育学的分支学科，又可以纳入管理科学的范畴，视为管理学和教育管理学的分支学科。高等教育管理学从高等教育入手，以高等教育学所揭示的高等教育规律为理论基础，是由管理学和教育学、高等教育学交织而成的交叉性学科。学科建制不仅是一个知识积累和分化的过程，而且是一个学术权力的形成和确立的过程。由此出现了两种学科建制的模式：自发模式和行政模式。高等教育管理学的学科属性存在争议，这一争议可以在这两种模式下得到澄清，即高等教育管理学应当是一门建立在多学科基础上的具有开放性和交叉性的学科。在高等教育管理学由自由发展到逐渐获得行政化学科建制的肯定的过程中，要注意维持它的开放性和交叉性。[②] 另一种观点认为，高等教育管理学是多学科的融合学科。高等教育管理学在继承了管理学与教育学的理论后，还运用了一些教育学、管理学的分支学科的理论，如教育社会学、教育哲学、教育经济学、管理心理学、管理哲学、教育心理学等。随着高等教育管理的进一步发展和逐步成熟，它与行为科学、系统科学等学科的联系更加密切，多学

① 康翠萍、邓锐：《高等教育管理新论》，18～19 页，北京，科学出版社，2020。
② 顾远飞：《高等教育管理学的学科属性：开放社会科学的视角》，载《黑龙江高教研究》，2009(9)。

科融合的趋势进一步增强。[1]

高等教育管理学研究什么？从研究范围看，高等教育管理学依据具体研究范围可分为宏观的高等教育管理（即高等教育行政）和微观的高等教育管理（即高等学校管理）。在学科概念体系上，高等教育行政学与高等学校管理学是高等教育管理学的下位概念。高等教育行政学主要研究国家各级教育行政部门的管理问题，包括高等教育政策研究、高等教育法规研究、高等教育体制研究、高等教育评价研究、高等教育督导研究、高等教育人事研究、高等教育财政研究、高等教育行政领导研究等。高等学校管理学主要研究高等学校内部的管理问题，它包括高校教学管理、科研管理、学生管理、教师管理、德育管理、后勤管理、学校内部管理体制改革等。从研究对象看，主要有以下四种观点：第一，高等教育管理学研究高等教育的管理过程；第二，高等教育管理学研究高等教育管理的特殊矛盾；第三，高等教育管理学研究高等教育活动，揭示高等教育规律；第四，高等教育管理学研究高等教育管理问题。[2]

有研究者认为，要推动未来高等教育管理学的深化和全方位发展，需要从两方面着手：一方面，研究应结合高等教育改革的具体实践。学者们在进行高等教育管理学研究时，要将理论研究和改革的具体实践结合起来，促进高等教育管理学全方位发展。另一方面，高等教育管理学的发展要与改革开放实践同步进行，要围绕改革并为改革实践服务，开创高等教育管理学发展的新局面。[3]

第二节 生成过程

中世纪的大学是全球性机构，因为它们使用统一的语言拉丁语，并且为国际顾客（即学生）服务。当时的教师来自许多国家，他们所传授的知识反映了当时西方世界的学问。由于大学始终处于全球环境之中，它们受到校园外以及跨国界的环境的影响。由于那时大学的人数较少，管理工作都是由学者兼做的，是一种经验式的管理。在这样的经验式管理中，大学中的课程设置、教学运行、学生注册、学位授予等管理制度逐渐成形。我国古代书院所创造的各类管理制度和方法成为我国现代大

---

① 康翠萍、邓锐：《高等教育管理新论》，3～5页，北京，科学出版社，2020。
② 康翠萍、邓锐：《高等教育管理新论》，46页，北京，科学出版社，2020。
③ 康翠萍、邓锐：《高等教育管理新论》，22页，北京，科学出版社，2020。

学管理的一种思想来源。

世界各国在跨入高等教育大众化阶段后，不约而同地将质量管理作为高等教育理论研究和实践探索的焦点。其中，政府对高等教育质量进行管理和干预的程度往往成为核心议题之一。政府在高等教育质量管理中所扮演的角色以及能否在管理的放权与收权之间找到一个科学的平衡点，对一国高等教育质量的发展具有举足轻重的影响。政府是高等教育质量管理领域的重要主体之一。基于历史和现实等原因，各国政府在高等教育质量管理中扮演的角色有所差异。按照一国政府在高等教育质量管理中的介入程度，可相应划分为低介入型政府、中介入型政府和高介入型政府三种类型。不同介入类型具有各自的特征和优缺点。政府以适宜的，或者说恰当的程度介入高等教育质量管理中，能够提高质量管理的效益和效率。政府要根据本国社会、经济发展实际情况，以及国际教育大环境的动态发展情况，以切合本国教育实际的方式与程度介入高等教育质量管理中。[1] 总的来看，一般认为，高等教育管理分为宏观和微观两个层面。

一、宏观高等教育管理

高等教育管理属于政府的公共管理职能之一，政府的公共管理职能的履行必须通过一定的行政系统载体来实现，各国的高等教育管理因政治理念、国家体制、文化传统等的不同而有所差别。随着高等教育机构猛增，规模庞大，种类繁多，与社会和经济的关系日益密切，以及大量接受政府的资助而受到国家及其代理机构的干预，高等教育管理的问题变得越来越复杂。20 世纪 60 年代起，西方发达国家对政府应当怎样管理高等教育，如政府对高等教育的"关怀"是否合法、政府干预是否威胁高等教育的教学和科研职能、政府压力是否会造成高校运作的问题等，进行了激烈的讨论。根据西方发达国家针对上述问题的具体管理制度，克拉克将西方国家高等教育管理模式分为国家协调体制、学术协调体制和市场协调体制三种。按照对高等教育活动中国家干预与市场调节力量的关系的不同认识，徐小洲等将西方国家的高等教育管理模式分为集权型、分散型与复合型三种模式。[2] 集权型的高等教育管理体制，以法国、意大利和瑞典为代表；分散型的高等教育管理体制，以美国、加拿大为代表；复合型的高等教育管理体制，以英国、德国为代表。

---

[1]　雷丽丽：《政府在高等教育质量管理中的介入程度》，载《现代教育管理》，2010(5)。
[2]　徐小洲等：《高等教育论：跨学科的观点》，292 页，北京，人民教育出版社，2003。

在集权型的高等教育管理体制下，教育管理权力主要集中在中央政府手中，由教育主管部门统一对全国的教育事业进行领导和监督，地方政府和高校的教育管理权力十分有限，中央政府与地方政府、高校之间的关系是命令与服从的关系。下面以法国为例对这种教育管理体制进行介绍。1804 年，拿破仑建立法兰西第一帝国后不久就颁布了《帝国大学令》，使帝国大学成为全国最高教育领导机构。在拿破仑看来，大学的使命是确保政治的稳定与国家在版图上的大一统。教学和学问不被看作独立于国家的事务。在拿破仑统治时期建立的高度统一的中央集权教育管理体制，包括审议、督学等制度经过二百多年的不断修订、补充，日臻完善。法国教育部是法国政府中最大的一个部，全称为"法国国家教育、高等教育暨研究部"，其权力极为广泛。一方面，法国教育部权力内容十分广泛，如它有权提出教育法案、发布命令、确定教育经费、规定学校的教育方针、制定教学大纲，而且在微观高等教育管理方面有权规定教学方法、考试内容、考试时间以及问责公立学校教职员工等；另一方面，法国教育部的权力范围十分广泛，它不仅在纵向上管理着大学区、省辖市、镇、村的教育事务，而且在横向上领导着 400 多所公立和私立高等教育机构等。在传统的法国高等教育管理体制中，国家垄断了学位的授予与文凭的颁发权，统一规定并组织教学人员的招聘、任命、晋升等，拥有主导的权威地位。这种教育管理体制下的高校比较容易处理与政府之间的关系，同时可以从政府那里获得较多的财政支持。如果政府的要求与高校自身发展的要求以及学术的要求相吻合，那么政府的干预能够极大地促进高校的发展。因为政府有一般社会组织所没有的资源动员能力，能够在宏观层面上统筹安排一国大学的发展和结构，能够避免过度的学术自由所带来的无序。当然，这对政府管理能力要求较高。但是，这种管理体制有其自身的缺点，在采用这种管理体制的国家，高等教育系统的权力架构一般是上级政府的权力极大、大学权力次之、学术权力较弱。高校适应社会发展的主动性和创造性不足，缺乏主动从社会获取资源的能力和动力，其发展很大程度上依赖于政府的支持。

在分散型的高等教育管理体制下，地方政府自主管理教育的思想占据统治地位，中央政府没有直接领导或者干预地方教育的权力，也不作指令性规定，只处于通过指导监督和财政拨款来助力高等教育发展。中央和地方的教育行政部门之间不存在领导与被领导的关系，没有全国统一的教育标准。下面以美国为例对这种管理体制进行介绍。美国宪法规定，联邦政府（中央政府）的权力是州政府赋予的，因此美国教育事业的管理权主要在州政府手中。按照 1791 年颁布的宪法修正案第十条的规定，联邦政府无权干预各州的教育事务，美国国会通过的《教育部组织法》强调，关于教育的权限和责任，保留给州和学区所规定的其他机关。美国宪法规定，管理教育的权力在州一级政府，因此大多数教育政策是由州政府制定并经州议会通过后实施的，实施主体是各州的教育部门及地方约 15000 个学区（school district）中的教育董事会（board of education）。美国各州政府中设立州督学或者教育厅厅长负责领导教育部门，制定全州的教育政策，有些人还会被州长或者州议会任命为州内公立大学的董事会成员，参与公立大学的决策工作。各州公立和私立大学董事会依照大学章程和州内法律，授权大学校长管理大学各方面事务的权力，公立和私立大学在制定本校发展战略、规划和决定行政、学术事务方面具有很大的自主权。美国联邦政府中的教育部早在 1979 年就成立了，其职责主要是根据国会的决定向各州分配教育拨款、向国内学生提供奖学金等，其职权十分有限。在美国历史上，1819 年达特茅斯学院诉讼案是第一件关于高等教育的诉讼案件，其判决具有里程碑式的意义。由于美国是"判例法国家"，美国最高法院对达特茅斯学院诉讼案的判决意见成为以后美国所有法院审理此类案件的标准，结束了自 19 世纪初期以来美国一些州政府试图控制本州内大学的努力，州政府转而开始积极创办公立性质的州立大学，从而为美国的公立和私立大学划清了界限。同时，达特茅斯学院案的判决结果赋予了文化机构以稳定性和不可侵犯性①，规定州政府不得采取监督、干涉、侵权等违反宪法规定的措施，干预私立学校的事务，从而确保并维护了私立高校的自治权。自此以后，美国各州普遍出现了放任高等教育自由发展的局面，全美高等教育事业呈现百花齐放的局面。自 1776 年建国以来，美国没有形成中央集权的政治、经济和文化制度，为社会的多元化与多样化发展奠定了基础。达特茅斯学院案更激发了美国高等教育的多元化与多样化发展。多元与多样化的美国高等教育，一方面反映了美国高等教育适应社会经济发展的灵活性，大学可以不断地根据社会需求做出改变，社会的需求总会有大学给予满足；另一方面反映出美国大学形成了一种自主发展的逻辑，处于高等教育系统内部激烈的竞争环境中，美国大学特别注重形成并发展特色，特别注重市场化策略。达特茅斯学院案成为推动美国高等教育特色化发展的关键，一个生机勃勃的具有美国特色的高等教育体系在这一时期初步形成，奠定了未来复杂的美国高等教育体系的基础。美国各州政府基本上信奉市场竞争会优胜劣汰，特别对各类高等教育机构在实际上并不多加干涉。这就使美国高等教育

① 陈学飞：《美国高等教育发展史》，44 页，成都，四川大学出版社，1989。

系统中产生了非常多的非政府组织，它们不仅数量多，而且类型多样化，往往以协会的名义出现。这些协会往往都会担负起一些管理职能，这已经成为美国高等教育管理模式的一大特色。美国形形色色的协会承担高等教育管理的职能，包括但不限于以下内容：一是接受美国联邦政府或州政府的委托，协助政府调查、分析、调控高等教育事业发展；二是收集、调查、整理、传递相关大学和社区的意见，影响政府和议会对高等教育政策的制定；三是推动跨州的高等教育合作，共享区域内高等教育资源；四是参与高校的发展规划制定、重大战略决策等，发挥监管和协同的作用；五是建立评估标准，规范高校的办学行为，评估学科或专业的建设水平、发展现状，保障高等教育质量，等等。[1]

复合型的高等教育管理体制被有些学者称为"中央地方合作制""中央调控制"等。[2] 不管称谓如何，这种管理模式是一种介于集权与分权之间的，即中央政府和地方政府对教育行政权力的分配较为均衡，是一种既有地方自治又有中央控制的模式，这种类型的高等教育管理模式以英国最为典型。英国的高等教育管理体制的主要特点是中央和地方的教育行政部门相互合作，一般来说，英国的教育部主要负责制定全局性、战略性的政策，而地方教育行政部门则主要负责拟定实施的细则。《1944年教育法》规定，中央政府对教育经费承担较大的责任。中央最高教育行政机关首长在必须切实保障地方的自治权的前提下，掌握英国教育政策的最后决定权。英国于1944年设立教育部作为全国教育行政领导机构，教育部在1964年被更名为"教育与科学部"，在1995年被更名为"教育与就业部"，在2001年被更名为"教育与技能部"，实际上名称的变化也意味着最高教育行政领导机构的职责在发生改变。2007年，教育部被撤销，但是在中央政府部门序列中新增加了两个部。一个是"儿童、学校和家庭部"，主要承担中小学教育的管理职责；另一个是"创新、大学和技能部"，承担高等教育的管理职责。到2009年，英国政府又将"创新、大学和技能部"与"商业、企业和管理改革部"合并，改组成为"商业、创新和技能部"，高等教育管理是其职能之一。[3] 2010年，卡梅伦政府上台后将"儿童、学校和家庭部"改为新的教育部，但高等教育和继续教育已不是新的教育部的职能了。在2023

①　黄敏、杨凤英：《第三方治理：美国高等教育协会组织的管理职能》，载《河北师范大学学报（教育科学版）》，2014(3)。

②　陈永明：《教育行政新论》，310页，上海，华东师范大学出版社，2003。

③　夏杨燕、程晋宽：《国家教育治理职能重心的转变——英国国家中央教育行政机构变革评析》，载《外国教育研究》，2019(8)。

年，英国政府又一次对中央政府机构进行调整改组，把高等教育和继续教育又纳入了教育部的职能范围。

我们以三个国家为例，讨论了主要西方国家的高等教育管理。一个有趣的现象从 21 世纪初期便开始显现，那就是西方发达国家的高等教育管理正在发生一些变革，主要表现为一些采用集权型的高等教育管理体制的国家放松了对高等教育的控制，逐渐向复合型和分散型方向转变，而一些采用分散型高等教育管理体制的国家逐步加强对高等教育的干预与控制，逐渐向复合型和集权型方向转变。例如，法国议会于 2007 年通过了《综合大学自由与责任法》，使大学可以通过与政府签订一个多年期的合同，来获得完全的财政预算权力。该法案规定，政府必须转变大学直接管理人的角色，赋予综合大学独立的法律地位，政府只能作为大学的合作人、监督人、保证人和资助人。这使综合大学获得了法国历史上的最大自主权。这一法案彻底改变了综合大学的外部关系。2013 年 7 月 22 日，法国议会又通过了《高等教育与研究法案》，该法不是自成体系的单行法，而是法国《教育法典》《研究法典》以及和高等教育与研究相关的一些法律规范的修正案。这些修订后的法案，前所未有地将公务法人地位赋予了大学等高等教育机构，提高了这些机构的法律地位，也确认和保障了开展大学自治运动以来所进行的一些改革措施，如将以前的"文凭颁发委托制度"改为定期授权大学颁布文凭的制度，在较大程度上完善了大学的内部治理结构。从那时起，法国正式赋予大学自主权，国家不再垄断学位和文凭授予权，形成了现在的国家文凭、国家核准文凭、校颁文凭的三足鼎立架构。英国自从 2001 年成立中央教育技能部以后，开始对地方教育行政具有监督指挥权，中央的教育行政权力范围有所扩大。英国不断改组中央高等教育行政机构，加强对高等教育的控制权。英国高等教育系统的校长和其他高级行政官员获得了较大的权力，随着大学拨款委员会的调整和更名，高等教育直接向政府负责，大学与多科技术学院分属两个不同的部门的"二元制"高等教育体制被废除，高等教育系统与政府之间的关系更加密切。[①] 美国有逐步强化联邦教育部及州一级教育行政权力的趋势，联邦教育部通过扩大学生助学金的规模，试图影响大学的某些管理举措。这些重大变化是美国教育史上前所未有的，表明美国的教育管理体制出现了集权的倾向。

---

　　① 阿特巴赫：《高等教育变革的国际趋势》，蒋凯译，12 页，北京，北京大学出版社，2009。

二、微观高等教育管理

(一)基于行会的管理

世界各国高等教育管理除了国家控制模式外,还有大学自身的管理模式。纵向来看,高等教育机构内部的管理历史要比国家对高等教育的控制历史漫长得多。横向来看,各国高等教育机构内部的管理模式形成了不同的类型。西方现代大学都脱胎于中世纪大学,中世纪大学实质上是一种行会,是一个学者团体,具有严谨的组织、法人的性质、自己的章程和共同的印记。[①] 这种学术行会在中世纪有两种管理模式。

一是北部意大利模式。这种模式以意大利的博洛尼亚大学为典型代表,因此也被称为博洛尼亚模式或者学生大学模式。学生大学模式的提法很能体现这种管理模式的主要特点,即学生具有管理主导权。大学的这种管理模式是以学生为中心的,在当时基督教控制社会的情况下,是具有世俗属性的,并且以满足市场需要为目标。当时罗马法被世俗统治者确立为处理民事法律事务的依据,随着市民社会的逐步形成和商业贸易的发展,社会迫切需要大量懂罗马法的人才息讼止纷,因此很多想学习罗马法的学生聚集到意大利北部的城市,特别是在博洛尼亚。他们组建自己的学生行会,收取学费后,聘请研究罗马法的权威教授来给学生们授课。同时,依靠迁徙权与市民、城市统治者进行斗争,保护了学生行会自身的利益,把大学管理权掌握在学生代表手中,当然就有了对教师进行管理的权力。根据现存的一份大概记载于1317年的博洛尼亚大学校规,未经学生的同意,教授不能缺课,这可能就是大学中最早的请假制度。教授开设的常规讲座,如果来听讲的学生不超过5个,教授也会被视为缺课。只要缺课,就要受到包括罚款在内的处罚。其他规定还要求:上课钟声一响,教授就必须开始讲课,不得迟误;下课钟声一响,教授就必须停止讲课,立即下课。教授如果经学生同意,可以请假外出,如果外出的距离较远,例如出了市区,就必须先缴纳一定的押金以保证归来。这些校规的存在,凸显了学生大学管理模式的特点。当然,随着时代的发展,博洛尼亚大学等学生大学都最迟在16世纪转变成了教师大学。

二是教会大学模式。这种模式以巴黎大学为典型代表,因此也被称为巴黎大学

---

① 克拉克:《高等教育新论:多学科的研究》,王承绪、徐辉、郑继伟等译,25页,杭州,浙江教育出版社,1988。

模式，或者教师大学模式。教师大学模式的提法比较准确地体现了这种管理模式的主要特点，即大学管理主导权掌控在教授手中，教授们可以推举校长、决定教学安排和学位授予、使用学校经费等，特别是可以管理学生，这就与博洛尼亚大学这类学生大学区别开了。在这种管理模式中，教师组织了自己的行会，制定了大学的规章，如规定学习期限和入学年龄，依据一定的学术标准制定教学大纲，选择学生以及对学生进行考核等。学生根据教师要求，努力争取获得教学证书，以此为学位证书。这种教学证书成了最早的学位证书。[①] 巴黎大学模式对近代以来大学内部管理的影响是巨大的，尤其是对英国和欧洲大陆国家的大学。西欧中世纪大学，不论是学生大学还是教师大学，其行会性质都很明显。在大学管理上，学生群体或教师群体中的成员一般都享有平等协商的权利，这导致民主管理成为大学管理的"底色"。特别是在中世纪巴黎大学内部管理的"教授民主"管理传统基础上，近代以来欧洲大学中行政组织薄弱、教授权力强大的基础。学术权力是西方大学最重要的权力，它是教授治校的权力、学术团体权力和个人权力结合在一起而形成的，是独具特色的权力。教授拥有自己的学术领域，在这个领域内，他管理着助手和学生，形成了具有自身利益诉求的学术团体。大学中多个这样的学术团体，又结成一个能够平等协商的团体，诸多教授共同对整个学校事务实行管理。在本质上，西方大学的教授的学术行会权力来自教授个人和教授群体的学术专业地位。[②] 近代高等教育是在中世纪大学的基础上发展起来的。西方资产阶级革命后，近代国家政治体制的建立使政府可以合法地参与、管理高等教育事业，彻底清除了教会干预、控制大学的传统和特权，确立了国家管理大学的责任体系，形成了不同的国家控制高等教育系统的模式。

（二）基于权力的管理

大学内部管理因历史传统、教育理念、市场竞争等因素的差异，形成了三种具有一定影响力的管理模式，分别是以学术权力为主的欧洲大陆模式，以行政权力为主的美国模式，以行政权力和学术权力相对平衡、两者相互制约为主的英国模式。当然，无论是哪种管理模式，它们所解决的都是高等教育功能实现的方式问题。

在以学术权力为主的欧洲大陆模式中，最具有代表性的当属德国模式。德国大

---

① 徐小洲等：《高等教育论：跨学科的观点》，68～76页，北京，人民教育出版社，2003。

② 别敦荣：《论高等教育管理权力》，载《高等教育研究》，2001(2)。

学主要是靠王室的捐赠建成的。① 17 世纪的德国是在"德意志民族的神圣罗马帝国"名义下，由各个邦国组成的松散的政治联盟。在"三十年战争"之后，神圣罗马帝国内有三百多个邦国和一千四百多个骑士庄园领地，不同邦国之间会结成同盟，各个同盟之间会进行各方面的竞争。一些邦国的国王就想通过兴办大学，在培养人才的同时吸引人才，借此达到提高邦国声誉、富国强兵的目的。德国大学不是通过教师行会自发形成的，而是由作为投资人的各邦国国王建立起来的，因此深深打上了邦国的烙印。1694 年，普鲁士国王腓特烈一世捐资建立哈勒大学，哲学家托马西乌斯、虔敬派神学家弗兰克和理性主义者沃尔夫共同为哈勒大学的发展贡献了力量。他们在办学中遵循学术自由原则，受到学者和进步青年的追捧，并产生了深远的影响。后来开办的哥廷根大学、柏林大学等都深受哈勒大学的影响，对哈勒大学创设的办学原则进行了创新性发展，使德国的大学从近代化走向了现代化，奠定了德国现代大学制度的基石。哈勒大学赢得了"欧洲第一所具有现代意义的大学"的声誉。洪堡提出，学校不仅要完成教育任务，而且要加强科研工作，学术成就和科研能力应作为判断教师能力的标准。他还特别提出国家行政部门不要干涉教育和学术活动。19 世纪以后，德国大学的发展深受洪堡的高等教育思想影响，洪堡对学术自由的强调使教授们在大学内部的教学和科研方面享有绝对的控制权，学术事务成为大学教授们的领地，国家权力不得干涉。尽管德国政府控制着大学的设立、校长的任命、经费的划拨等大权，但是在德国大学内部，以讲座制为基础的研究所成为教授们的城堡，形成了成千上万的小型垄断组织。② 研究所的课程设置、资金分配、科研事务等工作全部由教授负责。学部一级的学术事务超越了研究所的权力范畴，教授们就组成学术评议会来进行管理，而且还具有推荐空缺讲座职位的候选人、选举学术评议会主席的权力，甚至学校层面的大评议会也是由教授来主导的（尽管无任命校长的职能）。在长期的高等教育实践中，德国大学形成了一种"哑铃式"的管理结构，这种结构的一端是政府，拥有宏观上管理大学的职权，如任命校长等，另一端则是教授，管理大学内部微观事务，处于中间的院校管理层实际上无论是对上（国家），还是对下（教授），都缺乏管理权力。③

　　以行政权力为主的美国模式，则是在 1636 年哈佛大学建立以后的近三百年的

---

　　① 张磊：《欧洲中世纪大学》，29～30 页，北京，商务印书馆，2010。

　　② 肖军：《从管控到治理：德国大学管理模式历史变迁研究》，载《比较教育研究》，2018(12)。

　　③ 孙进：《政府放权与高校自治——德国高等教育管理的新公共管理改革》，载《现代大学教育》，2014(2)。

时间内逐步发展完善起来的。这种模式最初移植了英国古典大学传统，在 19 世纪中叶接纳了德国大学的现代元素，吸收了市场经济的营养而成为最富有活力的大学管理模式。简单概括，就是美国大学基本上都实行的是董事会领导下的校长负责制，董事会成员多来自校外的政府官员、企业首脑、社会名流等，董事会负责批准学校的大政方针，决定学校的发展战略和长期规划，处理学校重要的财政和资产问题，处理学校与社会各界之间的关系，但是对学术管理、教学工作很少介入。人们一般把美国高等教育管理体制简称为"董事会领导下的校长负责制"。董事会实行委任制。校长由董事会委任，是大学行政管理的最高负责人，直接向董事会负责，承担着管理和经营大学的各项职责，类似于现代企业制度中的"职业经理人"。美国大学内部的各类评议会也是由董事会委任的。评议会负责制定学术政策、管理学术事务等，包括但不限于确定学生录取标准和学位标准、决定课程计划、确定校历等。[①] 21 世纪之前，美国大学评议会主要是由学术人员，如教授、副教授等组成的。但是 21 世纪后，学生、行政管理人员等进入评议会的比例呈现递增趋势，这可能与大学内部管理事务越来越复杂、越来越重视学生参与管理学校事务有关系。美国大学校长的管理权力很大，大学内部的人事、教学、科研、财务等日常行政事务都在其职权范围内，并且在行政人员的管理出现决策困难、互相矛盾等问题时，校长具有最终决定权。有的大学校长本身就担任董事会的主席，对外代表学校沟通社会各界，争取社会对学校的支持。美国的立国宪法和达特茅斯学院诉讼案的判例，保证了美国大学高度的自主权和办学的独立性，推动了美国大学内部民主管理的传统和机制的形成。校长权力大并不意味着校长可以独断专行，美国大学内部设有各种委员会，可以有效地发挥专业优势参与大学的管理工作。在学校层面主要有校务委员会和评议会，都是获得大学最高权力机构——董事会的授权而成立的，在院系层面有相应的代表群体利益的组织，能够实际发挥作用。这种以行政权力为主的管理模式适应了美国高等教育领域的激烈竞争，能够帮助学校快速回应高等教育市场的需求。

大学内部行政权力和学术权力相对平衡、两者相互制约的英国模式，主要产生于以牛津大学、剑桥大学为代表的英国高等教育。英国从未将教育甚至文化的责任看成国家的事情，因而长久以来，形成了一种大学不受国家干预的理念。国家将管

---

① 梁迎春、赵爱杰：《高等教育管理与质量评价研究》，44 页，西安，西安交通大学出版社，2017。

理大学的事务交给属于财政部下面的一个半官方性质机构，即 1919 年成立的大学拨款委员会。这一机构的成员主要来自各所大学，这就使国家与大学的关系通过经济的纽带相联结。徐小洲等指出，可以说英国的学术自治模式不是来自划定一个非干预"保护区"的国家行为，而是来自国家角色这一概念的欠缺，这使英国大学本身就将学术自治合法化了。① 1992 年，英国政府对高等教育管理体制进行了改革，将大学分成了两类：第一类是以剑桥大学、牛津大学为代表的 1992 年以前建立的大学，被称为传统大学；第二类是以伯明翰城市大学为代表的 1992 年以后被授予大学资格的大学，被称为新型大学。新型大学部分是由原有的多科性技术学院"升格"而成的，更多的则是进入 21 世纪后新建的大学。英国大学内部的管理模式往往被称为"两会制"。英国传统大学的"两会"是校务委员会和学术委员会，而英国新型大学的"两会"则是理事会和评议会。理事会（或校务委员会）是英国大学的最高权力机构，大学的发展规划与战略制定、大额资金使用、重要人事聘任等大学事务的最高决策权，就由理事会（或校务委员会）来行使，特别是英国大学校长由理事会（或校务委员会）聘任，对理事会（或校务委员会）负责。在理事会（或校务委员会）成员中，校外人员数量不能低于总数的 50%，至少要有一位教育行业专家，并且这些校外成员要么拥有专业技能，要么拥有丰富的工商业界从业经验。理事会主席（或校务委员会负责人）要由全体成员从校外成员中选举产生。英国大学中的评议会（或学术委员会）按照理事会（或校务委员会）的授权独立开展工作，主要管理学术性事务，负责处理学校教学科研方面的问题。为了体现大学学术管理的相对独立性和民主性，评议会（或学术委员会）往往由二级学院院长、资深教授、教师代表和学生代表组成。评议会主席（或学术委员会负责人）一般由公认的学术造诣精深、学术威望高的资深教授担任，并且可以同时作为会议的主持人。大学校长可以参加评议会（或学术委员会），但是只能作为普通一员参与会议，不能主持会议。② 英国大学这种内部管理模式做到了管理重心下移，建立了有效的决策、运行模式，呈现出几个特点：第一，大学是具有独立地位的法人机构，并且这种独立地位是通过大学章程予以确立的。英国大学章程是由英国枢密院制定或通过的，详细规定了大学的法律地位和内部机构设置，明确了大学所具有的权利和义务。第二，大学内部权力主体职责清晰、权责相符。理事会、校长行政系统、评议会等组织权力配置清晰、相互制

---

① 徐小洲等：《高等教育论：跨学科的观点》，68～76 页，北京，人民教育出版社，2003。
② 艾丽：《从英国大学管理体制看大学管理》，载《教育与职业》，2013(1)。

约。第三，大学建立起了内外部利益相关者可以深度参与的管理体系。校内师生和已毕业的校友都可以参与教职工大会，并且提出建议。英国大学的决策机构组成人员，除校长和学术方面的代表外，还有一定比例的师生、校友和雇员代表。第四，具有法治化管理的规则与程序。第五，具有稳定的大学制度体系，可以保证大学发展的可持续性。[①]

(三)基于科层的管理

20世纪70年代以后，"现代管理理论丛林"在管理理论发展中形成了，许多管理理论都曾为高等教育管理实践所接纳，对国家高等教育宏观政策的制定、不同类型大学的内部管理与控制都产生了或多或少的影响。其中影响力最大的理论是科层制管理理论。20世纪90年代以后，万人以上规模的大学比比皆是，甚至出现了所谓的巨型大学。现代大学规模的扩张、多校区的使用、教师工作量的激增使管理工作日益复杂，也在师生之间制造了空间的隔离，师生关系不仅丧失了精英化阶段的亲密性，而且日渐疏远，削弱了肇始于19世纪初期的德国的洪堡思想以及在20世纪初的美国大学得到发展的教授治校等传统大学的管理模式。随着大学规模的扩大，传统的管理模式难以为继，高等院校必然变得越来越科层化，直接的教师管理乃至有意义的教师参与都被削弱了。[②]

科层制是现代社会组织的一种基本管理方式，在世界各国高等教育管理实践中都得到了普遍运用。但是高等教育管理的科层制如同其他管理制度一样具有两面性，即利与弊。其利表现为可以促进高等教育管理的制度化、标准化和规范化，提高管理的专业性；其弊表现为容易导致高等教育管理中的行政化与官僚化，与高等教育组织的学术与知识属性存在本质性冲突。在高等教育管理的实践中，当前还未找到合适的制度来取代科层制。在高等教育事业越来越庞大和复杂的背景下，管理者必须科学而理性地认识和运用科层制，尽量减少它的负面影响，充分发挥其正向作用，提高高等教育管理的效益与效率。[③]

进入21世纪后，一些国家日渐僵化的科层制管理模式一定程度上会阻碍高等教育管理进步。如果不对科层制进行改进，就难以推动高等教育管理的进步，甚至

① 黄兴胜：《近年来英国高等教育的发展特点、趋势及启示》，载《世界教育信息》，2019(7)。

② 阿特巴赫：《高等教育变革的国际趋势》，蒋凯译，11页，北京，北京大学出版社，2009。

③ 李立国：《为"科层制"正名：如何看待科层制在高等教育管理中的作用》，载《探索与争鸣》，2018(7)。

会给高等教育事业的发展带来阻碍。确定性是科层制的特征。在科层管理制度下，正式组织的每个岗位都要有明确的职责，组织体系中的信息和命令的传递链条是固定而清晰的，岗位职责、岗位说明书、任务清单等成为科层管理的必不可少的规范性文件。对已发展成熟的大学组织而言，各个岗位、岗位与岗位之间的关系基本上都是固定的，每个岗位上的工作人员的角色是固化的，这就是确定性在高等教育管理中的体现，其结果就是以固定的结构固化人在结构中的角色。

后现代主义思想给高等教育管理改革提供了依据。在后现代主义看来，科层管理制度设计了严格的等级制度和规章制度，如果过于僵化，则可能扼杀人们的创造冲动、束缚组织成员的创新思想。后现代主义反对确定性。格林菲尔德认为，人不是在组织当中生活的，相反，组织生活在个体当中，通过个体而存在。[①] 后现代主义的这一观点，其实质是突出人的主体性地位，也间接说明人具有差异性的客观现实。在高等教育管理中，核心要素是人，而个体从事学术工作的灵魂是学术自由和学术自治。在后现代主义的视域中，高等教育管理要尊重人的个性，从而使管理倾向于人本管理的模式。

随着大学与社会的联系日益紧密，"高等教育系统是一个开放而非封闭的系统"这一观点得到了越来越多人的认同。高等教育通过科研和社会服务来为社会发展提供越来越多的创新思想和创造成果，并且深深嵌套于社会发展之中。高等教育系统与社会的边界不是越来越清晰了，而是越来越模糊了。这种状态要求高等教育管理必须打破封闭模式，从而为大学的学术创新创造提供好的环境，积极回应社会的需求。

三、我国高等教育管理

具有高等教育性质的活动在我国古代很早就产生了，早在商周时期，王都及诸侯国就设国学。被人们津津乐道的春秋时期的稷下学宫和孔子创办的私学初步具备了高等教育的特征。古代社会的教育并无初等、中等、高等之分，教育的规模很小，不成体系。高等教育管理工作主要以学校自身的管理为主，是内部管理。我国古代的教育循着私学与官学的轨迹发展。西汉武帝时期在中央正式建立了太学，在郡设学，在县、邑设校，在乡设庠，在聚设序，由国家任命各级学官主持教育管理

---

① Thomas Greenfield and Peter Ribbins，*Greenfield on Educational Administration*：*Towards a Humane Science*，London，Routledge，1993，pp. 150-152.

和教学工作。隋唐以后的几个大一统时代，科举制度日臻完善，带动整个社会文教事业昌盛，官学和私学的数量增多。为了控制规模不断扩大的教育及其发展，处理日益复杂的教育事务，隋唐专门设立了主管全国教育的机构——国子监，取代了自西汉以来一直存在的太学。这标志着高等教育管理成为封建王朝政府的一项重要行政职能。州、县等地方政府则设置学政掌管科举事务和督办地方的官学、私学。到了清朝末年，在宪政改革的大背景下，晚清政府模仿西方、日本的近代学校制度，开始颁布学制、兴学堂、废科举，变革教育行政体制，在中央设立学部掌管全国教育事业，并且在学部中设置了主管高等教育的专门司，这些举措意味着高等教育管理已经成为晚清政府的一种专门权力。①

中华民国临时政府成立后，于1912年1月9日设立教育部，蔡元培就任第一任教育总长，开始推行教育改革的一系列法令，如《大学令》《专门学校令》《师范教育令》。1913年，教育部将有关法令和规定进行综合，修改为壬子癸丑学制，一直执行到1922年。其中关于高等教育管理的内容可以概括为：一是教育部统管全国教育，教育总长直接向大总统负责。部内设教育司，分管全国大学、专门学校和留学事宜。1917年，各省设教育厅，直属教育部领导。二是大学设校长一位及各学科长一位。校内评议会由各学科长及教授组成，负责评议大学内的一切重大问题。三是经教育部批准立案，可以开办私人大学。1921年，全国教育联合会发起了改革学制运动，提出《学制系统案》，主张模仿美国教育制度改革我国教育。1922年11月，《学校系统改革案》颁布，即壬戌学制。1924年，教育部颁布了《国立大学条例》，重新规范了高等教育的各项制度。这次改革对高校的称谓、学制、系科设置和管理体制都进行了调整。其要点是：国立大学设校长1位，由教育总长聘任。设董事会，负责审议学校计划、预决算及其他重要事项。董事会由校长召集，日常工作由校长负责。设立评议会，负责评议学校内部组织机构设置、各项章程及其他重要事项。大学学制为4~6年，医科与法科至少5年。② 壬戌学制一直沿用了20多年。这次改革的成果表明我国高等教育管理制度日益完备，但当时在教育模式上仍以借鉴国外为主。

中国共产党在第二次国内革命战争期间，在中央苏区创办了中国工农红军大学、马克思共产主义学校、苏维埃大学，以及中央列宁师范学校等。在抗日战争期

---

① 别敦荣：《论高等教育管理权力》，载《高等教育研究》，2001(2)。
② 柏昌利：《高等教育管理导论》，63页，西安，西安电子科技大学出版社，2006。

间，中国共产党在延安创办了中国人民抗日军事政治大学、中共中央党校、中共中央马克思列宁主义学院、陕北公学、中国女子大学、延安大学等一批高等学校，这些高校虽然缺少正规大学的形式，但是不尚空谈，面向实际，在教学内容和教学方法上要求原则化、通俗化、具体化、中国化，废除了奴化的、封建主义的、法西斯主义的旧式教育，建立了民族的、大众的、科学的新民主主义的高等教育，为中华人民共和国高等教育管理培养了大批人才。[①]

1949 年中华人民共和国成立后，高等教育宏观管理和高校内部的领导体制几经变革，体现了中国共产党对高等教育管理的重视。中华人民共和国成立初期，中国共产党面临改革旧式教育、普及新民主主义教育的任务，在政治、文化领域实行向苏联的"一边倒"，对高等教育采取了严格的管理，实行了集中、统一、计划模式的高等教育管理体制：一是收回教育主权，取消了教会大学；二是接管旧的国立大学和私立大学，通过取缔、合并、调整等方式，对全国高校进行大规模院系调整，建立了一元化的高等教育管理体制。1955 年，全国 227 所高校全部直属高教部和中央业务部门领导。

1950—1955 年，我国高等教育管理体制是校长负责制，强调在高校内部由校长负责全部工作，并对党和国家负责。1956 年，针对校长负责制的一些弊端，当时的高教部改校长负责制为党委领导下的校(院)务委员会负责制，提高党委在高校管理中的地位，强调集体领导，但是规定校(院)务委员会由校长主持。1958 年 4 月，中共中央做出了高校管理权限下放的决定，229 所高校中的 187 所先后下放归地方政府管理，同时受"大跃进"的影响，各厂矿、企业、人民公社开始出现盲目大办高等教育的现象。1960 年，全国高校从 229 所猛增到 1289 所，超出了国民经济承受能力，严重影响了办学质量。

1961 年起，我国进入国民经济调整时期，高等教育管理领域颁布了《教育部直属高等学校暂行工作条例(草案)》，全文共六十条，作为高校调整和发展依据。1961—1966 年，根据前面高校内部管理体制改革的经验，中央决定在高校内部开始实行党委领导下的以校(院)长为首的校务委员会负责制。中央尤其强调党委是高校工作的领导核心，党必须加强对高校的统一领导，校长要在党委领导下主持校务委员会工作，对高校各项行政事务进行管理决策。"文化大革命"期间，正常的高校教育教学秩序被打乱，高等教育蒙受了重大损失。1976 年"四人帮"被粉碎，"文化

---

① 柏昌利：《高等教育管理导论》，73 页，西安，西安电子科技大学出版社，2006。

大革命"结束了，高等教育管理进入调整恢复时期，逐步恢复了党中央统一领导下的分级管理的高等教育管理体制。1978—1984 年，高校内部实行党委领导下的校长分工负责制。

1985 年，中央颁布了《中共中央关于教育体制改革的决定》，明确提出要改变政府对高校统得过多的管理体制，扩大高校的办学自主权。从 1985 年开始，多数高校实行党委领导下的校长负责制和在部分试点高校实行校长负责制。1989 年以后，高校内部实行党委领导下的校长负责制。中华人民共和国成立以来，高等教育管理变革始终受到国家宏观政策和社会大背景的影响。我国高等教育管理的权力经历若干次下放与上收的反复。

国家于 1993 年出台了《中国教育改革与发展纲要》，于 1995 年出台了《关于深化高等教育体制改革的若干意见》，于 1998 年出台了《面向 21 世纪教育振兴行动计划》，于 1999 年出台了《中共中央 国务院关于深化教育改革全面推进素质教育的决定》，于 2010 年出台了《国家中长期教育改革和发展规划纲要(2010—2020 年)》。随着这些政策文件的出台与落实，中央与省(自治区、直辖市)分级管理、分级负责，以地方统筹为主，政府宏观管理，高校面向社会自主办学的高等教育管理体制逐渐形成。政府逐步采用综合运用立法、政策指导、拨款、规划、竞争等方法对高校进行管理。

从 1978 年至 2008 年的三十年，是我国高等教育管理改革持续推进的三十年。以改革试点为开端，以全面改革和不断深化改革为主线，结合我国改革开放的社会发展特点，在高等教育领域围绕着"高校自主权下放""高校后勤社会化改革""人事与分配制度改革""党委领导下的校长负责制的完善与健全""建设现代大学制度"等主题展开工作，高等教育管理取得了一系列重要的改革成果，为真正把高校建设成面向社会、依法自主办学的法人实体，打下了坚实的基础。[①]

党的十八大以来，我国高等教育通过不断改革和发展，实现了从大众化到普及化，从外延式发展向内涵式发展的转型，实现了从以"增量改革"为导向到以"增存改革并重"为方向的转变，特别是大学发展实现了从"管理"到"治理"的理念跃升。在我国高等教育管理改革发展的历程中，更加注重改革的系统性、整体性、协同性的思想贯彻始终，这反映着新时代全面深化改革的认识论、方法论和实践论的"三

---

① 张应强、程瑛：《高校内部管理体制改革：30 年的回顾与展望》，载《高等工程教育研究》，2008(6)。

性"，不仅引领了高等教育管理改革，而且体现了中国特色现代高等教育制度的建设方向。①

回顾改革开放以后我国高等教育管理的改革实践，就会发现：自 20 世纪 80 年代中期开始，以扩大高校办学自主权为目标的高等教育管理体制改革，伴随着政府相关职能转变的改革，取得了若干阶段性的重要成果。高等教育管理持续改革的目标是实现高等教育治理体系和治理能力现代化，这是高等教育从业人员的一个美好愿景。这个愿景的实现，既需要高等教育管理体制的实质性改革和突破，也取决于高等教育宏观环境的根本改善和国家行政体制的深层改革。②

2010 年之后，高等教育国际化发展方兴未艾，大学的国际竞争力作为一个重要命题成为高等教育管理的一个主要课题，世界各国都期望提升高校的办学效率，提高竞争力。各国政府都致力于将新管理主义思想运用于高等教育治理之中，形成以资源配置为核心的高等教育综合管理体系。新管理主义思想强调政府的监督职能，引入审计评估与绩效问责制度，以提升效能、效率与效益为根本追求和价值旨归。新管理主义思想重视基于结果导向的评价制度与绩效责任，其实质是将企业的经营管理理念、控制系统以及技术方法运用于包括教育部门在内的社会公共管理部门，形成了一整套有别于传统科层式组织架构的管理模式。③

随着新公共管理运动的兴起、国际政治环境的变化、大学新使命及创新型大学的出现等内外环境的变化，高等教育发展面临前所未有的机遇和挑战，高等教育管理变革势在必行。我国大学与政府、社会、市场的新型关系格局正在形成，以多元共治和依法治理为基础的大学治理正成为高等教育管理的新常态。新常态下的大学治理呈现出理念、逻辑和方法等方面的转型，在突出和强化大学法人地位的基础上，吸纳社会人士，转变政府角色，努力建构既反映大学治理基本价值，又符合我国现实境遇的富有中国特色的现代大学治理体系——政府依法行政、管办分离，大学依法办学、自主管理，社会依法参与、多元共治。④

---

① 卢晓中、刘新秀：《系统性、整体性、协同性：新时代中国高等教育管理改革发展的十年探索》，载《国家教育行政学院学报》，2022(10)。
② 周川：《我国高等教育管理体制 70 年探索历程及其展望》，载《高等教育研究》，2019(7)。
③ 谈毅：《新管理主义视域中日本高等教育治理政策的改革与反思》，载《比较教育研究》，2015(6)。
④ 许长青：《高等教育管理的新常态：现代大学治理的动力、特征与体系构建》，载《教育学术月刊》，2016(4)。

第三节　实践走向

世界各国在高等教育管理的实践中采纳和运用了很多管理理论、理念和方法，形成了多种高等教育管理范式。在目标管理理论影响下，一种预设性高等教育管理范式形成了。这种范式追求管理结果符合已设定好的管理目标，甚至实现管理目标的管理过程被划分为实现一个个小目标的过程和实现阶段性目标的过程。最严格的管理就是考虑一切可能、预设一切的管理过程，与这种管理范式相对应的是生成性高等教育管理范式。生成性高等教育管理范式是对预设性高等教育管理范式的建设性超越。生成性高等教育管理范式具有动态的发展性、真实的民主性、价值嵌入的关系性的特征，对实现高等教育管理的效率价值和教育伦理价值具有重要的实践意义。基于这一判断，高等教育管理实践必须实现从本质主义向生成性思维的转换，从而实现高等教育管理范式的根本性变革。[①] 无论是预设范式还是生成范式，高等教育管理的任务都是合理调配和使用有限的教育资源，以实现为国家培养更多、更好的人才和创造更多、更好的科研成果的目的。[②]

一、方法的视角

（一）战略规划管理

20世纪六七十年代，正是美国高等教育从大众化向普及化的过渡期，美国有3100多所高校面临着生源急剧减少和财政状况恶化的窘境，社会各阶层对大学教育充满了不信任和不满意。美国大学校长们面临着严峻的挑战。正是在这一历史背景下，部分大学校长开始向企业管理学习，初步尝试对学校实施战略管理。这一过程不是一帆风顺的，在《大学战略与规划：美国高等教育管理革命》中，作者乔治·凯勒将这一过程形容为校长们"跌跌撞撞"的寻求和教授们不理解的"躁动"。后来，美国的大学凭借战略管理重新赢得了市场和社会各阶层的信心，同时将大学战略管理的影响推广到世界高等教育管理的实践中，引发了世界各国大学跟风追随的热

---

① 蒋文昭：《从预成到生成：高等教育管理范式的嬗变》，载《国家教育行政学院学报》，2010(8)。

② 姚启和：《高等教育管理学》，5页，武汉，华中理工大学出版社，2000。

潮。正是在这部颇具学术影响力的专著中，美国学者乔治·凯勒用鲜活的案例向读者展现了美国高等教育采纳并实施战略规划与战略管理的过程。乔治·凯勒梳理了美国大学应对危机时的彷徨和抉择，提出了大学实施战略管理的必然性和重要性，强调了大学在制定战略规划时必须重视信息、质量、人员三个核心要素，以及因校制宜制定发展战略的重要性，最后对教授和管理者在大学实施战略管理过程中的作用给予说明和期待。① 卡内基梅隆大学前任校长理查德·塞特则认为，"战略规划的关键是其组织的每一个成员都以某种方法思考问题"②。

高等教育的发展历史已经提示我们：世界一流大学的成功，一个科学而正确的战略发展规划厥功至伟。美国学者凯勒认为大学的战略规划表现出以下特征：第一，战略规划决策意味着大学和学院及其领导者应积极而不是消极地对待他们的历史地位；第二，战略规划是外向性的，其着眼点在于使学校与不断变化的外部环境相协调；第三，在高等教育受制于市场经济条件和日益激烈的竞争的情况下，制定大学战略规划是富有竞争性的；第四，战略规划重在决策，而不是文本上的规划、分析等；第五，由于政治手段和心理影响的交互作用贯穿于战略决策过程之中，因此战略决策对矛盾冲突具有很强的包容性；第六，战略规划所奉行的是组织的命运高于一切。③ 概而言之，大学要对自身能力和所处环境有清晰的认识，分清楚想做的、应该做的、能做的(或不能做的)是一个成功的大学战略规划的合理内涵。帕纳斯认为，规划有两个基本维度：一是规划的目标维度。目标构成了规划过程贴切性的标准，规划者做出的决定和考虑的因素只能根据规划必须指向的目标。二是规划的时间维度。这意味着规划不仅依据目标的性质，而且有赖于将决定转变为必要行动所需的时间。④

(二)凭单制管理

很多时候，高等教育管理受经济管理模式的影响比较大，在美国、芬兰等国家，在高等教育领域得到初步应用和推广的凭单制管理就是其中一种。凭单制最初产生于市场交易，凭单是具有准货币性质的交易凭证。凭单制应用于高等教育管理

---

① 李雄鹰：《美国大学战略管理发展及启示——读〈大学战略与规划：美国高等教育管理革命〉》，载《高等理科教育》，2011(5)。

② 凯勒：《大学战略与规划：美国高等教育管理革命》，别敦荣译，124页，青岛，中国海洋大学出版社，2005。

③ 胡保利、王硕旺：《乔治·凯勒的大学战略规划理论评介》，载《河北师范大学学报(教育科学版)》，2007(4)。

④ 徐小洲等：《高等教育论：跨学科的观点》，209页，北京，人民教育出版社，2003。

领域时，最大的改变就是政府、市场、大学的角色变化，因此凭单制高等教育管理具有复杂性和敏感性。凭单制在高等教育管理实践中不是一帆风顺的，而是频频遭受挫折的。例如，凭单制在澳大利亚就引起了多年的争论。凭单制在我国高等教育管理中的理论探讨和实践尝试都还处于萌芽阶段，缺乏相关的可行性论证和明确的策略指导。基于持续深化高等教育改革的视角，探讨凭单制管理是有积极意义的。

凭单制管理在美国等国家高等教育领域应用的成功经验，推动了我国一些学者对其进行研究，并尝试构建起相应的理论框架和运作模式。在不同的公共服务领域，凭单也被称为代金券、有价证券、消费券等，在教育领域就是"教育券"。在刘优良等看来，凭单制可以被视作一种政策工具，通过"消费者"对于学校的选择权，促进高校真正实施以人为本的管理。此外，凭单制可以被视作一种操作技术，成为体现大学善治思想的现代大学制度的有机组成部分。它可以以灵活的方式，促进大学回归培养人才的初心。凭单制在我国高等教育中的应用需要结合我国实际，分阶段和分区域推行。比如，在帮助弱势群体以及发展农村高等教育等方面发挥作用，促进教育公平和高等教育和谐。同时，可以借助凭单制，给予民办高校以及职业技术教育机构相对公平的竞争环境，以此促进我国高等教育市场的发展。凭单制运用于高等教育管理实践的意义在于：它契合了大学理念与高等教育制度文化中的人本关怀理念，体现了多主体在大学事务尤其是大学决策方面的合作与协商。①

（三）伦理管理

高等教育是一种专业教育，但又不仅仅指向专业素质的养成，在人才培养的目标基础上，高等教育同时蕴含着"育身心和谐之人"的道德伦理要求。高等教育伦理管理实践就是把社会的道德规范融入被管理者的主观世界并见之于客观的行动。伦理管理具有知识性、规范性、实践性等特点。把握住这些特点，有利于管理者更好地理解教育伦理规则，掌握管理决策中伦理分析的方法，增强对高等教育管理中的伦理问题的敏感性和遵守伦理规范的自觉性。实际上，高等教育管理的伦理管理是最需要管理者与被管理者进行互动的，是管理关系中的道德伦理要素在管理者与被管理者的主观领域进行价值性嵌套并彰显于双方外在行为举止的。高等教育伦理管理具有价值增值作用，管理者与被管理者共同将对伦理道德的认识、评价、选择融合起来，针对应做、能做、所做的一切形成共同的情感、意志、理性，并在自我认识、自我评价、自我选择的基础上进行自我导向，实现高等教育伦理管理的价值增

---

① 刘优良、陈振明：《凭单制在高等教育管理中的应用》，载《高等教育研究》，2011(6)。

值。在高等教育伦理管理过程中，道德支持，即创造良好的外部环境和内部伦理支持系统并建立预防、消除不道德管理行为的机制，对于优化伦理管理效果具有重要意义。事实上，在高等教育管理与伦理融合的学术视野中，伦理管理中的道德支持要实现的目标是双重的，既包括追求伦理管理效益最大化的物的目标，也包括以伦理管理促进被管理者的完善和发展的人的目标。

相对于其他领域的伦理管理，高等教育伦理管理因管理主体与客体的特殊性而具有自身的特殊性。高等教育管理中的主体与客体都有道德伦理目的的介入，既有向外输出伦理形象、伦理知识的一面，也有吸纳伦理道德素养而使自身道德伦理增值的一面。在长期的优秀文化传统熏陶和积淀中，强烈的自尊需要、求知欲，自觉的民主意识，较高的成就动机，求发展、求完善已经成为教师的文化心理和人格特质。在高等教育管理中，许多管理者都曾是教师，管理者与被管理者在情感、价值观、道德情操等方面有共通性，需要有一个宽松的伦理管理环境。学生不是物性的人，随着社会发展，学生越来越重视自身的权益和价值，学生所展现出来的强烈的存在感需要在管理活动中得到切实的尊重。在高等教育伦理管理实践中，需要在管理的主体与客体之间创建开放的持续交流空间，创建平等的、公正的对话平台。高等教育伦理管理不再指向主体对客体的规约或者改造，而指向引导、规范、凝聚、启迪、激励、除弊，甚至是示范，只有这样才能完整地发挥伦理管理的作用，全面促进师生道德素质的提高。[①]

(四)质量管理

由于在 20 世纪 80 年代以前，关于自身质量的问题在大学内一直以来鲜有被讨论，借鉴和移植工商管理领域的质量管理经验及模式便成为次优选择。20 世纪 80 年代中期以来，以美国、英国、荷兰为首的西方发达国家以质量管理的内容、模式和方法为重点，全面展开了高等教育质量管理的理论与实践研究，形成了声势浩大的高等教育质量保障运动。该运动于 20 世纪 90 年代初期传播到了发展中国家，我国高等教育界就是在这一时期引进、借鉴西方高等教育质量管理的有关理论，尝试构建适合我国国情的高等教育质量保障体系并逐渐使其系统化和体制化的。

大学进行质量管理的过程并非一帆风顺的，将企业领域的管理经验在大学中运用难免会引起"水土不服"，在引进质量管理理念的过程中整个衔接和融合的道路坎

---

① 蒋园园：《学术视野中的当代高等教育管理伦理与伦理管理》，载《现代教育管理》，2015(11)。

坷不平，多数情况下大学似乎正进行着一场最终毫无结果的艰难的战斗。① 美国学者波恩鲍姆（又译作伯恩鲍姆）认为，以质量管理为代表的一些管理方法将来自企业或政府的管理模式运用到高等教育领域，经历了采用者的短暂的热情高涨，在早期采用者之间迅速传播扩散，在其没有达到高校预期需求和目的时，便很快终止或回落到较低的使用水平。② 在阿尔贝托·阿马拉尔看来，大学的质量管理活动存在两个极端，一个极端是完全以大学内部学术共同体的标准为质量依据，另一个极端是完全遵从大学外部的需求。大学所有的质量管理活动就处在这个两极端之间像钟摆一样随着形势发展而不断摆动：在学者权力较大时，大学侧重于以学术共同体的内部标准来进行质量管理，质量管理能较好地服务于大学的质量提高（quality enhancement）；而在外界尤其是政府意志居于主导地位时，大学侧重于以外部需求来进行质量管理，质量管理较多回应的是外部的问责（accout ability）。③ 通过对高等教育质量管理发展历程的回顾，可以将高等教育质量管理分为三个阶段。

第一阶段，信任的前质量阶段。20 世纪 60 年代，是美国高等教育从大众化向普及化发展的过渡阶段，高等教育规模迅速扩大，这一时期被彼得·艾维尔称为美国的前质量阶段。在这一阶段，公众对于质量是无感的，一些人仅了解某种类似于院校声誉或者名声的概念。此时美国的高等教育政策环境比较好，大学信任政府的决策，信任政府对大学自治的支持；政府官员和社会公众相信大学教师都通晓专业知识并有能力开展高质量的教育教学活动，大学享有专业权威和声誉。政府相信大学的课程体系是必要而适宜的，大学的科研成果不仅提升了大学声誉，而且赢得了公众对大学专业能力的认可。大学无须对获得的财政资源的使用效益进行解释或证明，更无须接受社会的问责。当时公认的是：高等教育是一种公共产品，政府和社会为其提供支持是天经地义的。通过挑选合格的学生，给他们提供某个学术领域内的课程内容，然后授予其一个能准确反映其合格水平与成绩的文凭，就是教育质量的表征。

第二阶段，信任缺失阶段。20 世纪 70 年代，美国高等教育毛入学率为 50% 以

---

① 富兰：《变革的力量：透视教育改革》，中央教育科学研究所、加拿大多伦多国际学院译，10 页，北京，教育科学出版社，2000。

② 波恩鲍姆：《高等教育的管理时尚》，毛亚庆、樊平军、郝保伟译，3 页，北京，北京师范大学出版社，2008。

③ Maria João Rosa and Alberto Amaral, *Quality Assurance in Higher Education*：*Contemporary Debates*，New York，Palgrave Macmillan，2014，pp. 14-28.

上，率先进入高等教育普及化阶段。但是，由于受到经济危机的影响，诸如文凭贬值、过度教育、低质教育、就业难等一系列的问题呈现出来了，美国高等教育普及化的负面影响完全显现。面对这些问题，大学与社会逐渐丧失互信，并且互相指责。高等教育规模扩张引起的财政不足需要家长和社会承担更多的责任，质量成为社会各界共同关注的主题。1983 年，美国国会发表了《国家在危机之中：教育改革势在必行》的报告，强调不能因为追求教育机会均等而放弃教育质量，从而在美国全社会掀起了针对教育质量的问责浪潮。这一时期的典型特征是政府和社会公众主导对大学质量的评估，形成了一种问责导向。一批社会评估机构先后建立并开展行动，开展质量保障、质量认证和质量评估活动。这些活动所秉持的质量观，其实是把学生、家长、社区等利益相关者作为高等教育的消费者和顾客，大学必须满足顾客的需求。但是，由于顾客需求的多样化，高等教育质量评估标准非常多且复杂，较多关注满足特定目的。有的标准关注就业率，有的标准关注科研产出率，有的关注大学的国际排名，等等。质量评估演变成了认证和问责的工具，并被视作保护顾客利益的工具。大学内部的学者对这种质量评估愤愤不平，认为这是对学术自治、大学自治的伤害，特别是对大学核心工作——教学与科学研究的干扰。这就导致大学学术人员不信任政府、不信任社会评价，甚至不信任大学内部建立的质量保障团队。美国许多学者都认为质量保障是政府和社会强行施加给大学的一种控制手段，并且耗财费时。马丁·特罗认为，在质量保障体系中，政府与大学会形成一种服从的绩效文化，这丝毫不利于质量的提高。

第三阶段，信任重构阶段。到 20 世纪 90 年代，美国大学与社会公众互不信任的危机逐渐被政府官员、学者等认识到，社会上广泛开展的质量保障工作并没有带来如愿的效果引起了社会精英的反思。美国学者科林·拉邦曾经提出，只有大学自己才能承担提高质量的责任。正是在这种舆论氛围下，重新建立大学与社会公众之间的信任开始受到重视，建立在信任基础上的大学内部的质量保障活动逐渐兴起，开启了美国高等教育质量管理的新的历史阶段。这一阶段的信任不同于第一阶段的无条件信任。在质量认证、质量保障的观念下，大学与社会合作共治的过程开始了。只有大学内部的教师发挥自身的创造力和献身精神，高等教育质量管理工作才能行稳致远。只有在质量保障不仅仅关注过去取得的成绩，而是重视向前看，展现出促进大学发展的目的时，质量保障活动才会有效。这一观念为欧洲大学联合会所接受，并撰写在其报告之中，集中反映了这一阶段人们对于高等教育质量管理的态度。最为典型的案例是英国的苏格兰地区在 2003 年开始实施的质量提高体系。这一体系的运作目标是提高质量，强调高等教育教与学的过程，重视过程性的自我评价与自我改进，而不是为了回应大学外部的问责。这一体系以提高（enhancement）取代了原有的保障（assurance），代表了一种新质量管理观念。在苏格兰地区对大学进行的评估中，大学内部的学生和教师代表被吸收到外部评估人员中，他们可以用外部视角结合内部感受来全面审视各项质量管理活动。大学内部的教师和学术共同体开展自我诊断式评价，学生参与质量保障过程和与其相关的决策、设计和开发活动等。当然，这一体系中也嵌入了让大学外部人员能够便捷地知晓大学成就的信息公开的新方法。只要外部质量审计体系不干扰内部学术质量活动，就可以实现质量提高的目的。①

二、比较的视角

有研究者基于复杂性控制理论，认为美国高等教育管理具有秩序从简单走向复杂、控制从集中走向发散、方法从线性走向非线性的特点。②

谢曼华从市场的视角，通过对美国、英国、澳大利亚关于无国界教育产业的研究认为，教育市场里存在相当多的竞争，这可从高等教育提供者不断增多的现实中得到证实。信息与通信技术的迅速发展导致高等教育发生重大转变，呈现虚拟化、无国界等趋向，这些趋向对课程、教学、管理等许多教育领域都产生了深刻的影响。③

魏传立基于权力的视角，认为权力配置模式的不同是我国与欧美发达国家高等教育管理体制存在重大差异的根本原因。在政府与学校的关系方面，欧美发达国家强调大学本位，认为大学是自主发展的。我国则强调政府的管制作用，强调政府本位，政府对大学的管理比较严格。此外，在学校内部权力关系中，欧美发达国家大学强调学术本位，认为学术权力是大学内部的显性权力，行政权力是辅助性的。我国大学内部的行政权力相比学术权力，其施行范围更广、力度更大，权力的有效性更强。从 20 世纪 80 年代开始，我国对于高等教育管理体制进行了一系列改革，主要让政府对高等教育事业的管理体现在宏观调控方面，不再直接参与到大学内部的

---

① Maria João Rosa and Alberto Amaral, *Quality Assurance in Higher Education: Contemporary Debates*, New York, Palgrave Macmillan, 2014, pp. 14-28.

② 唐晓萍：《从威廉姆·E·多尔的控制理论看美国高等教育管理的特点及趋势》，载《中国高教研究》，1999(2)。

③ 谢曼华：《无国界教育：西方国家高等教育管理的新理念》，载《世界教育信息》，2008(1)。

微观管理领域中，不再干涉大学内部事务。大学加强自身管理，做好发展战略规划，制定并实施大学章程。这些在制度上保证学术自由。[①]

孙进从政府的视角认为，经过 20 世纪 90 年代以来的新公共管理改革，德国政府放弃了对高校进行细节干预的传统外部管理体制，改为通过目标协定、总体预算和绩效拨款等方式进行宏观调控。高校内部管理由传统的学术自主管理模式转向管理主义模式：学术自主管理委员会的权限被削弱，校长和院长层面的管理权力得到加强，同时成立了高校理事会作为高校的决策或咨询机构。我国有与德国相似的改革目标，并且德国与我国一样具有政府管理高校的传统，所以改革后的德国高等教育管理模式尤为适合为我国高等教育管理体制改革提供参考。[②]

上述对不同国家的高等教育管理的研究与比较，为理解和把握我国高等教育管理提供了思路和方法，也为改进我国高等教育管理实践提供了借鉴。

三、学术的视角

高等教育的逻辑起点是高深知识，高等教育的全部内容以此为基点展开，包括高等教育管理。高等教育管理同高等教育一样，在性质方面具有二重性，即自然属性和社会属性。高等教育的自然属性表现为传授科学知识、技能以满足社会生产力发展的需要。高等教育管理的自然属性则表现为管理客体的自主性。在管理客体是教师和学生时，管理效力的发挥主要不是靠权力和强制，而是靠激发或调动教师和学生的自主性。这里的自主性也就是通常所说的个体的主观能动性。从这个意义上讲，高等教育管理是一种非强制性的管理。高等教育的社会属性体现为大学向学生传授社会思想意识，以维护一定的生产关系和满足统治阶级的需要。高等教育管理主体具有对管理客体的行为实施限制，以及赋予或者解除义务的权力。国家法律法规、教育行政部门的政策规章成为高等教育管理社会属性发挥作用的主要依据，管理主体统治管理客体，管理客体居于服从的地位。从这个意义上讲，高等教育管理是一种强制性的管理。

社会各领域、各行业都具有自身的特色与价值。从这一点来看，高等教育的特殊性就表现为培养高级专门人才。可见，高等教育管理的特殊性就在于它具有学术

---

① 魏传立：《西方高等教育管理中的权力配置及对我国的启示》，载《黑龙江高教研究》，2007(1)。

② 孙进：《政府放权与高校自治——德国高等教育管理的新公共管理改革》，载《现代大学教育》，2014(2)。

性，这是高等教育管理权力与经济权力、政治权力、文化权力的根本性区别。高等教育管理的最终目标是繁荣学术事业、促进学术进步、培养专门人才，其学术性主要体现在三个方面。

一是高等教育管理权力所处理的事务主要是学术性事务以及与之有关或为之服务的其他事务。在高等教育管理实践中，保证大学教育教学活动的正常开展、保障科学研究的有序进行是重要任务。教育教学过程中的课程设置与实施，科学研究过程中的实验、调查等都是学术事务，它们都是高等教育管理的直接作用对象，都是政府的行政管理和大学内部管理的主要保障对象。这种学术性是高等教育自身逻辑的体现，高等教育管理则保证学术性能够适应社会的要求。同时，学术性使高等教育管理与社会事业管理区别开来，成了一个专门的领域，并彰显出其独特性与存在的价值。

二是从事高等教育研究的相关人员参与高等教育管理。高等教育系统作为一个开放系统，是由教师群体和学生群体共同构成的，学术性是其区别于其他社会系统的最根本的特征。教师传播高深知识并追求创新，学生孜孜不倦地学习以掌握和运用高深学问。由于大学的学术属性，学术造诣较深的教师得到较多的信任和推崇，而且大学的许多决策都涉及学术事务，因此学术水平高的教师应参与其中。大学崇尚民主管理、民主决策，设立了各种各样的委员会，委员都由各学科领域的专家学者担任。为政府出谋划策的高等教育决策咨询委员会中汇集了大量的杰出学者，这就进一步增强了学术力量在管理中的作用。

三是高等教育管理权力的使用需要规范、有效的民主协商机制作为保证。高等教育系统中聚集了大量的知识分子或学者，学术自由、学术民主的理念盛行。高等教育管理的学术性特点决定了高等教育管理不能是简单的命令式、服从式的，而必须实行民主管理，建立民主协商机制。民主协商机制要求在决策之前，广泛地征求、吸取学者们的意见，决策的依据必须是科学合理的。在高等教育管理实践中，管理权力的行使必须规范、理性、民主。民主协商机制是高等教育管理的重要原则。它的有效发挥作用，既是尊重知识、尊重人才的要求，也是促进学术繁荣发展的客观要求。

综上所述，高等教育管理的本质就是学术管理，高等教育管理的权力在本质上就是一种学术管理权力。如果从广义上理解，学术管理的根本目的是追求高水平的学术质量、追求高标准的人才培养质量。人、财、物是构成高等教育系统的三大要素，同时是高等教育管理关注的三大对象，对它们的管理构成了高等教育管理的主线。但是通常看来，人、财、物与学术和学术管理之间似乎没有关联。但是，如果我们细致分析一下，就会发现其中的关系很密切：大学对人的管理中的重要的内容包括招聘人才、教师晋升、教师考核与奖励等，而其主要依据是学术标准、学术水平。对行政人员、管理人员的选拔、培养要求他们具有与高等教育宗旨相适应的水平与能力。大学办学经费的预算、使用，必须以最大限度实现大学办学目的为宗旨，必须最大限度地用于人才培养、科学研究等学术方面。大学的物资是开展教育教学、科学研究工作的物质基础，物资的购置、分配、使用都应满足学术需要。因此，从广义看，高等教育管理体现为学术管理，完全与学术无关的管理活动、管理行为在高等教育系统中基本不存在。①

人们对于学术管理的理解通常是一种狭义的理解，即认为学术管理是大学内部对学术活动和学术事务的管理。大学内部负有学术管理职责的人所拥有的权力，相应地被称为学术管理权。不论是广义的理解还是狭义的理解，都认可在大学内部管理系统中学术管理处于核心地位，决定大学管理的方向和重点。这是大学发展的内在逻辑要求。历史上，所有优秀的大学无一例外都是学术管理水平较高的大学，而一些大学的发展的起起落落均与学术管理相关。从这个意义上讲，学术管理水平的高低决定了大学发展的质量。高水平的学术管理可以激励学术系统有序和高效地运行，可以提升学科发展水平、人才培养质量和社会声誉，从而推动大学又快又好地发展。

【思考练习】

1. 如何理解高等教育管理本质？
2. 高等教育管理演进的特点是什么？
3. 如何把握高等教育管理实践？

【推荐阅读】

1. 阿特巴赫. 高等教育变革的国际趋势[M]. 蒋凯，译. 北京：北京大学出版社，2009.
2. 伯恩鲍姆. 大学运行模式[M]. 别敦荣，译. 青岛：中国海洋大学出版社，2003.

---

① 别敦荣：《论高等教育管理权力》，载《高等教育研究》，2001(2)。

3. 波恩鲍姆. 高等教育的管理时尚[M]. 毛亚庆，樊平军，郝保伟，译. 北京：北京师范大学出版社，2008.

4. 费埃德伯格. 权力与规则：组织行动的动力[M]. 张月，等译. 上海：上海人民出版社，2005.

5. 克拉克. 高等教育系统——学术组织的跨国研究[M]. 王承绪，等译. 杭州：杭州大学出版社，1994.

6. 姚纬明，余达淮，曹菱红，等. 高等教育管理[M]. 南京：河海大学出版社，2004.

7. 陈学飞. 美国高等教育发展史[M]. 成都：四川大学出版社，1989.

8. 徐小洲，等. 高等教育论：跨学科的观点[M]. 北京：人民教育出版社，2003.

9. 王建华. 高等教育质量管理的重新审视——非营利性组织的视角[J]. 教育发展研究，2010(Z1).

10. 夏杨燕，程晋宽. 国家教育治理职能重心的转变——英国国家中央教育行政机构变革评析[J]. 外国教育研究，2019(8).

11. 朱守信. 高等教育质量管理时尚论：反思与重视[J]. 江苏高教，2018(11).

12. 王鹏. 中国大学战略规划的演变与展望——以变迁逻辑与大学治理为视角[J]. 中国高校科技，2021(10).

13. 姚启和. 高等教育管理学[M]. 武汉：华中理工大学出版社，2000.

14. 康翠萍，邓锐. 高等教育管理新论[M]. 北京：科学出版社，2020.

15. 侯定凯. 市场——高等教育管理本质的新视角[J]. 上海高教研究，1994(4).

16. 薛天祥，房剑森. 试论高等教育管理的本质和规律[J]. 上海高教研究，1995(6).

17. 李丽军，桑璐. 高等教育管理生态圈的建设路径探究[J]. 教育理论与实践，2020(3).

18. 董立平，周水庭. 学术人：高等教育管理的人性基础[J]. 江苏高教，2011(2).

19. 蒋园园. 追寻与建构：开启我国高等教育管理学术话语的新视域[J]. 现代教育管理，2014(10).

20. 张天雪. 我国高等教育管理研究的范式变迁与发展进路[J]. 清华大学教育研究，2010(2).

21. 薛天祥. 高等教育管理学[M]. 桂林：广西师范大学出版社，2001.

22. 彭志越，刘献君. 我国高等教育管理研究的百年回顾[J]. 现代教育科学，

2002(1).

23. 陈永明. 教育行政新论[M]. 上海：华东师范大学出版社，2003.

24. 克拉克. 高等教育新论：多学科的研究[M]. 王承绪，徐辉，郑继伟，等译. 杭州：浙江教育出版社，1988.

25. 别敦荣. 论高等教育管理权力[J]. 高等教育研究，2001(2).

26. 张磊. 欧洲中世纪大学[M]. 北京：商务印书馆，2010.

27. 李立国. 为"科层制"正名：如何看待科层制在高等教育管理中的作用[J]. 探索与争鸣，2018(7).

28. 柏昌利. 高等教育管理导论[M]. 西安：西安电子科技大学出版社，2006.

29. 张应强，程瑛. 高校内部管理体制改革：30 年的回顾与展望[J]. 高等工程教育研究，2008(6).

30. 周川. 我国高等教育管理体制 70 年探索历程及其展望[J]. 高等教育研究，2019(7).

31. 凯勒. 大学战略与规划：美国高等教育管理革命[M]. 别敦荣，译. 青岛：中国海洋大学出版社，2005.

第八章　高等教育评价

>>> **章前导语**

　　在研究高等教育评价之前，必须了解什么是教育评价。回顾有关的历史文献，我们可以发现教育评价的定义发展道路，实际上是一条观念不断更新、内涵不断丰富、领域不断扩展，同时争论不休的发展道路。学术界普遍认为，教育评价始于20世纪初美国教育心理学家桑代克、赖斯等人开创的教育测量领域。20世纪30年代，泰勒主持的"八年研究"催生了教育评价学，形成了教育评价的科学理论，为此泰勒被誉为"教育评价之父"。泰勒认为教育评价过程实质上是一个确定课程与教学计划实际上达到教育目标的程度的过程，进而形成了目标导向的教育评价模式。20世纪60年代初，克龙巴赫提出，教育评价的本质应当是推动教育活动的改进，教育评价是为做出关于教育方案的决策，收集和使用信息而进行评价的活动。在此基础上，逐步产生了形成性教育评价思想。这些思想为20世纪60年代末斯塔弗尔比姆提出的具有重要影响的CIPP评价模式奠定了基础。由此，教育评价被认为是"为满足决策和教育效能核定的需要，描述、获得和运用有关客体的目的、计划、过程和成果价值的过程"[①]。CIPP评价模式的生命力十分强大，至今仍被广泛应用。

　　1981年，美国教育评价标准联合委员会提出评价是对某些现象的价值（如优缺点）进行系统调查后形成的观点，很大程度上受到了斯塔弗尔比姆评价思想的影响。20世纪80年代末，著名评价专家枯巴和林肯在反思、批判传统评价理论的基础上，提出了"回应—协商—共识"的教育评价思想，即以协商为途径达成共同的心理建构的教育评价思想。在整个20世纪，教育领域形成了四代教育评价理论：第一代教育评价把评价作为一种测量活动（1900—1930年），第二代教育评价着重描述绩效

---

　　① 杜瑛：《高等教育评价范式转换研究》，7页，上海，上海教育出版社，2013。

与目标的匹配程度(1930—1940 年),第三代教育评价强调以一种方式做出判断
(1950—1970 年)①,第四代教育评价强调相互协商对话、共同致力于质量改进
(1980 年至今)。第四代教育评价思想并非一个或者几个学者的思想,而是在现代
教育评价领域达成共识的思潮。

第一节　理解前提

在人们的日常生活中,评价的行为与言语是无处不在的,但常常是不规范的,
随意性很强。在学术研究中,不能简单使用日常生活中的评价,需要对评价做出科
学规范的解释,使关于评价的学术交流能够有统一认识的基础和前提。

学者们关于评价的认识,大致有如下三种观点:一是建构论。评价作为一种对
人类认识活动的规范,其目的不是认识世界,而是理解、把握世界对于人类的意义
或者价值,从而构建起人类的价值世界。与认识世界"是什么"的认知活动不同,评
价活动所要揭示的不是世界"是什么",而是世界对人意味着什么,世界对人有什么
意义。② 二是意识论。评价作为一定价值关系主体对这一价值关系的现实结果或可
能后果的认识,是以一定的价值事实为对象的反映。③ 三是过程论。评价的过程是
一个识别对象相对状态的过程。这一过程有完整的工作要求,如以特定的方法收集
某对象在某价值领域的数据和信息,清楚描述工作所依据的目的,设置一个特定的
参照系来对所有收集到的数据信息进行分析,最后得出结论。因为结论是依据目的
和参照系得出的,所以结论表明的是评价对象的相对状态,而非绝对状态。④ 学者
们对评价的这三种认识,不是泾渭分明、截然分开的,更不是矛盾的,而是从不同
的角度对评价这一名词进行了科学规范的解释。当然,学者们对评价的认识不限
于这三种,只不过这三种观点在学者中的接受程度较高,比较有代表性,也比较
客观地解释了评价。由于语言的丰富性,在中文语境中,评价、评估、评鉴、评
审等词语虽有一定的差异,但在日常工作与生活中它们是可以互换的。在学术交

---

① 胡森等:《教育大百科全书》第 1 卷,张斌贤等译,604～605 页,重庆,西南师范大学出
版社,2006。

② 冯平:《评价论》,40 页,北京,东方出版社,1995。

③ 李德顺:《价值论》2 版,233 页,北京,中国人民大学出版社,2007。

④ 李庆丰、周作宇:《高等教育评价中的价值冲突与融合》,载《高等教育研究》,2020(10)。

流场域中，特别是在学术成果表达时，评价与评估的使用比较频繁，在没有做出特别区分的情况下，这两个词的含义是相同的。

一、教育评价

教育评价理念是因评价理念在教育领域的应用而建立起来的一种学术观念。随着教育评价越来越受到重视，在教育领域的应用范围越来越广，这种学术观念越来越复杂，内涵越来越丰富，进而在20世纪80年代末期，发展成教育科学体系的一个分支，即教育评价学。

学者们关于教育评价的理解，主要包括以下三种：一是教育价值增值观。教育评价是对教育活动满足社会与个体需要的程度做出判断的活动，是对教育活动现实的（已经取得的）或潜在的（还未取得，但有可能取得的）价值做出判断，以期实现教育价值增值的过程。[①] 二是教育实践依据观。教育评价是根据一定的教育价值观或教育目标，运用科学可行的方法和手段，通过系统地收集信息、分析解释，来对教育现象进行价值判断，从而为不断优化教育活动、做出教育决策提供依据的过程。[②] 三是教育活动博弈观。教育评价作为人类社会实践活动，其革新与发展是应然性与实然性之间相互博弈的过程。[③]

从20世纪初开始，教育评价理论在一个世纪的历程中，发展成了学者们总结出的具有代表性的四代理论体系。特别值得重视的是以色列学者内伏在1981年修改和扩充了斯塔弗尔比姆的问题表，提出了有关教育评价概念的十个方面的问题，即评价如何定义、评价的功能是什么、评价的对象是什么、对每个评价对象应收集什么样的信息、应该用什么准则来评判一个评价对象的价值和优点、评价应该为谁服务、进行评价的过程是怎样的、评价中应该使用什么调查方法、谁来评价、用什么标准对评价进行再评价。[④] 对这些问题的不断思考与追问，成为枯巴和林肯的教育评价思想的重要来源。以他们为代表的第四代教育评价思想认为，前三代评价理论的不足之处在于对价值多元的排斥问题、对已接受范式的过度推崇、官僚主义的弊端等。在技术方法上，第四代教育评价主要采用了解释学的方法并形成了自己完整的评价程序，强调教育评价的目的不在于测量和说明，而在于协商和对话，共同

① 陈玉琨：《教育评价学》，7页，北京，人民教育出版社，1999。
② 胡中锋：《教育评价学》3版，5页，北京：中国人民大学出版社，2016。
③ 刘志军、徐彬：《教育评价：应然性与实然性的博弈及超越》，载《教育研究》，2019(5)。
④ 陈玉琨：《中国高等教育评价论》，7页，广州，广东高等教育出版社，1993。

致力于质量改进。① 第四代教育评价思想的流行，并不意味着人们在教育评价实践中会抛弃前三代教育评价理念。教育评价理论的发展进步，也并不是以上一代理论的湮灭为代价的，每一代评价思想的合理内核都被保存了下来，并被应用于适合的教育场域中。例如，我国的高考制度就是渗透着第一代教育评价思想的最大规模的教育评价（纸笔测量）场域，一直从 20 世纪 70 年代持续至今。学者们非常重视教育评价思想在不同的应用场域的适合性，这就使教育评价观念与实践形成了一个比较庞大的体系，形成了一个系统工程，诸如价值体系、功能体系、结构体系、制度体系、运行体系等都成为教育评价体系中的基本组成要素。②

二、教育评价的模式

我国的教育评价学从向西方国家学习起步。对于世界范围内广受认可的教育评价理论，需要在学习、借鉴、发展的进程中逐步融入中国元素，形成中国特色。华东师范大学的陈玉琨是我国在改革开放后，最早系统研究高等教育评价的学者。他在总结前人研究的基础上，提炼出了得到学术界广泛认可的六种教育评价模式。

一是泰勒模式。拉尔夫·泰勒主持了著名的"八年研究"，也被称为"三十校实验"，取得了丰富的成果，泰勒模式就是在此研究成果的基础上形成的。成熟的泰勒模式包含七个渐次进行的步骤，分别是：①确定教育方案目标；②对每个目标进行定义；③确定应用目标的情景；④设计出应用目标情景的途径；⑤设计取得数据或记录的途径；⑥明确评定方式；⑦决定获得代表性样本的方法。目标是泰勒模式的中心，并且是可以用学生的行为化的外显成就来表达的，这些行为目标是对教育活动效果进行评价的主要依据。以目标为中心成为泰勒模式的核心特征，预设的目标决定了教育活动应当达成什么样的结果，教育评价旨在找出实际教育活动与教育目标之间的偏差，通过信息反馈，促进教育活动尽可能地逼近教育目标。

二是 CIPP 模式。CIPP 模式是由背景（context）评价、输入（input）评价、过程（process）评价和成果（product）评价这四步评价组成的一种综合评价模式。第一步，背景评价。背景评价是周期性的，其中的一个重要任务是考察现存的目的与重点是否与使用者的需要相一致。第二步，输入评价。在进行输入评价时，需要对目标达

---

① 张民选.《回应、协商与共同建构——"第四代评价理论"评述》，载《外国教育资料》，1995(3)。

② 靳玉乐、朴雪涛、赵婷婷等，《新时代教育改革与评价制度创新》，载《大学教育科学》，2021(1)。

成所涉及的各种可能性都进行收集并说明，包括能够考虑到的各种实施方案的优势、不足、可能的成本，各种方案是否存在不合法、不合规的风险，各种方案所需要的人力资源和其他资源，甚至要考虑各种方案的伦理性。第三步，过程评价。在进行过程评价时，主要通过对计划的执行情况进行不断检查，来为计划的制订者提供反馈信息。它是持续性、过程性的工作，即根据最初设定的目标不断检查相关教育活动是否按照预定的计划实施，以及是否采用有效的方式来利用资源。如果在教育活动实施过程中，最初的计划被证明存在问题和缺陷，则可以修改计划。第四步，成果评价，即测量、解释和判断教育的成就，确证人们的需要被满足的程度。

三是 CSE 模式。CSE 是美国加利福尼亚州立大学洛杉矶分校评价研究中心（Center for Study of Evaluation）的简称，该评价研究中心创设的评价模式被人们称为 CSE 模式。这种模式是由前后连续的四个步骤构成的：第一步是进行需要评估，即调查人们需要教育来完成什么任务，其实就是要确定教育的目标；第二步是设计评估方案，要对备选方案达成目标的可能性进行评价，如对教学内容与教育目标一致性的分析，对教育教学辅助支持系统，如设备、资金等情况的研究；第三步是形成性评价，即在评价实践中发现教育过程的不足之处，修正某些偏离预设目标的教学活动，从而保证教育目标的实现；第四步是总结性评价，即在评价活动的最后，对教育质量的全面总结与判断。

四是反对者模式。反对者模式是一种模仿法律过程、采取评委会审议形式的评价模式，是在 20 世纪 70 年代由欧文斯等人提出的。这种评价模式力图揭示教育活动方案的正反两方面的利弊、得失等，因为十分重视听取教育方案和教育活动中的争议性意见，尤其是人们表达的反对意见，因此被称为反对者模式。1973 年，沃尔夫提出了另外一种评价模式，类似于反对者模式的"升级版"，被人们称为司法模式。沃尔夫的司法模式由四个步骤构成：第一步是提出争论，确认需要进行评价的问题或主题；第二步是选择争论，即从需要进行评价的问题或主题中选择最重要的；第三步是准备辩论，对于选择出的最重要的问题持不同观点的两组评价人员各自就自己所持的观点收集材料、信息等，做好进行辩论的准备；第四步是听证，主持人或者听证官主持并听取双方的辩论，最后得出支持哪个观点、反对哪个观点的结论。反对者模式和司法模式的基本特点是能够充分反映各类人员的多元价值观念和认识，有利于决策者汲取正反两方面的信息，克服主观偏见，澄清各种潜在的意见冲突，从而做出正确的判断。但是，这种评价模式的突出缺陷是评价过程长、评价成本高。

五是应答模式。在应答评价模式下，评价者主动接触参与教育活动的各类人员，了解、收集、分析他们的愿望、期盼等，然后同实际的教育活动进行比较，对教育决策或者教育方案做出修改，以应答多数教育活动参与者的愿望，最终使教育活动能够满足多数人的需要。学术界公认斯塔克是提出应答模式的第一人，这一模式深深融入了斯塔克的评价理念。他强调如果想让评价结果能真正发挥效用，评价就必须从关心教育活动中的所有人的需要出发，明确教育活动的决策者与实施者所关心的问题，然后进行信息收集与反馈，使教育活动结果能满足大多数人的需要。在斯塔克看来，应答模式主要运用自然主义方法，强调非正式的交往、接触、观察、记录以及描述性的定性分析方法。对于评价者而言，评价经验的内在价值有时比评价收益更有意义。

六是消费者导向模式。消费者导向模式是由斯克里文提出的。消费者可以是教育活动的参与者，也可以是受教育者。斯克里文在代表作《评价方法论》中，对总结性评价和形成性评价进行了区分。在斯克里文看来，评价不仅仅测量事物或者判定是否实现了目标，而且关心对评价对象的价值和优缺点所做出的系统性判断，判断教育活动实现的目标是否有利于消费者。评价者不必接受教育活动设计者提供的目标，而是应当根据消费者的观点来衡量真正的成果及其价值。为此，斯克里文批评了泰勒的评价理论，他认为：泰勒模式在于确定目标是否达成，这在根本上是有缺陷的。从本质上来说，价值是中立的。根据泰勒的方法进行的评价可能无效，因为方案编制者提出的目标可能是不道德、不切实际、不足以代表消费者的需要的，或者因目标过于狭隘，以致不能预示可能的重要效应。

斯克里文在考察教育活动的实际效果时，经常发现在教育活动的预期效果之外，教育活动还伴随着很多并未设想到的连带产品、副效应，这是很有意思的现象。斯克里文关注游离在预期目标之外的成果，提出了一种目的游离评价模式。斯克里文认为：泰勒把评价局限在衡量目标达成度上是不全面的。为了把可能产生的副效应包括在内，评价者要注意收集信息的完整性、全面性、真实性，同时尽量不要受教育活动方案制定者的主观意图的影响，尽量考察教育方案、计划、活动的真实效果，而不是预期效果。目的游离评价模式的特点是评价结论不依据方案制定者的目标，而是活动参与者的意图。西方学者认为，这是一种民主性更强的评价模式。[①]

---

① 陈玉琨：《中国高等教育评价论》，64～71 页，广州，广东高等教育出版社，1993。

三、教育评价的反思

教育评价最早在 20 世纪 30 年代被引入我国，艾伟、陆志伟、陈鹤琴等人于 1931 年在南京倡议并成立了中国测验学会，翻译、修订国际上比较流行的比纳-西蒙智力量表，开展教育测量研究。当时全国各大学教育系和中等师范学校普遍开设了教育测量学的课程。1932 年，《测验》杂志创刊，一批有关教育测量的著作相继问世。然而，由于日本于 1937 年发动了全面侵华战争，打断了所谓的民国教育的黄金期，系统的教育评价研究被迫中止。1949 年以后，我国全面学习苏联。现代教育评价理论进入我国，则是从 20 世纪 70 年代末开始的，最初主要集中讨论高等教育评估问题，80 年代后逐步扩展到基础教育领域，随后在政府教育行政、学校改进、课程与教学改革、学生选拔、教师考核与激励、教育项目等方面被广泛运用，作为学科的教育评价学逐步形成并不断趋于完善。

在这一过程中，人们对教育评价的思考从未停止，教育评价理念的发展实际上可以归纳为从测量描述到协商对话、从质量评价到质量保障、从单一管理到多元治理，这正是现代高等教育质量评价、质量保障和质量管理的发展进步之所在。[①] 教育测量文化的兴起已经对教育实践产生了深远影响，它的范围上至国家层面和超越国别的教育政策，下至地方学校和教师的实践。从某种程度上来说，这种影响一直是有益的，因为它使各种讨论建立在事实性数据的基础上，而超越了关于"是什么"的假设和个人观点。但是，问题在于大量关于教育结果的信息使人们形成了一种印象，那就是针对教育政策的方向、教育实践的模式和形式所做的决策只能以事实信息为基础。伴随着国际比较、排名、问责、循证教育和有效教育的施行，这种情况在教育探讨中出现的频率越来越高。这种思考方式存在两个问题：一是尽管人们在做出决策时被建议以事实为准绳，但该做什么不能从现实中进行逻辑推演。二是测量的效度问题，这与第一个问题相关并且在某种意义上是其方法论的推论。教育测量文化把方法变成了目的，用技术性效度来取代规范性效度，目标和质量标准被错当成质量本身，即在测量中的规范性效度正被技术性效度替代。[②]

学者们对教育评价的思考或者反思永远不会止步，更多的讨论、研究以及实践

---

① 刘振天：《完善高等教育评价体系 提升高等教育治理能力》，载《大学教育科学》，2020(1)。
② 比斯塔：《测量时代的好教育：伦理、政治和民主的维度》，张立平、韩亚菲译，13～14 页，北京，北京师范大学出版社，2019。

会使教育评价的理论体系越来越丰富。

第二节　理性认识

高等教育评价既是教育评价学科体系的重要组成部分，也是高等教育管理学理论体系中不可或缺的部分。对高等教育评价的理解，有理论与实践两条路径。我国高等教育评价的研究表现出鲜明的实践先行特色，主要的研究集中在高等教育实践问题的解决上，这与我国最早研究教育评价的学者主要是教育管理的实践者有密切关系。经过从 20 世纪 80 年代到现在的 40 多年的发展历程，我国高等教育评价形成了比较完善的体系。这一体系一方面持续推进了高等教育发展和改革并使其取得了显著成效，帮助人们积累了丰富经验，另一方面使自身日臻完善，多层次、多类型、多主体、多形态，既符合我国的学情和教情，具有中国特色同时又产生了国际影响。[①]

一、成果呈现

我国高等教育评价的学科建设与体系建设实际上是密不可分的。一方面，高等教育评价学作为相关理论的集成系统，走过了一个从引进、吸收、借鉴到转化、创新的道路；另一方面，高等教育评价的实践如火如荼，形成了较大规模的、复杂的高等教育评价体系。

从实践导向看，我国高等教育评价形成了多层次、立体交叉的体系，例如：我国高等教育评价根据评价形式，可以划分为行政性评价、市场化评价、行政与市场相结合的评价；根据组织者的差异，可以划分为政府评价、社会评价、高校自愿接受和委托开展的评价、高校内部自我评价；根据层次差异，可以划分为学科与研究生教育评估、本科教育教学评估、高职高专教育评估；根据评价技术差异，可以划分为面对面诊断、远程评价、数据监测、质量报告等；根据评价内容差异，可以划分为教学评价、科研评价、教师评价、学生评价、学科评价等；根据评价范围差异，可以划分为综合性评价、专业评价、单项评价等。当然，从社会影响力方面看，本科教学水平评估、学科评估等政府主导的高等教育评价实践，对高校办学的

---

① 杜瑛：《高等教育评价范式转换研究》，8 页，上海，上海教育出版社，2013。

导向作用是巨大的。在我国高等教育评价体系建设过程中，人们所积累的基本经验主要包括五个方面：一是坚持围绕培养人这个核心任务来开展教育评价，二是坚持分类评价、分类发展，三是坚持定性评价和定量评价相结合，四是坚持建设开放和多元的评价体系，五是坚持运用信息化技术提升评价结果的科学性和影响力。[1] 同时，我国高等教育评价在实践中形成了学校办学水平评价、课程评价与学业成绩评价等几种基本模式。[2]

从我国高等教育评价的理论体系建设方面看，20 世纪 90 年代到 20 世纪末，国内学者出版了一批有关高等教育评价的专著，如许建钺的《高等学校教育鉴定与水平评估》、陈玉琨的《中国高等教育评价论》与《教育评价学》、王冀生的《中国高等教育评估》、王致和的《高等学校教育评估》、沈玉顺的《高校教学质量保障的思想与实践》等。它们对教育评价的本质、目的、指导思想、基本原则、模式、标准、程序、政策、评价误差、心理、方法论，以及政府、社会、学校在评价中的地位、作用和相互关系等进行了初步探索，在一定程度上反映了高等教育评价的中国特色。

21 世纪以来，一批基于理论反思和实践探索的高等教育评价研究成果相继问世，如张远增的《高等教育评价方法研究》、李健宁的《高等学校学科竞争力评价研究》、田恩舜的《高等教育质量保证模式研究》、苟振芳的《大学教学评价的价值反思》、王俭的《基于价值尊重与价值认同的教育评价研究》、王向红的《我国高等教育评估质量保证研究——元评价的视角》、李金春的《我国大学教师评价制度：理念与行动》、庄赟的《大学综合评价的统计研究》、赵立莹的《美国博士生教育质量评估体系发展研究》、王光彦的《大学教师绩效评价研究——基于教师自主发展的探索》、杜瑛的《我国高等教育评价的范式转换及其协商机制研究》、康宏的《高等教育评价标准的价值反思》、任艳红的《高校教学评价制度的反思与重构》、赵祖地的《高校德育评估研究》、牛亏环的《大学生学习过程评价研究》、俞佳君的《以学习为中心的高校教学评价研究》、程亚飞的《普通高校体育工作综合评价研究》、范晓婷等的《高校大学生资助管理绩效评估研究——基于中央直属 120 所高校的实证分析》、朱守信的《高等学校教学质量管理成熟度评价研究》、欧玉芳的《我国世界一流大学建设政策效应评价研究》、刘泽文的《基于学生发展导向的博士生教育质量评价模型构建及实证研究——以涉农学科为例》、崔育宝的《我国"世界一流大学"建设评价研究》、

① 刘振天：《现代高等教育评价体系建设：成效、经验及完善之路》，载《社会科学战线》，2021(3)。

② 陈玉琨：《中国高等教育评价论》，78～88 页，广州，广东高等教育出版社，1993。

陆启越的《高校德育评价范式转换研究》、赵利堂的《高等职业教育质量第三方评估研究》、易梦春的《台湾高等教育评鉴制度的价值研究》、林琳的《我国本科教学审核评估标准的价值取向研究——基于怀特海价值理论的审思》、黄小芳的《省域应用型本科教育质量监测评价研究——以福建省为例》、任平的《大学生生态文明观教育评价研究》、仰丙灿的《地方高校院系教学综合评价研究》、李贤政的《我国高等职业院校发展性评估研究》、于家杰的《高校教师学术评价体系研究——基于山东省五所高校的分析》等。可见，人们对高等教育评价的关注从未停止。已有成果分别从整体与局部、理论与实践、问题与对策等不同层面探讨了我国高等教育扩招以来具体情境中的高等教育评价问题，对政策制定、实践方案编制、推动高等教育发展等具有较为重要的理论、实践与方法价值。

二、观点表达

高等教育评价的理论与实践体系越完整、完善，学者们对高等教育评价的反思就越多元、丰富。那么，已完成体系建设的高等教育评价学，其基础理论是什么？对这个问题的回答，实际上就表达了学者们对高等教育评价学的不同层次的认识理念：第一层次是以教育学、心理学、社会学、价值哲学、系统科学等为理论源泉，建立起来的高等教育评价学的基础理论；第二层次是将围绕高等教育价值进行研究所形成的各种价值理论，作为高等教育评价学的最基本、最核心的理论；第三层次是开发评价技术与评价工具所依据的有关评价方面的知识体系（不包括使用评价技术和工具的知识）；第四层次是高等教育评价本身及其相关内容所形成的基础理论。① 进入 21 世纪以后，教育评价领域兴起了元评价的研究潮流，这影响到了对高等教育评价的研究，形成了高等教育元评价研究思潮。高等教育元评价，实际上指对高等教育评价的评价。评价在高等教育质量保障中的重要作用既体现在价值引导上，也体现在其工具性功能上。评价过程以事实为依据，以认识为基础。认识过程不可避免地存在知识错觉和偏见，必然会影响评价的客观性、公正性和合理性。在高等教育评价的实际操作中，不是所有评价指标、评价要素都是合理的，评价设计者的预期目标有时会出现游离状态，评价过程中的一些负面效应或者负面影响难以完全避免。因此，需要做到以下两点。第一，使用元评价理念和元评价技术，对评价进行评价，对评价进行监控。元评价过程是完善教育评价内容、减少和修正教育

---

① 张远增：《高等教育评价方法研究》，博士学位论文，华东师范大学，2001。

评价偏差、较好地发挥评价作用的过程。^① 元评价是评价的专业化发展的重要任务。第二，需要建立本土的项目评价标准，建设服务于高等教育质量保障的评价文化。

高等教育评价发展到现在，已经形成比较复杂的系统和一整套规范的操作流程。正如在前面所论证的那样，高等教育评价模式是多元的，评价方法是多样的，评价理念是具有多重价值的，甚至是相互对立的，但是不管怎样，它们都形成了一套规范。人们需要把这套规范提升到认识论的范畴，作为认识论研究和批判的对象，以推动对高等教育评价活动的价值反思。价值反思不是终点，人们要在价值反思的基础上激发高校自身的潜能，实现高等教育的价值创新。作为一项有生命存在价值的文化性实践活动，高等教育评价经过了基于设置基准的大学许可、基于办学行为的院校认证、基于国家利益的政府评价、基于质量保障的中介评估、基于大学发展的院校有效性评价的发展历程，呈现出意义生成的价值意义。^② 总体而言，关于高等教育评价的理解和认识，大致有以下四种观点。

第一种是价值判断论。高等教育评价的本质就是基于价值事实的价值判断。复杂的教育体系中存在自然事实（人、事、物）和价值事实。在价值判断论视域中，更为重要的是价值事实，它是高等教育评价活动中最主要的认识对象，高等教育评价所做出的价值判断主要以价值事实为基础。^③ 陈谟开认为，高等教育评价是以高等教育为对象，依据教育目标，利用一切可行的评价技术与手段，系统地收集信息并对其教育效果给予价值上的判断，为做出决策、优化教育提供根据的过程。^④ 该观点实质上就是将高等教育评价视为对高等教育进行的客观、公正的价值判断^⑤，以及以一定的教育目标为准绳的价值判断过程^⑥。这些观念反映出我国高等教育评价所包含的两层含义：第一层是高等教育评价活动的基础，是对高等教育活动的系统性调查；第二层是促进高等教育质量的全面提升和加强高等教育与社会之间的联系，这是我国高等教育评价的根本目的。因此，高等教育评价就是通过系统地收集

---

① 贺祖斌：《高等教育评价的元评价及其量化分析模型》，载《教育科学》，2001(3)。
② 康宏：《从规范认识的视角反思高等教育评价的价值》，载《江苏高教》，2011(6)。
③ 李庆丰、周作宇：《高等教育评价中的价值冲突与融合》，载《高等教育研究》，2020(10)。
④ 陈谟开：《高等教育评价概论》，载《高等教育学报》，1988(4)。
⑤ 沈志莉：《高等教育评价方法述评》，载《国家高级教育行政学院学报》，2002(6)。
⑥ 刘军山、徐枞巍：《高等教育评价指标体系质量问题的理论探讨》，载《北京航空航天大学学报(社会科学版)》，2000(1)。

信息，对高等教育活动的社会价值做出判断的过程。①

第二种是工具论。高等教育除具有培养人才、科学研究和社会服务三项基本职能外，还具有很多其他的社会功能，如文化功能、经济功能、政治功能等。进行高等教育评价，就要促进高等教育机构充分发挥这些功能，从而实现推动社会发展进步的目标。一些学者认为高等教育评价的过程是以高等教育的社会功能为依据，运用有效的评价技术和手段，对高等教育活动的过程和结果进行测定、分析、比较，并给以价值判断的过程，其根本目的在于通过评价来促使高等学校不断优化资源配置和提高利用效率，不断提高科研水平和人才培养质量，进而实现高等教育的社会功能。② 类似的观点就是将高等教育评价视作推动高校发展、进而推动社会发展进步的工具，实际上蕴含的是高等教育政治论哲学观。我们以此种观念审视高等教育评价的动力时，就会发现政府、受教育者、用人单位和高校参与评价的动力有根本性的差异。政府的动力主要来自社会经济发展的需要，用人单位的动力源于招收毕业生及其创造价值的潜力，受教育者的动力是希望获得教育投资的回报，高校的动力则是追求更多的教育经费。③

第三种是关系论。高等教育评价是存在价值关联的关系性活动，评价过程就是建立关系的过程，并且有内部评价和外部评价之分。在内部评价与外部评价之间，在外部评价的不同主体之间以及内部评价的不同主体之间，都存在以价值判断为牵引的、围绕事实探究和描述的交互作用。高等教育评价不同于对物的评价。评价对象的主体性和意义在评价过程中共同建构，并发挥着重要作用。高等教育评价在特定的场域展开，场域特性影响评价的价值立场和判断，而评价的有效性取决于评价主体的交互水平。除了评价过程中的交互性，评价者的专业化水平也是重要的因素。以评价者的专业化为一维，以评价过程的交互性为另一维，按照水平高低建立坐标，可以建立四种评价有效性模式。其中，高专业化水平和高交互性水平的评价模式最为有效。④

第四种是二元论。二元论主要从主体—客体范畴讨论了高等教育评价的内涵。高等教育评价是一个以价值判断为核心的复杂过程，但价值判断本身不是评价目的，价值判断是高等教育评价者对高等教育主体与高等教育客体之间关系的一种价

---

① 陈玉琨：《中国高等教育评价论》，26页，广州，广东高等教育出版社，1993。
② 司林波、赵晓冬、黄钦：《高等教育评价的多元主体模式探析》，载《科技与管理》，2008(6)。
③ 司林波、赵晓冬、黄钦：《高等教育评价的多元主体模式探析》，载《科技与管理》，2008(6)。
④ 周作宇：《论高等教育评价的交互性》，载《上海教育评估研究》，2021(5)。

值认知和情感态度的综合，目的是揭示高等教育现象和高等教育活动之间的价值关系，从而得出判断结果，优化高等教育，改进客体以进一步满足高等教育主体的需要。高等教育评价要揭示的是高等教育主体与客体、需要与满足之间的关系。把这种价值判断制度化，就形成了高等教育评价制度。[①] 高等教育评价一方面要做出事实判断（对高等教育客观规律本身的认识），另一方面要做出价值判断（对高等教育满足人和社会需要的价值关系的认识），这是开展高等教育评价活动的两个尺度。高等教育一般同时作为价值主体与客体，参与构成整个人类社会的价值系统。通常，人们会问两个问题：一个是高等教育对社会有什么价值。该问题可以扩展为高等教育对人、文化、科学、技术等系统的价值，在这个问题中高等教育属于价值客体。另一个是社会对高等教育有什么价值。此问题可以扩展为社会体系中的政治、经济、军事、文化、科学技术、人等子系统对于高等教育的价值，在这个问题中高等教育属于价值主体。高等教育评价则是将高等教育置于价值主体地位，评价个人、政治、经济、文化等社会子系统对于高等教育发展的价值，判断它们对高等教育系统施加的影响是否符合高等教育发展的客观要求，判断它们是否需要做出调整与变革，以及做出怎样的调整与变革，才能适应高等教育的发展需求。因此，建构真正的高等教育评价理论体系，必须以作为价值主体的高等教育为评价标准，最终发挥评价对于高等教育活动的导向和批判作用。[②]

三、问题审视

高等教育评价的实质是大学治理。改革开放以来，我国逐步建立了多主体、多形式相结合的高等教育评价制度和评价体系，在促进高等教育发展和提升高等教育治理能力方面发挥了积极作用。

但是，教育评价不是存在于真空之中的，也不可能保持理想状态。相反，教育评价研究与实践经常受到社会流行的不同思想观念的影响。例如，社会上的科学主义、管理主义、功利主义等思潮，都在很大程度上影响过教育评价的发展，造成教育评价的价值理性被遮蔽，教育评价过多集中于技术性、程序性问题，评价本身成了目的而非手段，最终陷入"五唯"的实践困境。[③] 从宏观视角来审视，我国高等教育评价存在的主要问题表现为政府角色错位、高等教育评价立法滞后、评价指标体

---

① 史秋衡、闫飞龙：《对高等教育评价哲学的探讨》，载《高等教育研究》，2008(8)。
② 蔺振芳：《高等教育评价的教育性视角》，载《高等教育研究》，2004(2)。
③ 刘楠、顾建军：《转向背后：高等教育评价的历史审思与内涵重构》，载《江苏高教》，2023(6)。

系单一、评价管理分散且评价结果利用效率不高。① 评价主体单一、评价标准单一成了我国高等教育评价存在的最显性的宏观问题，后果就是评价主体的利益表达未得到有效关注，甚至产生利益冲突等问题。② 从微观层面审视，高校被五花八门的评估、评审、评价活动淹没，有教育主管部门的评估，更有大量政府其他职能部门对高校的专项评审，占用了高校的大量时间和精力。这些项目化、指标化、碎片化的评价成为高校无法避开的"牵引绳""指挥棒"，高校的办学特色逐渐为一些量化的指标所替代。③

作为大学治理的重要政策工具，评价日益成为影响大学发展的"指挥棒"。在指标主义和测量主义交互作用下，以排名为代表的量化评价越来越精确化，大学发展的路却越走越窄，甚至有误入歧途的风险。量化评价结果或许可以作为诊断大学发展问题的参考，但绝不应成为判断大学优劣的唯一标准。判断一所大学是否世界一流的标准应是其是否可以促进经济社会发展和人的发展，而不是排行榜上的排名。由于现代大学具有复杂性，同时人是具有有限理性的人，对大学进行量化评价，注定无法真实反映大学的办学特色。追求量化评价大学，本意是想科学评价大学，事实上单一的量化评价却是反科学的，或者说是"伪科学"的。人们在评价大学时，总是倾向于强调大学组织与其他社会组织的相似性，而不是强调大学与其他组织的差异性。此外，大学受管理主义的影响，经常主动复制、模仿企业的管理时尚、管理风潮。一些大学引入的管理方式、管理技术往往都是企业已淘汰的。有人将大学对自身特殊性的强调误解为大学的自我防御，将量化评价结果与政府的财政拨款挂钩，在很大程度上贬低了大学的精神与文化价值。非但不能促使大学更好地满足经济社会发展需要，而且最终进一步削弱了大学在经济社会发展中的领导力。④ 有学者指出，我国高等教育评价存在的主要问题并不是评价的技术性和程序性的问题，而是为什么评、评什么和谁来评这几个关键问题还没有解决好。⑤

认真反思以上观点，就会发现实际上有一个共同的价值体系在影响着评价发展

① 王旭初、黄达人：《关于新时代高等教育评价问题的一些思考》，载《中国高等教育》，2020(22)。

② 刘振天：《完善高等教育评价体系 提升高等教育治理能力》，载《大学教育科学》，2020(1)。

③ 王旭初、黄达人：《关于新时代高等教育评价问题的一些思考》，载《中国高等教育》，2020(22)。

④ 王建华：《量化评估与大学发展》，载《高等教育研究》，2020(11)。

⑤ 靳玉乐、朴雪涛、赵婷婷等：《笔谈：新时代教育评价改革与制度创新》，载《大学教育科学》，2021(1)。

的情境，这就是高等教育评价理论和方法技术中暗含的一个假设基础：参照系是统一的，价值标准是统一的。这样的评价看似公平、科学，其实无法反映社会对高等教育多样化、多层次的需要，无法解决教育价值多元化的问题，无法体现评价的服务性，必然会降低评价的效用性。①

从高等教育评价的历史进程看，在评价权力、评价目的、价值判断的认知、利益等方面，评价主体之间、评价主体与客体之间产生过太多次的对立；关于评价的决策，评价主体之间也产生过众多的分歧。现在看来，高等教育评价中之所以产生过众多的争议和冲突，主要原因就在于对高等教育价值的认知不能达成共识。② 具体表现为多种矛盾和冲突，如高等教育不同利益相关者对高等教育要求的不同导致的价值冲突，高等教育价值观的多样性与评价标准、评价结论的统一需要之间的矛盾与冲突，教育评价技术要求简单性与高等教育活动复杂性之间的矛盾与冲突，等等。③

现代社会价值观的多元化是构成社会复杂性的重要因素。社会存在的多元价值往往是相互矛盾统一的，不能以对错认知，也不能以真假辨识，更不能以好坏评论。多元化高等教育评价的形成主要受到社会的多元价值观念的影响：高等教育评价的形式是多元化的，高等教育评价的层次和内容也是多元化的。在高等教育评价领域存在多元的评价主体、多元的评价对象，评价标准也朝着多元化发展。④ 我国高等教育大众化以来形成了基于不同利益相关者价值取向的高等教育评价多元话语体系，高等教育评价范式实现了从认识论向价值论的转换，高等教育评价主体与评价标准从单一转向多元已成为社会事实。在价值论域下，高等教育评价的本质是基于价值事实的价值判断，不同评价主体之间以及评价主体与评价对象之间的价值冲突必然产生。⑤

在高等教育评价中，化解这些价值冲突是必要的，不能任由冲突发展。通过反向梳理价值冲突产生的逻辑，化解冲突可能需要三个条件：第一，化解"评什么"产生的冲突，必须达成承认冲突双方各自的价值的共识。这其实就是解决在多元价值取向、多样质量标准背景下的评价标准问题。第二，化解"谁来评"产生的冲突，必

① 杜瑛：《高等教育评价范式转换研究》，21页，上海，上海教育出版社，2013。
② 李庆丰、周作宇：《高等教育评价中的价值冲突与融合》，载《高等教育研究》，2020(10)。
③ 杜瑛：《高等教育评价范式转换研究》，4～5页，上海，上海教育出版社，2013。
④ 史秋衡、闫飞龙：《对高等教育评价哲学的探讨》，载《高等教育研究》，2008(8)。
⑤ 李庆丰、周作宇：《高等教育评价中的价值冲突与融合》，载《高等教育研究》，2020(10)。

须设置具有公信力的第三方机构。第三，化解"如何评"产生的冲突，必须形成有利于调节冲突观点、观念的评价过程规范和技术、方法，这就是解决在多元化、多样化背景下取得最大"公约数"的评价规范问题。满足了这三个条件，其实就建立了高等教育评价制度，它是高等教育评价有序组织与运行的规则系统，也是高等教育利益相关者基于价值事实而开展价值判断时所应当遵循的信仰、习俗、仪式、惯例和规范，更是高等教育利益相关者在人才培养、科学研究与社会服务方面通过沟通和协商达成一致的价值基础。①

通过沟通和协商达成一致的价值基础，是高等教育评价的一个共同尺度，它是在尊重多样化价值标准中形成的"最大公约数"，也是最无疑义的价值事实。在高等教育评价中，"以育人为本"是一个根本性的共同尺度和价值事实，这是高等教育评价的核心价值标准。在融合学术取向、社会取向和人本取向的价值诉求后，高等教育评价形成了价值圈层，这个价值圈层的核心就是"以育人为本"。高等教育评价不能再困顿于实证主义和后实证主义关于价值中立和价值判断的争执，必须在评价方法论上进行超越，需要坚持物理、事理和人理有机统一的评价方法论原则，如此才能得到既符合客观实际又得到各方认可的评价结果，从而发挥评价对高等教育健康发展的促进作用。②

在构建高等教育高质量发展体系、推进高等教育治理体系与治理能力现代化的时代背景下，完善高等教育评价体系、提升高等教育治理能力，要紧紧围绕推进高等教育内涵式发展、建设高等教育强国这一目标，完善相关政策、法规体系，促进管、办、评分离，明晰政府、高校和社会中介组织机构在高等教育治理与评价中的责、权、利，建立各主体间紧密而有效的合作对话机制，实现高等教育整体效益最大化。③ 在建设世界一流大学的过程中，建立完善的现代大学评价体系非常重要。这一体系应当以大学的自我评价为基础，完善自我评价制度，形成自我监控机制。同时要以第三方评价为核心，改革政府主导的评价模式，完善市场评价机制，发挥政府的监督与引导作用。④ 转变教育评价范式，发展教育评价理论，将教育评价建立在多元价值基础之上是我国高等教育评价健康发展的关键所在。⑤

---

① 李庆丰、周作宇：《高等教育评价中的价值冲突与融合》，载《高等教育研究》，2020(10)。
② 周廷勇、李庆丰：《高等教育评价的价值问题探究》，载《国家教育行政学院学报》，2011(2)。
③ 刘振天：《完善高等教育评价体系 提升高等教育治理能力》，载《大学教育科学》，2020(1)。
④ 闫飞龙：《多元化高等教育评价体系理论新探》，载《国家教育行政学院学报》，2011(2)。
⑤ 杜瑛：《高等教育评价范式转换研究》，4～5页，上海，上海教育出版社，2013。

在对高等教育评价进行哲学审视时，在高等教育评价观中导入实践理性是必然的，实践理性必然成为高等教育评价观的理论特质，这是因为：首先，高等教育评价观要有助于评价实践的发展，这是实践理性的内在规定性；其次，实践理性内在地限定了高等教育评价观所涵盖的范围；最后，高等教育评价价值标准的选择和确定必然受到实践理性的根本性影响，实践理性为思考和赋予高等教育评价的价值依据提供了指南。[①]

兼顾好时代特征、中国特色、世界一流水平，是我国高等教育评价改革必须考虑的政策性议题；打造好与用好评价"指挥棒"，是我国高等教育评价改革需要考虑的科学性议题。政策性议题的核心是建设中国特色高等教育评价体系，科学性议题的核心是评价专业化和评价体系科学化。与世界其他国家的大学相比，我国大学具有组织特殊性与使命特殊性，这是建立与完善我国高等教育评价体系的基础。只有认识、理解、依据这一基础，才能意识到"扎根中国大地办大学""办好人民满意的教育"的深刻意义，才能较好地促进高等教育履行"四个服务"职责。我国高等教育评价必须始终坚持立德树人的正确评价方向和评价导向，并从基于问责的结果评价走向基于信任的过程评价。[②]

第三节　制度探索

随着大学从社会的边缘走向社会的中心，高等教育评价的社会影响越来越大。社会公众对高等教育评价的关注随着对高等教育的关注的增加而在不断升级。高等教育评价的功效已在资源分配、教育投入和选择等方面得到具体体现。高等教育评价已成为各国改革高等教育的政策工具，成为推动高等教育发展的重要力量，成为国家维持对高等教育的影响力的重要手段，也成为世界高等教育质量保障的一种共同行动。[③] 从我国高等教育评价的实践来看，高等教育评价已成为教育主管部门对高校进行有效管理的重要手段。由于高等教育评价的主体是教育主管部门，评价的

[①] 许克毅、赵军、潘瑾：《实践理性：高等教育评价的哲学审视》，载《西北大学学报（哲学社会科学版）》，2005(2)。

[②] 张应强、赵锋：《从我国大学评价的特殊性看高等教育评价改革的基本方向》，载《江苏高教》，2021(2)。

[③] 杜瑛：《高等教育评价范式转换研究》，3页，上海，上海教育出版社，2013。

目的是以评促改、以评促建、评建结合、重在建设,因此高等教育评价能够保障并提高我国高校的办学水平和教育质量,在很大程度上成为高等教育管理和决策民主化、科学化和现代化的重要措施之一。[①]

一、制度变迁

在世界上 200 多个国家和地区中,建立了高等教育评价制度和质量保障体系,并开展经常性或周期性的质量评价活动的国家已有 180 个以上。[②] 改革开放以来,我国高等教育评价制度发展主要经历了以下变化。

1985 年颁布的《中共中央关于教育体制改革的决定》(下文简称《决定》)首次明确地使用了"对高等学校的办学水平进行评估"这一表述。该《决定》在指出要扩大高等学校办学自主权的同时,提出国家及其教育管理部门要加强对高等教育的宏观指导和管理,教育管理部门还要组织教育界、知识界和用人部门定期对高等学校的办学水平进行评估,对成绩卓著的学校给予荣誉和物质上的重点支持,办得不好的学校要整顿或停办。

1990 年,原国家教育委员会发布了我国历史上第一个关于高等教育评价的专门规定——《普通高等学校教育评估暂行规定》,对高校评价的目的、意义、原则、类型、内容、程序、方法、结果使用等做出了全面和系统化要求。《中华人民共和国教育法》《中华人民共和国高等教育法》《中华人民共和国民办教育促进法》等对教育评价做了相应规定。

1993 年,中共中央、国务院印发的《中国教育改革和发展纲要》要求重视和加强决策研究工作,建立有教育和社会各界专家参加的咨询、审议、评估等机构,对高等教育方针政策、发展战略和规划等提出咨询建议,形成民主、科学的决策程序。1995 年,《中华人民共和国教育法》明确提出国家要建立教育评估制度。于1999 年正式实施的《中华人民共和国高等教育法》规定教育行政部门必须对高校进行监督与评估,从法律层面规定了高等教育评价的行政主导逻辑。从此开始,本科教学工作评估、高职高专院校评估、专业评估、课程评估、学位与研究生教育评估等纷纷在教育部和各省教育行政部门的主导下启动。特别值得一提的是,教育部发

---

① 夏天阳:《各国高等教育评估》,1 页,上海,上海科学技术文献出版社,1997。
② 刘振天:《系统·刚性·常态:高等教育内部质量保障体系建设三个关键词》,载《中国高教研究》,2016(9)。

布了《关于进一步做好普通高等学校本科教学工作评价的若干意见》《2003—2007年教育振兴行动计划》等，实施了多轮几乎覆盖所有本科院校的本科教学评估，并且建立了五年一周期的高等教育评价制度。

《国家中长期教育改革和发展规划纲要（2010—2020年）》于2010年颁布，规定：重大政策出台前要公开讨论，充分听取意见；积极发挥行业协会、专业学会、基金会等各类社会组织在教育公共治理中的作用；培育专业教育服务机构，完善教育中介组织的准入、资助、监管和行业自律制度；鼓励专业机构和社会组织对高校的学科、专业、课程等水平和质量进行评估，建立科学规范的评估制度，形成具有中国特色的评价模式。从2011年起，教育部开始致力于建设集高校自评、专业认证、院校评估、国际评估和教学基本状态数据监测于一体的本科教学评估制度体系。[①]受此影响，专科层次和研究生层次的教育评价制度逐步确立。这标志着我国的高等教育评价活动在专业性和规范性方面迈上了一个新台阶。

2015年，《教育部关于深入推进教育管办评分离 促进政府职能转变的若干意见》强调：扩大行业协会、专业学会、基金会等各类社会组织参与教育评价。将委托专业机构和社会组织开展教育评价纳入政府购买服务范围。2019年，中共中央办公厅、国务院办公厅印发了《加快推进教育现代化实施方案（2018—2022年）》，明确提出要提升一流人才培养与创新能力，分类建设一批世界一流高等学校，建立完善的高等学校分类发展政策体系，引导高等学校科学定位、特色发展。

2020年，中共中央、国务院印发的《深化新时代教育评价改革总体方案》明确指出：要建立健全教育评估监测机制，发挥专业机构和社会组织作用；教育评价改革就是要扭转不科学的教育评价导向，坚决克服唯分数、唯升学、唯文凭、唯论文、唯帽子（简称"五唯"）的顽瘴痼疾；要根据不同学科特点，坚持分类评价；要推行代表性成果评价，完善同行专家评议机制；要淡化论文收录数、引用率、奖项数等数量指标，突出学科特色、质量和贡献等；到2035年，基本形成富有时代特征、彰显中国特色、体现世界水平的教育评价体系。

由国家出台教育评价的相关政策规定，体现了我国高等教育评价制度建设的特色，以及党和政府对高等教育的重视。在相关政策的指导下，我国教育主管部门建立起了高等教育评价制度体系，发挥着指导、规范、引导、监督高校办学行为的作

① 余小波、刘潇华、张亮亮：《我国高等教育质量保障的发展与评析》，载《高等教育研究》，2020（2）。

用。在我国从高等教育大国向高等教育强国转型的过程中，高等教育质量保障已成为高等教育评价最为重要的内容，"办好人民满意的教育"是高等教育质量保障的最高遵循。政府的宏观层面、高校的中观层面、学科专业或系部的微观层面都需要将评价程序的各环节向评价相关主体及社会公众透明公开。高等教育评价要综合考虑自主评价与同行评议、周期性评价与一次性评价、长期评价与短期评价、过程评价与结果评价、量化评价与质性评价等不同类型评价的结果，将它们纳入高等教育评价制度的设计之中，同时要使高校、教师、学生等高等教育利益相关者都能参与上述评价活动，并对评价结果发挥作用与影响。工具理性与价值理性是高等教育评价制度设计必须充分考虑的方法论，工具理性是实现价值理性的途径，价值理性是工具理性的止宿之处。要想使高等教育评价具有高质量，须在评价实践中坚持工具理性与价值理性相结合。只有工具理性与价值理性实现融合，才能促进高等教育评价有效性的真正增强。[1]

二、制度反思

高等教育评价具有正负两个方面的作用。正面作用包括认知、说明、激励、改进、提高等正向功用，负面作用包括工具化、功利化、趋同化等消极影响。正负两方面作用其实反映的是高等教育评价结果的不同应用场景。不论人们把高等教育评价视为"双刃剑"还是"指挥棒"，评价结果运用得好，正面作用就发挥得好，高等教育评价就指向了教育事业的健康发展；评价结果运用得不好，负面作用就会体现，高等教育评价就会涣散人心，引起不正当竞争，损害教育强国建设事业。因此，必须重视高等教育评价结果的应用，改进结果评价，视评价结果为高等教育评价活动和实践改进之间的桥梁，凸显评价的价值，从评价结果的呈现形式、反馈方式及相关评价主体的秉持态度、解读路径和运用取向等方面，全方位重视高等教育评价结果的运用。

但是，在具体实施过程中评价结果要么不被重视，要么呈现为竞争性、等级性等不利于评价持久发展的现实样态，尚未充分实现以评估结果落实"强硬度"和"长牙齿"、推进教育治理效能提升的目标。在高等教育评价实践中，普遍存在重量化而轻质性的呈现形式、重告知而轻协商的反馈方式、重接受而轻质疑的反馈态度、

---

[1] 施悦琪：《高等教育系统高质量发展的理论内涵与实践原则——自组织理论的视角》，载《江苏高教》，2022(2)。

重实体而轻关系的结果解读、重功利而轻价值的结果运用，学者们将它们总结为"五重五轻"。它们导致了包括理念导向、评价标准、实施机制等问题在内的"五唯"问题。虽然不同的评价所"唯"的要素不同，但是"五唯"评价又具有共同的实质和内在特征。[①] 它是一种单一化、绝对性的"唯外部评价"。[②] 排行性评价是高等教育评价的一种方式，各类大学排行榜存在"唯论文""唯奖项"的问题，它与"五唯"是互相推动、互为表里的，应该进行治理与监管。[③]

　　在高等教育评价实践中，导致"五唯"的直接原因是集权化的高等教育管理体制。"五唯"评价是异化的一种外部评价，将高等教育评价的片面性、简单化、功利性的弊端展现无遗。因此，破"五唯"改革不仅成为学界和社会舆论探讨的热点，而且成为在较长的时间内进行高等教育评价改革的政策导向。治理"五唯"是一项系统工程，需要一系列的制度供给与政策干预。在治理"五唯"的过程中，不能简单地从"唯"到"不唯"，而应当从学术评价外在强制的后果逻辑转变为教师内心认同的正当性逻辑，同时避免在破除旧的"唯"时陷入新的"唯"。要准确把握"唯"与"不唯"的辩证关系、"不唯"与"不要"的区别，要建立学术声誉制度，避免评价结果与物质奖励过度关联。

　　我国第一个关于教育评价系统性改革的文件是 2020 年颁布的《深化新时代教育评价改革总体方案》（以下简称《总体方案》）。《总体方案》从促进"双一流"大学建设的目标出发，提出要以评价赋能育人，改革阻碍教育高质量发展的"五唯"状况，彻底扭转不科学的教育评价导向，改进结果评价。《总体方案》的出台既体现了国家对教育评价问题的重视，也凸显了解决评价中所出现问题的紧迫性。学者们在深入系统研究之后发现：教育评价理念偏差、评价制度不科学、评价结果运用的复杂性，共同形成了高等教育评价问题的根源。[④]

　　《总体方案》为从根源上解决教育评价问题做出了全面系统设计和战略安排。宏观层面上，改革高等教育评价制度，要做到以下四方面：一是要破除"五唯"，恢复高等教育评价的"初心使命"；二是强调多元主体评价，推动评价治理现代化；三是

① 陈晓娟、任增元：《高等教育评价：超越"五唯"的价值意蕴与体制支撑》，载《大学教育科学》，2020(6)。

② 付八军：《高校"五唯"：实质、缘起与治理》，载《浙江社会科学》，2020(2)。

③ 李立国、赵阔、王传毅等：《超越"五唯"：新时代高等教育评价的忧思与展望（笔谈）》，载《大学教育科学》，2020(6)。

④ 时艳芳：《高等教育评价结果：困境、反思与改进》，载《重庆大学学报（社会科学版）》，2022(2)。

要先立后破、稳中求进，探索新的评价方式；四是要强化分类评价，尊重大学的多样化发展和特色发展。[①] 在微观层面，改革高等教育评价制度，要做到以下两方面：一是要提高行政人员的评价能力，增强专业性；二是要优化评价结果的使用机制，健全评价过程的监督机制，建立评价改进的跟踪机制等。[②]

三、制度实施

随着我国高等教育的发展进入新时代，我国正在建设与完善有中国特色的现代大学制度，力争成为世界高等教育强国。在这一过程中，评价发挥着重要的导向性作用。在对现有高等教育评价制度进行反思的基础上，需要对高等教育评价改革进行总体设计：第一，根据社会上不同群体、不同组织对高等教育高质量发展的不同需求，确定多样化的评价标准；第二，合理分解高等教育战略目标，根据新发展格局的要求，重新确立高等教育评价的功能定位；第三，建设增值评价系统，承认众多非学术标准的合理性；第四，建设有中国特色的世界一流高等教育评价体系，完善高等教育的中国之治，将中国特色现代大学制度的制度优势转化为治理效能。[③]

建立有中国特色的高等教育评价体系，必须立足于对高等教育普及化时代的大学的准确认知，深刻理解普及化时代高等教育培养人才的根本观念。中国特色高等教育评价体系应当以促进高质量的人才培养体系的形成为目标，准确定位不同类型大学所承担的不同使命与职责，既不能单纯强调科研、论文和项目，也不能单纯强调教学工作的一般规范和外在表征，而是应当把科研与教学的结合与成效作为重要标准。[④]

习近平总书记高度重视教育评价改革，做出了一系列重要指示。在 2018 年 9 月 10 日的全国教育大会上，习近平总书记指出，要深化教育体制改革，健全立德树人落实机制，扭转不科学的教育评价导向，坚决克服唯分数、唯升学、唯文凭、唯论文、唯帽子的顽瘴痼疾，从根本上解决教育评价指挥棒问题。在 2020 年 9 月

① 刘振天，罗晶：《高等教育评价"双刃剑"：何以兴利除弊》，载《大学教育科学》，2021(1)。
② 时艳芳：《高等教育评价结果：困境、反思与改进》，载《重庆大学学报(社会科学版)》，2022(2)。
③ 靳玉乐、朴雪涛、赵婷婷等：《笔谈：新时代教育评价改革与制度创新》，载《大学教育科学》，2021(1)。
④ 张学文：《"更高水平的人才培养体系"需要怎样的质量评价观？——基于排行性评价视角的哲学省思》，载《华东师范大学学报(教育科学版)》，2019(4)。

22日召开的专家代表座谈会上，习近平总书记指出要抓好深化新时代教育评价改革总体方案出台和落实落地，构建符合中国实际、具有世界水平的评价体系。在2021年3月6日参加全国政协十三届四次会议医药卫生界、教育界联组会时，习近平总书记强调，要围绕建设高质量教育体系，以教育评价改革为牵引，统筹推进育人方式、办学模式、管理体制、保障机制改革。《总体方案》对破除"五唯"顽瘴痼疾做出总体安排和部署，这表明国家宏观方面的教育评价改革方案已清晰明确，并且运用教育行政权力在教育体系的各层级中落实。

改革后的高等教育评价制度的落地实施，并不是一蹴而就的事情。评价体系建立得有多难，改革就有多难，特别是不能忽视在实施过程中的阻力。要实现高等教育评价制度的改革，就必须取得观念方面的共识。主客二分的传统认识论的认识框架，在很大程度上固化、窄化、局限了很多学者的认识，他们始终把高等教育视为工具，"痴迷"于高等教育评价的工具理性。为实现对高等教育的价值追求，我们必须摆脱实证主义、唯科学主义所持的那种价值无涉的教育观，正确认识高等教育评价对大学发展的重要意义，运用生成性思维反思大学发展，对大学发展做出价值判断，真正将大学视作学术组织，立足于大学的学术性，关注大学的主动性、个别性和差异性，建构意义生成的价值世界。[①]

深化教育评价改革是一项复杂的系统工程，涉及不同主体，需要方方面面通力配合、协同推进。坚持以立德树人为主线，以高质量发展为主题，以破"五唯"为导向，以党委和政府、学校、教师、学生和社会五类主体为抓手，持续深入抓好总体方案的落实落地，着力做到政策系统集成、举措破立结合、任务协同推进，既从顶层设计层面加快相关配套政策文件的制定和出台，也尊重基层首创精神，将各地各校在推进教育评价改革工作中形成的好经验、好做法以多种形式加以宣传和推广，供各地各校参考借鉴。

第四节　评价范式

教育评价范式既包含教育评价研究者们在某一特定时期内共同遵守的世界观和信念，也囊括解决教育评价问题的实际操作方法、技术支持和实验操作模型。教育

---

① 康宏：《从规范认识的视角反思高等教育评价的价值》，载《江苏高教》，2011(6)。

评价范式对教育评价的影响是根本性的，决定了评价主体的目标确定、方法选择、结果运用等。在教育评价的改革发展中，"风向标""导航仪"是学者们对教育评价范式的亲切称呼，意指教育评价范式能够提供思想理论和方法引导，同时成为提升教育质量的重要抓手。

一、教育评价范式

范式的定义最早源于自然科学，是一套相互关联的概念，它给人们提供了观察和理解特定问题和活动的框架，决定了人们的目的、解释观察到的现象以及解决问题的方式。[①] 社会科学领域的范式主要包括：第一，学术共同体的成员共同的哲学思想和学科信念，以及在此基础上形成的理论系统、基本观点和相关成果；第二，相应的研究实践模型和技术框架，它规定了该门学科研究的方法和程序；第三，不同时期和阶段解决问题的具体模型和范例，或者同一时期和阶段同一问题的具体模型和解答。[②]

教育评价范式的价值主要体现为服务于教育评价的思想指导、理论基础、评价模式、方法支持与技术帮助，教育评价范式对于教育评价保持客观性、真实性、科学性具有关键意义。学术界一般从以下三个方面来理解教育评价范式的内涵：第一，教育评价范式体现为一定的教育哲学思想和教育信念，以及以此为基础形成的教育评价理论系统和基本观点，这些都是学术共同体在某一历史时期内共同遵守的；第二，教育评价范式规定了教育评价的方法和程序，形成了相应的教育评价的实践模型和技术框架；第三，不同的教育评价范式在不同的历史时期或者阶段构成了不同的教育评价的具体模型和范例。

二、高等教育评价范式的类型

厘清高等教育评价范式，是人类对高等教育评价的认识从不自觉转为自觉的过程，其意义十分重大。不同的高等教育评价范式，其实都是不同教育评价观念在高等教育领域的呈现。从范式本质来讲，不存在好与坏的区别，只有适合与不适合的分野。所谓高等教育评价范式的进步，其实只是人们的评价观从对数量化的推崇，

[①] 赵必华：《教育评价范式：变革与冲突》，载《比较教育研究》，2003(10)。

[②] 周继良：《无存"范式"之争——教育学研究中的本质主义与反本质主义新解》，载《现代大学教育》，2011(5)。

发展到重视评价中的人的因素的过程。对秉持第四代教育评价观念的学者而言，这是一种进步。但是对秉持第一代教育评价观念的人来讲，这又何尝不是一种退步呢？对于高等教育评价范式的转换或者转变，既不能采取非此即彼的态度，也不能陷入绝对主义、片面主义的泥潭。学界之所以比较认可第四代教育评价理念，主要是因为它符合 20 世纪 70 年代以来各类哲学思潮中对人的重新认识与重视，在教育领域则受到人本主义、建构主义思潮的巨大影响。

"话语即权力"是法国哲学家福柯的一句名言，但相较于所说的内容，掌握话语权的主体更为重要。基于此种观点，高等教育质量观本质上是一种观点输出，高等教育评价主体的质量观可以直接影响高等教育评价的价值取向、价值判断等，高等教育评价是受到话语权支配的。因此，在一个国家的高等教育系统中，拥有决定性话语权的评价主体决定了该国高等教育范式的类型。[①] 高等教育评价中往往是多个评价主体共存的。但是在政府、社会、高校等多个评价主体中，拥有主导话语权的评价主体就决定了高等教育评价范式。例如，在集权型的高等教育管理体制下，政府具有集中而且明确的话语权，这个国家的高等教育评价范式就属于政府主导型。在高等教育历史比较悠久、大学自治传统比较深厚的国家，大学往往被视为负责教育质量的主体，该国高等教育评价范式就属于高校主导型。在市场经济发达、政治体制分权化的国家，社会公众、大学均倾向于让受到信任的第三方机构对高等教育进行评价，该国的高等教育评价范式就属于社会主导型（见表 8-1）。

表 8-1 三种高等教育评价范式的比较[②]

范式类型	政府主导型 高等教育评价范式	高校主导型 高等教育评价范式	社会主导型 高等教育评价范式
价值取向	政治导向、国家需要	知识导向、培养需要	市场导向、大众需求
评价目的	甄别、鉴定	改进、发展	问责、改进
评价主体	行政部门	学术机构	社会组织
评价标准	单一的评价标准	多元的评价标准	多元的评价标准
代表性国家	法国	英国	美国

除了上面对高等教育评价范式的分类外，高等教育评价范式也可以分为四种：量化的范式、描述的范式、判断的范式、建构的范式。这一划分主要根据不同历史

① 史秋衡：《中国特色高等教育质量评估体系的范式研究》，30 页，广州，广东高等教育出版社，2011。
② 黄好：《中美高等教育评价范式演进及比较研究》，硕士学位论文，湖南大学，2021。

时期教育评价理论体系、指导思想、评价模式和评价技术、方法的差异。

量化的范式最初是由心理测量和教育测验发展起来的，在 20 世纪的前二十年是比较流行的，它是最早的相对成熟的教育评价范式。高等教育领域内对量化的范式的推崇依然存在，大学排行榜、评价指标体系的赋分等，都是高等教育评价的量化的范式在发挥价值引领作用。仍有部分学者或者高等教育管理者认为教育活动的结果是可以量化的，应将任何结果都量化为数字或图表，保证高等教育评价的客观性与结果的科学性。教育测量运动之父桑代克的名言"如果物质存在，就会以量的形式存在，如果有量的存在，就可以测量"就是这种范式最好的注解。

描述的范式是在量化的范式受到质疑和批判的基础上形成的。随着社会思想潮流的发展与进步，量化的范式自身的缺陷逐渐显现，越来越受到教育学界的质疑和反对，并在 20 世纪 30 年代形成了高潮，特别是美国形成的以杜威为代表的进步主义教育思潮，在其影响和支持下泰勒的"八年研究"取得了辉煌的成果。高等教育评价关乎学生和教师的内隐的难以测量的兴趣、态度、信仰等，描述的范式的评价结果相比于量化的范式，显得更为公正与全面。描述的范式通过预设高等教育评价目标，使评价活动的目的性和计划性更强，提高了评价效能。此外，描述的范式引领下的高等教育评价相较于量化的范式，工作流程相对简单，操作性比较强，易于大多数人接受和掌握。

判断的范式是学者们对量化与描述的范式进行反思的基础上形成的，从 20 世纪 40 年代末期开始出现，直到 20 世纪 70 年代才真正构建成比较成熟的理论体系和评价技术方法。判断的范式是在高等教育评价中，用确定的标准来衡量所得的结果是否达到了预设目标，并做出价值判断。提出并完善了判断的范式的代表人物有克龙巴赫、斯塔弗尔比姆和斯里克文等人，高等教育评价中大家耳熟能详的形成性评价与终结性评价、专业性评价与业余评价、比较性评价与非比较性评价、目标达成度的评价与目标是否值得达成的评价等，都是这些学者提出并论证的。相较于描述的范式，判断的范式扩大了评价的视野，提出了重视目标的背景评价。判断的范式将目标的评价纳入教育评价活动之中，关注和重视预设的教育目标本身的科学性、合理性。[①] 同时，判断的范式强调评价的全过程性，重视评价过程中产生的非预期结果。

建构的范式是深受建构主义教育哲学思想影响而形成的，而且是以教育评价的

---

① 温雪梅、孙俊三：《论教育评价范式的历史演变及趋势》，载《现代大学教育》，2012(1)。

专业化为背景的。20世纪七八十年代，包括我国在内的很多国家都对基础教育课程进行了改革，改革中的一些深层次问题使学者和教师们都在反思教育评价问题。许多大学开设了教育评价的课程，建立了教育评价研究机构，一些有关教育评价的专业刊物兴办起来，形成了一股教育评价专业化浪潮。在这一浪潮中，强烈反对教育评价的"管理主义倾向"的评价思想逐渐发展起来了。[①] 具有这种思想的学者们坚信：评价的本质是一种主观性认识，评价反映的是评价主体通过协商而形成的关于评价客体的心理建构，即评价反映的是一种主观认识而非客观、真实的客体状态。教育评价一定要强调以人为中心的评价目的，必须坚持多元化的价值观念。作为评价对象的人是完整的、有个性的，评价只有促进了受教育者个性的充分发展，才是有意义的。这些就成为建构的范式的主要理论特征。在建构的范式视域中，高等教育评价的对象是影响学生学习的各种因素；高等教育评价的功能是通过评价进行教育决策，提高教育质量，促进教育改革；高等教育评价方法遵循"收集信息—解释论证—价值判断"流程，融合了定性与定量的方法；高等教育评价形式是背景评价、输入评价、过程评价和结果评价相结合的综合体。

　　各种高等教育评价范式不是凭空产生的，每一类高等教育评价范式的出现与发展，都有其深刻的历史与文化背景，特别是不同历史时期教育的进步与科学的发展，直接催生了新的高等教育评价范式的产生。各类高等教育评价范式之间不是"你死我活"的关系，而是既相互区别又相互联系的关系，都成为在某一个历史时期促进高等教育发展的政策依据和科学手段。

三、高等教育评价范式的审思

　　高等教育评价的多元化，反映出在不同视角审视下高等教育评价呈现的不同状况。首先，将知识资本作为审视的视角，会发现高等教育评价侧重于对高等教育所蕴含的知识资本的评价，凸显高等教育促进知识创新的功能，20世纪80年代世界经济论坛发布的《全球竞争力报告》可以视为其代表；其次，将人力资本作为审视的视角，则会发现高等教育评价侧重于对高等教育所蕴含的人力资本的评价，凸显高等教育为社会服务的功能，大学培养的人才进入社会后可以转化为社会生产力，21世纪初期安东尼·马斯拉克等设计的高等教育质量评价体系可以视作其代表；最后，将系统效能作为审视的视角，会发现高等教育评价侧重于对高等教育系统产生

---

① 肖远军：《教育评价原理及应用》，42页，杭州，浙江大学出版社，2004。

的效能进行评价，凸显了高等教育作为社会大系统中的一个子系统，与社会大系统、其他社会子系统之间的相互制约、相互影响、相互促进的互动关系，系统的思维和高度彰显了一种广阔、宏大的视野，21 世纪大学协会发布的"U21 国家高等教育系统排行榜"可以视为其代表。[1]

"唯实证的知识才是科学知识"是实证主义的一个根本性观点，对高等教育评价范式产生过深刻影响，同时理性主义和工具主义方法论在很大程度上支配过高等教育评价范式。例如，实证主义者极力主张在大学之间进行对比，并以直观透明的方式将对比结果展现给社会公众，以满足不同利益相关者有针对性地了解不同大学各种信息的需求，这就促成了排行性评价的产生，有关大学的排行榜层出不穷。从 20 世纪末到 21 世纪前十年，现代科学技术逻辑对于高等教育评价的影响未曾中断过，甚至在一段时间内形成了科学主义技术化垄断，各类高等教育评价机械性地追求统一和程序化过程，表现出片面的和急功近利的特点。唐松林等认为，技术逻辑容易排斥矛盾和差异，容易形成绝对理念与崇拜行动，形成教学的功利主义甚至评价暴力，导致学生独立精神与创造欲望的丧失。[2] 正是受这些哲学基础和方法论的影响，多数高等教育评价实践都构建了评价指标体系，追求收集全面翔实的主客观数据，对大学的状况进行综合性或排行性评价。反实证主义思潮力求纠正实证主义的影响，以人文主义为底色，偏重于评价构成人的主观经验现象的内在因素方面，形成了高等教育评价哲学中的存在主义立场。这种立场把大学的办学理念、特色模式、社会满意度、师生关系等主观指标都视为重要的评价维度。[3]

高等教育评价是高等教育发展的必然结果，是现代高等教育特有的现象，是高等教育质量的重要诊断方式。随着时代的发展，建设新的高等教育评价科学体系，成为追求高等教育评价现代化的时代目标。高等教育评价现代化的实现，需要人们不断变革评价观念、改进评价制度、更新评价内容、探索新的评价方法，让高等教育评价现代化成为推动高等教育高质量发展的风向标和动力源。在中国特色现代大学制度的建设过程中，高等教育评价必须与时俱进，与 21 世纪我国建设高等教育强国的目标相适应。高等教育评价现代化是迈向中国式高等教育现代化的时代诉

---

[1]　洪敏、吴云香：《高等教育评价模式的比较分析》，载《重庆高教研究》，2014(1)。

[2]　唐松林、张辰宸：《两种外在教育评价主体的价值取向：差异、辩证与对话》，载《中国地质大学学报(社会科学版)》，2011(3)。

[3]　张学文：《"更高水平的人才培养体系"需要怎样的质量评价观？——基于排行性评价视角的哲学省思》，载《华东师范大学学报(教育科学版)》，2019(4)。

求、推进高等教育治理体系和治理能力现代化的必然要求以及破解高等教育评价顽瘴痼疾的实践追求。在新时代建设中国特色高等教育评价体系，需要进一步强化高等教育评价的立德树人导向，着力构建具有中国特色的高等教育评价标准，通过数据治理提升高等教育评价效能，通过分类评价增强高等教育评价的针对性，通过强化督导检查让高等教育评价"长牙齿"，并以制度建设保障、引导、规范社会力量参与高等教育评价。①

【思考练习】

1. 高等教育评价如何引导高等教育发展？

2. 如何理解高等教育评价的发展趋势？

3. 影响高等教育评价范式形成的因素有哪些？

【推荐阅读】

1. 冯平. 评价论[M]. 北京：东方出版社，1995.

2. 李德顺. 价值论[M]. 2版. 北京：中国人民大学出版社，2007.

3. 李庆丰，周作宇. 高等教育评价中的价值冲突与融合[J]. 高等教育研究，2020(10).

4. 陈玉琨. 教育评价学[M]. 北京：人民教育出版社，1999.

5. 陈玉琨. 中国高等教育评价论[M]. 广州：广东高等教育出版社，1993.

6. 刘振天. 现代高等教育评价体系建设：成效、经验及完善之路[J]. 社会科学战线，2021(3).

7. 比斯塔. 测量时代的好教育：伦理、政治和民主的维度[M]. 张立平、韩亚菲，译. 北京：北京师范大学出版社，2019.

8. 史秋衡，闫飞龙. 对高等教育评价哲学的探讨[J]. 高等教育研究，2008(8).

9. 荀振芳. 高等教育评价的教育性视角[J]. 高等教育研究，2004(2).

10. 刘楠，顾建军. 转向背后：高等教育评价的历史审思与内涵重构[J]. 江苏高教，2023(6).

11. 王建华. 量化评估与大学发展[J]. 高等教育研究，2020(11).

---

① 陆根书、李珍艳、牛梦虎等：《新时代中国特色高等教育评价体系建设探讨》，载《江苏高教》，2022(11)。

12. 杜瑛. 高等教育评价范式转换研究[M]. 上海：上海教育出版社，2013.

13. 张应强，赵锋. 从我国大学评价的特殊性看高等教育评价改革的基本方向[J]. 江苏高教，2021(2).

14. 夏天阳. 各国高等教育评估[M]. 上海：上海科学技术文献出版社，1997.

15. 余小波，刘潇华，张亮亮. 我国高等教育质量保障的发展与评析[J]. 高等教育研究，2020(2).

16. 李立国，赵阔，王传毅，等. 超越"五唯"：新时代高等教育评价的忧思与展望(笔谈)[J]. 大学教育科学，2020(8).

17. 时艳芳. 高等教育评价结果：困境、反思与改进[J]. 重庆大学学报(社会科学版)，2022(2).

18. 张学文. "更高水平的人才培养体系"需要怎样的质量评价观？——基于排行性评价视角的哲学省思[J]. 华东师范大学学报(教育科学版)，2019(4).

19. 刘声涛. 新时代高等教育评价改革政策工具研究[J]. 大学教育科学，2022(1).

20. 史秋衡，陈蕾. 中国特色高等教育质量评估体系的范式研究[M]. 广州：广东高等教育出版社，2011.

21. 古贝，林肯. 第四代评估[M]. 秦霖，蒋燕玲，等译. 北京：中国人民大学出版社，2008.